NOTICE

SUR LE BOURG

DE BLÉNOD-LES-TOUL.

PROPRIÉTÉ.

NANCY, IMPRIMERIE DE RAYBOIS ET Cie.

NOTICE

SUR LE BOURG

DE

BLÉNOD-LES-TOUL,

PRÉCÉDÉE D'UN ÉLOGE HISTORIQUE

DE MONSEIGNEUR HUGUES DES HAZARDS,

SOIXANTE-DOUZIÈME ÉVÊQUE ET COMTE DE TOUL,

DÉDIÉ

A MONSEIGNEUR ALEXIS-BASILE MENJAUD,

ÉVÊQUE DE JOPPÉ,

COADJUTEUR DE NANCY ET DE TOUL,

PAR M. L'ABBÉ GUILLAUME,

CURÉ DE BLÉNOD-LES-TOUL.

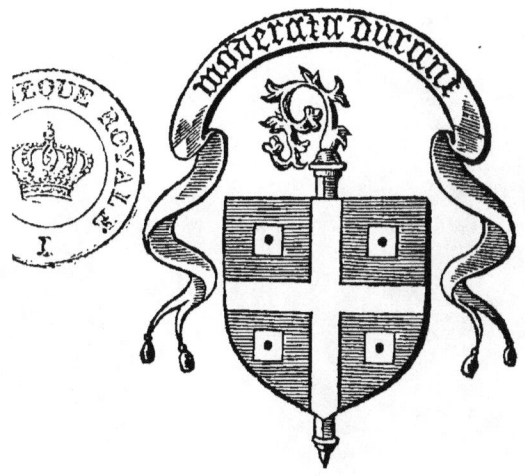

NANCY,

IMBLOT, RAYBOIS ET Cie, IMPRIMEURS-LIBRAIRES,

PLACE STANISLAS, 7, ET RUE SAINT-DIZIER, 125.

1843.

A MONSEIGNEUR

ALEXIS-BASILE MENJAUD,

ÉVÊQUE DE JOPPÉ,

COADJUTEUR DE NANCY ET DE TOUL.

HOMMAGE

D'UN PROFOND RESPECT ET D'UN AFFECTUEUX DÉVOUEMENT,

L'abbé GUILLAUME,

Curé de Blénod-lès-Toul.

A MES PAROISSIENS,

L'accomplissement des devoirs qui mènent à Dieu, et par là même à l'éternel bonheur, tel est l'objet principal de mon ministère au milieu de vous, mes chers paroissiens. Je ne puis cependant rester étranger à tout ce qui peut vous être avantageux sur la terre, à tout ce qui peut diminuer la somme de vos maux, augmenter la somme de vos biens et vous apporter quelque satisfaction, au milieu des peines et des fatigues dont votre existence est tissue. En composant pour vous un recueil de tout ce qui s'est passé d'intéressant dans votre localité, une Notice qui vous apprenne ce qu'ont fait vos pères, qui vous rappelle les noms et les vertus de vos concitoyens les plus distingués, j'ai voulu vous ménager une halte dans le rude chemin que vous parcourez, un souvenir du passé parmi les préoccupations du présent, enfin une agréable distraction après les labeurs de la journée, et vous offrir ainsi matière à des observations dont vous pourrez, je l'espère du moins, tirer quelque profit. Recevez donc, mes chers paroissiens, ce modeste opuscule, comme un témoignage de mon affection pour vous, comme une preuve de mon désir de vous être utile en toutes choses.

En essayant, dans un éloge historique, dont Monseigneur l'Évêque de Joppé, Coadjuteur de Nancy et de Toul, a daigné accepter la dédicace, en essayant de relever les vertus et les bienfaits du vénérable pontife à qui, de même qu'à vous, Blénod a donné le jour; en essayant de les faire connaître et mieux et plus au loin, j'ai eu pour but de rajeunir, en l'honorant selon mes forces, la mémoire de votre insigne bienfaiteur, et de rendre à ma paroisse, plus brillant et plus frais, un lustre que la main temps et la perversité des hommes ont, hélas, par trop terni.

Le respect dont vous entourez la cendre de HUGUES DES HAZARDS, le noble orgueil qu'elle vous inspire, vous feront applaudir à mes accents, si peu harmonieux qu'ils soient, j'en suis par avance assuré; mais, je vous en supplie, ne l'oubliez pas : il ne tient qu'à vous de conduire à une admirable perfection, l'œuvre que j'ai tenté d'ébaucher. Les paroles sont bien peu de choses, les actes sont tout. Appliquez-vous soigneusement à l'imitation des vertus dont HUGUES vous offre, dans sa personne, l'heureux assemblage; pratiquez avec fidélité les devoirs de cette religion divine qui lui a inspiré, qui lui a fait entreprendre et consommer tant de belles actions. Ne vous bornez pas à vanter la magnificence de l'Église dont sa main libérale vous a si généreusement dotés, venez y prier souvent, venez vous y reposer de vos fatigues, en demandant à Dieu qu'il daigne les bénir et les sanctifier! Alors seulement vous environnerez le tombeau de votre Bon Père, d'un concert touchant, dont la suave mélodie réjouira les cieux; alors seulement vous lui manifesterez, comme il convient, votre reconnaissance. A vous donc, mes chers paroissiens, à vous de vous montrer les dignes compatriotes d'un Prélat qui restera, jusqu'à la fin des temps, le plus illustre enfant de Blénod, une des gloires de l'église de Toul, une des célébrités de notre pays!

AVANT-PROPOS.

Les habitants de la campagne n'ont pas de lon-
es heures à consacrer à la lecture de l'histoire
nérale. Fort peu leur est utile, d'ailleurs, de
oir s'il y a eu, dans le monde, un Alexandre,
César, un Aristide, un Caton, et s'ils ont vécu
is tel ou tel temps (*a*). Mais il ne peut être pour
que très-agréable et très-avantageux de contre les principaux événements qui se sont pas-
dans leur village et aux environs, le genre de
, la situation morale et sociale de leurs pères,
causes qui ont amélioré leur fortune et leurs
eurs, les principes qui ont amené, au milieu
ux, l'infortune et la dissolution. Et comme le
t ultérieur des études historiques n'est pas la

---

a) Rollin. — Préface de l'Histoire ancienne.

simple connaissance des faits, mais les leçons qui en ressortent pour l'enseignement de la postérité, le cultivateur, attentif et désireux de s'instruire, trouvera bien plus facilement dans la vie de ses ancêtres, dont il occupe la place, dont il poursuit les travaux, le bien qu'il doit continuer ou reproduire, le mal qu'il doit éviter ou déraciner, par conséquent, s'éclairera avec beaucoup plus de profit que par l'histoire de personnages fameux, à la vérité, mais dont le rang et les actions, n'ayant avec ses actions quotidiennes et son rang inférieur qu'une analogie difficile à saisir, ne peuvent que piquer un instant sa curiosité, sans rien offrir à son imitation.

C'est en vertu de ce motif que nous avons consenti à publier cette Notice, qui ne devait pas voir le jour, n'ayant d'abord été composée que pour notre satisfaction personnelle et pour répondre aux questions à nous sans cesse adressées, sur notre paroisse, par les hommes savants qui s'occupent, avec une admirable ardeur, à recueillir tout ce qui peut compléter l'histoire de notre pays.

D'un autre côté, nous ne pouvions refuser à nos paroissiens la communication d'un travail qui les intéresse au dernier point, à la composition duquel tous ils ont applaudi, et dont le Conseil municipal, d'une voix unanime, a demandé et voté l'impression.

Et maintenant, la vérité, la justice, la reconnaissance, la gloire du pays, ne nous imposaient-elles pas l'obligation rigoureuse de ne point écouter le langage d'une modestie hors de saison; de surmonter les répugnances d'une puérile timidité, pour éclaircir, en présentant de bonne grâce et sans prétentions le fruit de minutieuses recherches, plusieurs points intéressants qui se rattachent à l'histoire de Toul; pour tirer enfin, d'un outrageux oubli, des noms chers à la science, à la politique, à la Religion?

Il s'agissait, en effet, de déterminer l'emplacement du Camp romain, jadis existant à Blénod, et de le distinguer de la forteresse de *Galiaud*, avec laquelle on l'a trop souvent confondu; il s'agissait de séparer cette même forteresse, dont il ne reste plus que quelques traces, du château encore debout aujourd'hui, et de remonter à la véritable origine de l'ermitage de Sainte-Menne, jadis célèbre dans la contrée (*a*).

Il s'agissait de restituer à M. Vosgien, l'un de nos plus distingués prédécesseurs, le titre d'auteur du *Dictionnaire géographique* qui, à la vérité, porte son nom, mais dont la composition est faussement attribuée, par plusieurs biographes, à son contemporain et son ami, M. Ladvocat, de Vaucouleurs. Mais, avant tout et pardessus tout, il fallait sortir d'une ingrate obscurité la mémoire du vénérable Hugues des Hazards, né à Blénod, l'un des plus illustres Pontifes qui aient gouverné

(*a*) M. Grille de Beuzelin, dont l'ouvrage, imprimé par ordre du Gouvernement, avec un luxe remarquable, est destiné à faire autorité, n'est pas toujours exact dans ce qu'il a écrit sur Blénod. Son travail doit donc être lu encore avec réserve et précautions. Le dessin qu'il a donné du tombeau de Hugues des Hazards laisse également beaucoup à désirer; il ne ressemble guère qu'à un croquis dans lequel sont omises des beautés de détail qu'il eût été bien de reproduire. Sous le rapport de la fidélité de copie, nous préférons le dessin de M. l'abbé Morel, vicaire de la cathédrale de Toul, dont la lithographie embellit notre livre.

la vieille Église des Toulois. Il fallait rappeler à la postérité ses importants travaux et son glorieux épiscopat. Car, par une injustice à peine croyable, son nom ne se lit presque nulle part, et les écrivains qui en ont fait mention l'ont généralement présenté nu, dépouillé de cette lumineuse auréole dont ses hautes capacités et ses vertus lui ont ceint le front, et que le temps ne peut obscurcir.

Aussi, sans plus songer à tout ce qu'il faut de talents pour traiter, d'une manière complète, un sujet de telle importance, séduit par le charme de cette pensée : qu'il était bien et convenable qu'un enfant de Toul, curé de Blénod, vînt, après trois siècles, offrir à la cendre d'un enfant de Blénod, évêque de Toul, une couronne de fleurs modestes, mais fraîches; que, dans ce rapprochement, il se rencontrait quelque chose de providentiel que nous ne devions point fouler aux pieds, — nous avons entrepris l'éloge historique de notre père dans la Foi, d'un de nos plus illustres compatriotes, et nous le donnons en tête de la Notice sur Blénod, laquelle ne saurait débuter sous de meilleurs auspices. Ils se tromperaient étrangement, ils trouveraient surtout ample matière à la critique, ceux qui, dans ce faible tribut de reconnaissance patriotique et d'admiration sincère, payé à la mémoire d'un Pontife bienfaisant, voudraient voir un morceau d'éloquence à prétention; ceux, au contraire, qui n'y apercevront que la réalisation d'une pensée bonne et d'un religieux sentiment, resteront dans le vrai et passeront l'exubérance de la forme à la droiture de l'intention; ils imiteront Monseigneur l'Évêque, Coadjuteur de Nancy et de Toul, qui n'a pas dédaigné la dédicace de cet éloge d'un de ses prédécesseurs; et, lisant par le cœur, plutôt que par les yeux, ils se ménageront peut-être quelque jouissance qu'un esprit de sévère examen ne leur eût point apportée.

Somme toute, si chétif que soit notre travail, il aura, du moins, l'incontestable mérite de l'exactitude et de la véracité. Trop souvent offusqué de la légèreté avec laquelle les historiens modernes traitent les plus graves sujets, citent, comme auhentiques, des faits reconnus ensuite de la plus grande inexactitude ou de la plus insigne fausseté, nous avons tenu à reposer toutes nos assertions sur des témoignages, soit verbaux, soit écrits, mais dont la gravité ne peut laisser place au moindre doute. Selon le conseil du Sage, nous avons interrogé les anciens, afin de recueillir, de leur bouche, les traditions du passé (a).

Nous citerons, en particulier, pour lui offrir un hommage public de reconnaissance, M. Joseph Robin, officier en retraite et ancien maire de Blénod, qui, à l'exemple de quelques sages observateurs qui l'ont précédé, a consigné sur un livre-journal qu'il a bien voulu mettre à notre disposition, et les faits que lui ont racontés, dans sa jeunesse, les plus âgés de la Commune, et ceux dont lui-même il a été le témoin.

Nous prierons également toutes les personnes honorables de la ville de Nancy qui, en nous faisant le plus bienveillant accueil, ont eu l'obli-

---

(a) Interroga majores et dicent tibi. *Sap.* 26.

geance de nous communiquer les documents historiques qu'elles possèdent, et dont nous citons les noms, de recevoir ici l'hommage de notre vive gratitude.

Quelques-uns s'étonneront, peut-être, de ce que nous semblons nous renfermer, touchant la situation morale de notre paroisse, dans un silence presque absolu. Le silence, sur une matière toujours délicate à traiter, n'est pas, chez nous un effet de l'oubli ; nous le gardons pour un motif qui ne peut rencontrer que des approbateurs.

Notre premier titre n'est-il pas celui de Pasteur Ce que nous dirions de flatteur sur nos ouailles pourrait paraître suspect, au moins d'exagération par cela qu'un pasteur est le père spirituel de ses paroissiens, et qu'un père se trouve toujours naturellement porté à donner, à ses enfants, la préférence sur ceux des autres.

Quant aux travers, aux défauts et aux abus nous les couvririons plutôt du voile le plus épais Nous les signalons, sans doute, nous les combattons avec toute la vigueur et l'indépendance du ministère sacerdotal ; mais c'est lorsque, du haut de la chaire évangélique, nous accomplissons le devoir de notre charge qui est d'instruire, de reprendre et de corriger. La charité, qui nous oblige alors à élever la voix, nous place, partout ailleurs, le doigt sur la bouche, ne nous laisse point parler ou nous prête des accents qui ne peuvent, tout au plus, offenser que l'ignorance, de mesquines passions ou le vouloir le plus mauvais.

Blénod, il est vrai, a subi, comme le reste de la France, comme une partie de l'Europe, les tristes conséquences des principes du siècle de l'impiété, principes qui, en étouffant dans les âmes les germes précieux de la foi, privent l'homme des plus douces jouissances de l'intelligence et du cœur, pour ne lui laisser que les grossiers plaisirs de la matière. Mais jusqu'à quel degré se sont développées ces conséquences dans notre paroisse ? C'est là notre secret. Nous ne le confions qu'à Dieu seul, lorsque aux pieds des saints autels nous le supplions de bénir nos efforts, de féconder nos travaux et de faire disparaître l'ivraie du milieu de notre champ.

A Blénod, comme partout ailleurs, a frappé le marteau, a pillé la griffe rapace du vandalisme révolutionnaire. Des scandales ont été donnés Mais encore, irons-nous donc, nous traînant sur les traces d'historiens affamés de sales récits, pour le seul plaisir de faire de l'érudition, pour ajouter beaucoup de pages à un petit nombre de feuilles irons-nous remuer une mare infecte, au risque d'empoisonner l'air d'alentour et de répandre au loin une homicide contagion? A Dieu ne plaise qu'il en soit ainsi! Nous voudrions bien plutôt livrer à un éternel oubli, anéantir à jamais dans la mémoire de tous, des actes malheureusement coupables. L'homme, hélas! abandonné à sa propre faiblesse, n'est déjà que trop enclin à mal faire sans qu'il soit besoin de lui remettre sous les yeux même pour lui en inspirer l'horreur, de pernicieux exemples. Nous effaçons donc, d'un seul trait toutes les anecdotes misérables qu'une chronique trop avide et d'un goût dépravé, a fait arriver jusqu'à nous. Pour connaître moins de faits, nos paroissiens n'en deviendront, peut-être, que meil-

eurs. Nous ne rajeunirons point un passé qui s'é-
teint, et, par d'indiscrètes révélations, nous ne
ferons point monter le rouge au front du plus petit
d'entre les enfants de ceux qui ont vécu. Que les
morts dorment en paix leur sommeil, et que ceux
à qui cet ouvrage est spécialement destiné appren-
nent, par notre réserve, à connaître quels sont,
pour eux, les sentiments de notre cœur!!!

La distance des lieux, l'administration de ma paroisse, ne m'ayant pas permis de surveiller assidûment l'impression de cet ouvrage, mon obligeant ami, M⁰ Justin Bonnaire, avocat à la cour royale de Nancy, a bien voulu se charger de la correction des épreuves et me remplacer à l'imprimerie. Il a donc préalablement parcouru mon travail et, par les stances qui vont suivre, m'a fait connaître le jugement qu'il en porte.

Malgré les choses beaucoup trop flatteuses qu'une excessive indulgence lui fait me dire en ses vers, je crois devoir publier, dans mon petit livre, avec sa lettre d'envoi, l'Epitre que M. Bonnaire m'a adressée : elle en sera le principal ornement ; elle fera honneur à mes Toussiens autant qu'à moi-même, et, par le fait de sa publication, elle deviendra, pour mon ami, l'expression de ma reconnaissance.

MON CHER CURÉ,

Votre intéressant ouvrage sur l'évêque HUGUES DES HAZARDS et sur Blénod, sa patrie, m'a tellement plu par son objet, sa forme et son but, que j'ai voulu vous en exprimer, en quelques stances, ma vive satisfaction.

Ne cherchez point, sous ces modestes rimes, un lyrisme qui, à mon sens, y serait déplacé : *non erat hic locus*. Je ne viens pas, empiétant sur vos droits, moissonner dans votre champ pour célébrer en vers le vénérable Prélat dont votre prose chaleureuse a si dignement réhabilité la mémoire presque oubliée : moins prétentieux, je viens tout simplement vous féliciter d'avoir entrepris et su accomplir avec bonheur une tâche glorieuse, qui, certes, n'était pas sans difficultés. Puisse votre exemple, dans l'intérêt de l'Histoire et de l'Archéologie, trouver parmi nous de nombreux imitateurs!

Renonçant à déployer ses ailes, ma muse s'en est donc allée, par monts et par vaux, vous visiter à pied, « légère et court vêtue », comme disait le bon Lafontaine ; *musa pedestris*, comme a dit l'aimable Horace. Vous lui ferez bon accueil, car, à défaut d'autre mérite, ses chants ont du moins celui de la sincérité : ils partent du cœur.

Maintenant que je suis au bout de mon latin, permettez-moi de finir en vous remerciant d'avoir eu l'obligeance de me nommer dans une de vos notes, à propos des *Etudes artistiques* dont j m'occupe depuis longtemps déjà sur notre célèbre sculpteur lorrain LIGIER-RICHIER. Cet habile *Tailleur d'images* achevait de se perfectionner à Rome, quand la mort vint frapper à To son illustre contemporain, je dirais presque son compatriote, *Bon Père* DES HAZARDS. A l'instar du pape Jule II, qui avait commandé à Michel-Ange la confection de son mausolée, HUGUE dont le dévouement aux arts égalait son amour pour les science n'aurait pas manqué, sans doute, de faire exécuter son prop tombeau par le digne élève de Buonarroti, si la mort n'eût surp le pontife avant le retour du statuaire au pays natal. Quoi qu'il soit, d'ailleurs, le monument funéraire de HUGUES DES HAZARDS, qu'il est, restera comme un des plus curieux et des mieux co servés de la première époque de la *Renaissance*.

Quant aux vers que je vous adresse, je les abandonne entièrement à votre discrétion : ils vous appartiennent désormais, et, à ce titre, vous avez sur eux droit de vie ou de mort. Vous leur feriez assurément beaucoup plus d'honneur qu'ils n'en attendent, en leur accordant l'hospitalité dans un coin quelconque de votre livre.

Adieu, mon cher archéologue,

Veuillez croire à la cordiale amitié de votre tout dévoué,

J. BONNAIRE.

Nancy, 6 décembre 1842.

A MON AMI

M. L'ABBÉ GUILLAUME,

CURÉ DE BLÉNOD-LES-TOUL,

AUTEUR DE L'ÉLOGE HISTORIQUE DE L'ÉVÊQUE HUGUES DES HAZARDS
ET DE LA NOTICE SUR LE BOURG DE BLÉNOD.

En saluant de loin cette flèche élancée
Qui, dressant comme un mât sa vieille croix de fer,
Des humains vers les cieux attire la pensée,
Et proclame le Christ en dépit de l'Enfer;
En visitant, rêveur, la nef qu'elle domine,
  Et le riche tombeau
Où dort ce grand Prélat que sa gloire illumine,
  Mystérieux flambeau :

A l'aspect ravissant de ces vives images
Qui, peintes aux vitraux que dore le soleil,
Semblent du pèlerin provoquer les hommages
En reflétant sur lui leur éclat sans pareil;
Et dont les douces voix, naïvement austères,
  Lui révèlent tout bas
De la Religion les augustes mystères,
  Les gloires, les combats :

xxviij

Je me disais, pensif : Eh quoi ! cet homme illustre,
Ravi trop tôt, hélas, à l'amour des Lorrains,
Qui sur un siècle entier sut jeter tant de lustre,
Et Ministre et Conseil de nos bons souverains;
Ce pieux fondateur qu'en ces lieux je contemple
      Dans la pierre sculpté,
L'Evêque, dont la main érigea ce beau temple,
      Ne sera-t-il chanté ?....

Et seul, sous les arceaux promenant ma tristesse,
Des mortels trop ingrats je maudissais l'oubli....
En vain donc, murmurais-je, en vain, dans sa vieillesse,
L'édifice croulant se verra rétabli;
En vain le Juste aura de son frère en alarmes
      Soulagé les douleurs....
Nul ne viendra sur lui répandre, avec des larmes,
      Quelques modestes fleurs ! !....

D'un conquérant fameux on vante la victoire
Que ternirent souvent d'exécrables forfaits :
On l'admire, on l'exalte..... et la coupable histoire
De l'Envoyé de Dieu taira tous les bienfaits !...
A l'heureux intrigant, au tyran indomptable,
      La louange et l'éclat !
Silence, oubli, dédains, au héros véritable,
      Fût-il pâtre ou prélat !!!

Mais voici qu'en un cœur le feu sacré s'allume,
Et qu'après trois cents ans de honteux abandon,
Dans l'humble presbytère une savante plume
En réparant la faute appelle le pardon :
De Hugues des Hazards la mémoire bénie
      Luit au milieu de nous.....
Et le zélé vengeur de ce vaste génie,
      Mon digne ami, c'est vous !

C'est vous ! et j'en suis fier ; car mon âme tressaille
Au souvenir des temps injustement flétris,
Et quand vient un penseur, qu'un noble instinct travaille,
Des grandeurs du passé recueillir les débris ;
Car, à ces *esprits forts* dont la lâche insolence
      Marque le prêtre au front,
Prêtre, par le savoir vous imposez silence,
      Vengé de leur affront !

Poëtes inspirés sous l'habit du chanoine,
De nos pauvres aïeux pour adoucir les maux,
Blarru chanta René, Pilladius, Antoine,
Et dans la nuit des ans brillent leurs noms jumeaux.
Grâce à vous, du Prélat que vénéraient ces Princes
      L'immortel souvenir,
En faisant à jamais l'orgueil de nos provinces,
      Instruira l'avenir !

XXX

Ami, c'est bien à vous d'avoir d'un homme rare
Célébré les vertus, les œuvres, les talents :
De ces types choisis notre époque est avare,
Et les féconds progrès chez nous se montrent lents ;
Puis, en ces jours nouveaux, domine l'égoïsme,
    Despote au cœur d'acier,
Et c'est oser beaucoup que parler d'héroïsme
    Au siècle financier.

Oh ! quel charme secret dut enivrer votre âme,
Lorsque, pour seconder un si louable but,
Les enfants de Blénod, partageant votre flamme,
De leurs deniers communs votèrent le tribut ! *
Don trois fois généreux, patriotique offrande,
    Qu'un jour la vérité,
Bien longtemps après nous, transmettra simple et grande
    A la postérité !

Fût-il jamais au monde un concours plus prospère ?
Pasteur du bourg fameux où naquit DES HAZARDS,
Enfant de la cité dont, Evêque, il fut père,
Ami de la vertu, du génie et des arts,
Frère, qui, mieux que vous, pouvait du docte apôtre
    Inaugurer le nom ?
Et rendre au vieux Blénod, dont la gloire est la nôtre,
    Son antique renom ?

* L'honorable détermination prise spontanément au nom des habitants de la commune par le conseil municipal de Blénod, est à la fois une honte et une leçon pour maintes cités dont l'apathique indifférence, en fait d'art ou de souvenirs historiques, n'a vraiment point d'égale. Il est beau de voir ainsi l'exemple d'une généreuse initiative donné par ceux-là mêmes qui, dans l'ordre naturel des choses, devraient le recevoir de plus haut.
    (J. B.)

A vos pieux accents, dans la paix de sa tombe,
Attendri, le *Bon-Père* un instant sourira;
Et sa bienheureuse âme, immortelle colombe,
Viendra planer sur vous.... et Dieu vous bénira!
Désormais, sur les pas du pontife-modèle
      Dont il tient le drapeau,
Le Pasteur consolé verra marcher fidèle
      Son docile troupeau.

Certes, de tels héros l'exemple est efficace :
Il peut encore au ciel enfanter des élus;
Et j'aime à voir du Livre offrir la dédicace
Au digne successeur du Prélat qui n'est plus.
A Nancy Toul céda sa crosse épiscopale
      Que l'orage engloutit,
Et qu'après un long deuil, l'autorité papale
      A nos larmes rendit.

Qu'on ne m'accuse point de louange importune!
De Hugues, que Blénod nomme le Bienfaisant,
Alexis a le cœur..... et c'est une fortune!
Quels pleurs ne sèche pas son abord séduisant?
Des riches qu'au malheur sa parole intéresse
      La bourse est son trésor,
Et le bien, chez le peuple objet de sa tendresse,
      Prend un nouvel essor.

xxxij

A sa voix, de Bosco quittant le monastère,
Un moine vient à nous, heureux d'être Français :
Et tous nous saluons l'éloquent Lacordaire, *
Dont Paris, Metz, Bordeaux, proclament les succès.
Quand du Dominicain la brûlante parole
      Vibre au dessus de nous,
Comme Fiorenza devant Savonarole,
      Nancy tombe à genoux !

Le Christ en soit loué ! Par un saint artifice,
Du Pontife de Toul le pieux héritier
De la foi dans nos cœurs relève l'édifice,
Et sous nos pas errants ouvre le droit sentier.
Honneur à lui ! le froc, que l'incroyant redoute,
      N'inspire plus d'horreur,
Et les enfants perdus, que dévorait le doute,
      Bénissent l'orateur !

Ainsi que des Hazards, Menjaud, dans sa patrie
Qu'il chérit et comprend, vient en aide au progrès :
Naguère, au nom du ciel consacrant l'Industrie,
Il en sut noblement dévoiler les secrets :
Qui jamais l'oubliera cette splendide fête
      Où les flots réjouis
De la *Vapeur* enfin subirent la conquête,
      Sous nos yeux éblouis ?.....

---

* Cédant aux pressantes sollicitations de Mgr le Coadjuteur et de quelques autres personnes honorables, le Révérend Père Lacordaire a réalisé enfin, cette année, la promesse qu'il n'avait pu tenir l'an passé, en ouvrant dans la cathédrale de Nancy, à partir du premier dimanche de l'Avent, un cours de Conférences où les hommes d'élite de toutes les classes de la Société se pressent à l'envi pour l'entendre et l'admirer.

Archéologue instruit, ardent panégyriste,
Votre tâche est remplie ! — il m'en reste une à moi,
Qui, grave et difficile, à chaque instant m'attriste
Et m'agite souvent d'un indicible émoi.
En voyant sous mes pas s'étendre la carrière,
   J'hésite en mon chemin.....
Et l'athlète, n'osant affronter la barrière,
   Tremble et dit : à demain !!...

A demain !... mais pourtant il faut bien que s'achève
La course commencée, alors qu'on le promet :
Sur sa base il faut bien que le temple s'élève,
Et qu'un dôme imposant en couvre le sommet.
Vainement l'architecte, effrayé de l'obstacle,
   Veut briser son compas ;
Le peuple, aux yeux duquel il se pose en spectacle,
   Crie : oh ! n'arrêtez pas !!

Hé bien, je poursuivrai la pénible entreprise
Qu'un vif amour de l'art, un jour, me fit choisir ;
Et si tant j'ai tardé, c'est que je l'ai comprise,
Et qu'à mes vœux parfois a manqué le loisir.
Hélas ! pauvres auteurs, à l'attente publique
   Vous cédez imprudents,
Et, votre œuvre enfantée, une acerbe critique
   La mord à belles dents !

xxxiv

Ah! si d'un blâme amer redoutant les étreintes,
A la voix de l'honneur l'écrivain restait sourd,
Il mourrait, consumé par de frivoles craintes;
Mais au cœur ferme et droit le devoir n'est point lourd.
Pour sauver de l'oubli d'éclatantes merveilles,
  A mes concitoyens
Ne dois-je pas, français, mes fatigues, mes veilles
  Et mes faibles moyens?

Dans HUGUES DES HAZARDS, ami, vous peignez l'homme
Qui, sous la mître et l'or, glorifia son Dieu :
En célébrant RICHIER, digne élève de Rome,
Dont l'âme, aigle inspiré, vola jusqu'au Saint-Lieu,
Oh! puissé-je, à mon tour, faire au monde connaître
  Son génie et sa foi;
Sa foi, qui transforma le ciseau du grand maître
  En un sceptre de Roi!

      JUSTIN BONNAIRE,

Avocat à la cour royale de Nancy, membre de la société
Foi et Lumières, et de l'Académie de Stanislas.

NANCY, *décembre* 1842.

ÉLOGE HISTORIQUE

DE

HUGUES DES HAZARDS,

SOIXANTE-DOUZIÈME ÉVÊQUE ET COMTE DE TOUL.

ÉLOGE HISTORIQUE

DE

HUGUES DES HAZARDS,

SOIXANTE-DOUZIÈME ÉVÊQUE ET COMTE DE TOUL.

> *Dilectus Deo et hominibus cujus memoria in benedictione est.*
> Il fut aimé de Dieu et des hommes, celui dont la mémoire est restée en bénédiction.
> ECCLÉSIASTIQUE, 45-1.

Les grandes pensées, les nobles sentiments, les actions héroïques ont eu, dans tous les temps, leur source, la plus pure et la plus féconde, dans la Religion. L'homme, isolé du ciel, abandonné à ses propres ressources, ne trouve, dans son esprit, que ténèbres ou vanité, dans son cœur, que passions ou faiblesses, dans l'un et dans l'autre qu'un malheureux penchant à l'égoïsme qui lui fait ne voir que lui, ne rechercher que lui, se donner en tout la préférence, ou, pour le moins, le rend incapable d'un oubli complet et généreux de sa personne et de ses intérêts. En vain la nature l'aura doué des plus heureuses qualités, en vain la fortune lui aura ménagé maintes occasions de les faire briller du plus vif éclat; toujours, à l'œil observateur qu'illumine la foi catholique, à côté du plus vaillant courage, aura germé quelque faiblesse; à la grandeur d'âme, au désintéressement extérieur, sera venu s'accoler une bassesse; toujours, à la plus enivrante admiration succèderont, prompts comme l'éclair, l'impression de la tristesse, le sentiment du mépris; et la gloire aura vainement, pour le mortel qui l'aura mal comprise, décoré son sanctuaire et préparé d'immortelles couronnes.

Ainsi, les peuples s'enflamment rapidement au récit des traits qu'enfantent la bravoure, la vaillance, l'intrépidité; ils exaltent le talent militaire qui sait, avec une poignée de soldats, mettre en déroute de nombreux escadrons et gagner des batailles; ils saluent le conquérant qui parcourt en vainqueur les vastes états qu'il a soumis et qui, dans sa marche triomphale, traîne, enchaînés à son char, les souverains qu'il a détrônés: mais, les premiers feux d'un enthousiasme irréfléchi sont-ils éteints, la raison calme et froide a-t-elle un instant parlé, que des sentiments d'un autre ordre s'éveillent dans les cœurs, que l'imagination dessine d'autres tableaux. Des palmes victorieuses que tient en main le redouté capitaine, découlent des gouttes de sang humain: les lauriers qui lui ceignent le front, rappellent la défaite, les larmes, le carnage, la destruction des vaincus; les chants de la victoire ne peuvent étouffer les cris des blessés, le râle des mourants; de telle sorte que, si, d'une part, il y a jouissance et bonheur, il se trouve, de l'autre, tristesse et désespoir, et si le triomphateur emporte, des populations, l'allégresse et les battements de mains, jamais, d'elles, il ne moissonnera ni la reconnaissance ni l'amour.

Lorsque, au contraire, le mortel s'inspire de

a Religion, lorsqu'il s'éclaire du flambeau sacré de la foi, son cœur, en s'épurant des vulgaires affections de la terre, s'ennoblit et se prépare aux plus généreux sacrifices; son intelligence s'élève à de sublimes conceptions; l'horizon du vrai, du beau, de l'utile, recule au loin, pour lui, ses limites; il prend un magnanime essor, et bientôt, emporté par le génie de la bienfaisance, totalement effacé à ses propres regards, le bonheur de ses semblables l'agite et l'occupe, il devient sur la terre la vivante image de la Providence; il est le bienfaiteur de l'humanité. Ses actes, les plus héroïques, pourront bien n'avoir ni éclat ni retentissement: environnés des nuages d'une religieuse modestie, ils pourront n'être pas aperçus d'abord; mais une somme incalculable d'avantages n'en découlera pas moins au profit de l'humanité, et les générations dont elle sera devenue l'impérissable patrimoine, n'environneront la mémoire de leur bienfaiteur que de plus de reconnaissance et d'affection.

Ce principe que les philosophes anciens, que les encyclopédistes ont consacré, que les hommes conservateurs de la présente époque rajeunissent de tous leurs efforts, qu'ils cherchent à faire passer dans les esprits, par toutes les manières, en tous lieux et sous toutes les formes, parce que, seul, il se trouve capable d'arracher la société à cet individualisme qui la tue (*a*); ce principe trouve une admirable application dans la vie de l'illustrissime et révérendissime HUGUES DES HAZARDS, soixante-douxième Evêque, Comte de Toul; et c'est

---

(*a*) Voyez note 1re, page 35.

ainsi que ce vénérable Pontife, trois siècles après sa mort, continue les instructions qu'il a commencées pendant sa vie, au profit d'un vaste diocèse, au profit, surtout, de ses concitoyens. Aussi, est-ce à le montrer, devenant par la Religion, soit comme premier pasteur, soit comme ministre d'État, le bienfaiteur de son pays et de son peuple, que cet éloge est consacré.

La bienfaisance ne consiste pas à répandre à pleines mains l'or autour de soi, à fournir au malheureux que la faim dévore, le pain matériel qui lui rendra les forces et la vie. L'homme véritablement bienfaisant ajoute, aux secours dont profite le corps, les secours infiniment préférables qui nourrissent et fortifient l'âme, qui l'élèvent au-dessus de la matière et du temps, qui la rendent digne de ses hautes destinées. L'homme, véritablement bienfaisant, ne borne pas ses largesses à un petit nombre d'individus qui les provoquent par un dévouement sincère ou par d'hypocrites flatteries : son cœur, que la Religion rend vaste comme le cœur de Dieu, embrasse la patrie, embrasse l'humanité : c'est à procurer à l'une et à l'autre, par d'éminents services, par de durables institutions, la plus grande somme possible de bonheur, qu'il aspire : c'est à atteindre ce noble but qu'il se prépare dès sa jeunesse et que, dans la force de l'âge et jusqu'aux jours de la décrépitude, tendent constamment tous ses efforts. Or, tel se présente à l'admiration de la postérité Hugues des Hazards.

Il naquit à Blénod, en l'année 1454, de parents honorables, quoique peu fortunés. A peine débarrassé des langes de l'enfance, Hugues comnença ses premières études dans sa patrie, sous la direction, sans doute, de son pasteur qui aussi lui était parent. Les heureuses dispositions qu'il fit paraître, ses remarquables progrès dans les éléments des belles lettres, sa naissante vocation au plus sublime des états, engagèrent les auteurs de ses jours à le placer dans les meilleures écoles, afin qu'il y reçût les leçons et les avis des plus célèbres précepteurs de l'époque. Successivement à Toul, à Metz, à Dijon, le jeune DES HAZARDS se livra aux travaux littéraires avec une étonnante ardeur; il se fit distinguer, entre ses condisciples, par la supériorité de son esprit, par la pénétration de son jugement, et son désir de se consacrer au service des autels n'étant devenu que plus fortement prononcé, il mérita, jeune encore, l'honneur d'un canonicat dans l'insigne Collégiale de saint Gengoult, à Toul (a).

Ainsi préludait-il à cette carrière qui fut toute de renoncement et d'abnégation; ainsi, par le choix de l'état ecclésiastique, montrait-il les sentiments qui remplissaient son âme; puisque, selon l'illustre Chrysostôme, le sacerdoce est la plus éclatante preuve de dévouement et de charité qu'un mortel puisse offrir à ses semblables, à son Dieu (b). Cependant la vie du cloître eût renfermé son zèle dans des bornes trop étroites : à la prière, au chant des psaumes, il voulut joindre les travaux extérieurs et se livrer aux actes du ministère les plus fatigants; des études ordinaires, d'ailleurs,

---

(a) Voyez note 2e, page 35.
(b) Sti. Joannis Chrysostomi, de Sacerdotio. lib. 2.

eussent été trop incomplètes pour lui. Pénétré de cette pensée, que les lèvres du prêtre doivent être les gardiennes de la science; que, de sa bouche, les peuples doivent apprendre la loi (*a*), Hugues résolut d'entrer plus avant dans les profondeurs des connaissances humaines, d'en sonder les plus inscrutables mystères, de s'éclairer enfin sur les questions les plus ardues du droit et de la théologie. Ce fut à Sienne (*b*) qu'il alla nourrir son avide intelligence d'un aliment nouveau, plus solide, plus substantiel; et là, comme à Dijon, comme à Metz, comme à Toul, son génie prit l'essor, secoua de ses fortes ailes les ténèbres de la routine, pour arriver, par un vol brillant, jusqu'au foyer de la lumière la plus pure, la plus capable de donner et de soutenir la vie. Là aussi, des yeux observateurs surent le distinguer, et la science, ayant mesuré les capacités de son adepte, s'étant éprise de son ardeur, en fit un de ses privilégiés favoris, et lui plaça sur la tête les couronnes d'un double doctorat.

Que va faire maintenant le Chanoine de l'église, fondée par le bienheureux Gérard, des talents dont la nature l'a gratifié et qu'un travail opiniâtre a rendus si féconds? Reviendra-t-il orgueilleusement parader dans son lieu natal et couvrir d'un superbe dédain ceux qui lui aidèrent à monter les premiers degrés de la science, ceux qui lui en aplanirent les plus âpres difficultés? Fatigué de longues études, rentrera-t-il dans son

---

(*a*) Labia sacerdotis custodient scientiam et legem requirent ex ore ejus. *Malach.* 2. 7.

(*b*) Sienne, ancienne et célèbre ville de Toscane, avec une fameuse Université. ***Vosgien**, Dict. géog.*

premier cloître, pour s'y livrer aux douceurs de la vie contemplative, se contentant d'édifier ses frères par la simplicité de ses vertus, par une scrupuleuse régularité ? Non, assurément ; cette âme si charitablement ardente croirait faillir à la mission que le Ciel lui impose. C'est au bonheur de l'humanité qu'il s'est, dès le principe, dévoué; c'est au triomphe de l'innocence, pressurée par le crime, qu'il consacrera le fruit de ses veilles et de ses méditations. Et certes, une fausse modestie ne lui fera pas prendre le change, en l'aveuglant sur la force intellectuelle dont il peut disposer. Si la Religion, qui le couvrait de son égide et guidait ses pas, si la Religion rend humble le mortel et le détourne de toute présomption ; jamais elle ne le rend aveugle au point de laisser en lui la lumière s'éteindre sous le boisseau, et d'étouffer, sans résultats avantageux pour la société, de véritables connaissances, d'incontestables talents. L'humilité, selon le catholicisme, fait savoir à l'homme que toute science vient de Dieu, lui enseigne à ne s'en point glorifier, comme si elle procédait immédiatement de son esprit, comme si elle était son exclusive propriété (*a*); mais elle ne lui permet pas d'ignorer qu'il sera demandé compte à chacun des facultés qu'il aura reçues; qu'à celui à qui beaucoup a été donné, il sera réclamé beaucoup (*b*); que le serviteur paresseux qui aura mollement enveloppé dans un suaire, pour l'enfouir en secret, l'argent qu'il aurait dû placer à la banque, aura, par le fait même,

(*a*) Quid habes quod non accepisti, si autem accepisti quid gloriaris quasi non acceperis? 1 *ad Corinth.* 4. 7.
(*b*) Omni cui multum datum est, multum quæretur ab eo. *Luc*, 12. 48.

prononcé sa propre sentence et sera impitoyablement condamné (a).

Hugues des Hazards choisit, pour théâtre de ses premiers exploits, la ville pontificale, la ville éternelle. Ce fut dans la patrie d'Horace et de Cicéron, devenue l'héritage des Pontifes chrétiens; ce fut dans ce forum qui, si souvent, jadis, avait retenti des sublimes accents du prince des orateurs latins, qui répéta les applaudissements dont on couvrait ses discours, que l'enfant de Blénod résolut d'aller consacrer les efforts de son savoir et de sa voix au triomphe de justes causes, en exerçant la noble profession d'avocat; ce fut à Rome, au centre de la civilisation, au foyer même de la science, ce fut à l'ombre du protectorat de Jules II, que le modeste chanoine de Toul alla développer les connaissances qu'il avait acquises, et plaider, dans une des langues les plus riches et les plus harmonieuses, les affaires confiées à ses lumières, à sa probité.

Arrêtons-nous un instant ici, jetons un coup d'œil rétrograde sur la première époque de sa carrière que, sans nous accorder un instant de loisir, Hugues nous a fait parcourir avec une inconcevable rapidité. La vie des grands hommes étant comme un tableau magnifique offert à l'imitation de la postérité, comme une leçon que les générations qui suivent doivent étudier, pour en faire leur profit, par une consciencieuse pratique; il importe de la méditer avec soin pour en saisir

---

(a) Ecce mna tua, quam habui repositam in sudario... Dicit ei : De ore tuo te judico, serve nequam.... quare non dedisti pecuniam meam ad mensam...? *Luc*, 19. 20. 22. 23.

au mieux et l'ensemble, et, s'il est possible, les plus minutieux détails.

Aussi bien que les parents de Hugues, une foule de parents, aujourd'hui, prétendent qu'ils donneront à leurs fils une éducation spéciale, qui leur méritera le bénéfice d'un emploi; mais avec cette différence, que le père de l'Evêque avait sondé les goûts naissants de son fils, bien résolu, sans doute, à le garder près de lui, à le façonner aux travaux de la campagne, infiniment honorables d'ailleurs, si la capacité de son esprit se fût montrée trop étroite et ses moyens intellectuels trop bornés; tandis que, sans avoir mesuré les dispositions scientifiques de leurs enfants, sans avoir consulté leur vocation, je dirais presque leur instinct, mus uniquement par un orgueil répréhensible, par un déplorable désir de les voir briller dans le monde et posséder des charges, ces parents insensés les arrachent à l'agriculture, à d'honnêtes professions, les livrent inconsidérément à des études pour lesquelles ils n'ont ni aptitude ni attrait et qui viciées dans leur germe faussées dans leur direction, écornées en mille endroits, resteront incomplètes et stérile, n'auront, après tout, d'autre résultat que d'en faire, pour la société, dont ils seront les fléaux, d'insupportables fats et d'ignobles paresseux. Avec cette différence encore que Hugues des Hazards, comprenant tout ce qu'il faut de notions réelles, variées, approfondies, pour occuper un poste public, travailla longuement et sérieusement à les acquérir; tandis que trop, beaucoup trop de jeunes gens, sottement présomptueux et à ridicules prétentions, entendent briller prématurément et assourdir un public qu'ils dédaignent, par des mots pleins d'emphase, dont le sens leur échappe, dont les embarrasserait fort la simple définition.

Le jeune avocat, éclairé par le flambeau qui sait illuminer tout homme venant en ce monde(a), avait senti que ce n'est que par de fortes études, que par de graves méditations, qu'il est possible d'atteindre jusqu'au sanctuaire de la science et de pénétrer avec fruit dans ses tabernacles divins; il avait senti que le demi-savoir est mille fois plus dangereux qu'une complète ignorance, non-seulement à celui qui veut s'en servir, mais encore à tous ceux qui sont destinés au malheur d'y avoir recours; il avait senti qu'un homme public doit être consommé dans la partie qu'il embrasse, qu'autrement il ne peut que demeurer dans les rangs inférieurs où sa présence encore sera funeste, et que, par les fautes qu'il ne manquera pas de commettre, il rendra la société victime de son incapacité. Au lieu donc de se passer dans les jeux, dans les amusements, dans une coupable dissipation, la jeunesse de Hugues fut studieuse, réfléchie, toujours occupée; la présomption, dans son âme, fit place à la défiance; la suffisance à la modestie, la surabondance imaginaire du savoir à la conviction profonde d'une extrême nécessité d'indispensables connaissances; et c'est dominé par ces graves pensées, que, courbant son front sous le joug d'une salutaire discipline, il apprit tout ce qui peut constituer l'esprit vraiment supérieur, tout ce qui fait le véritable savant.

(a) Lux vera quæ illuminat omnem hominem venientem in hunc mundum. *Joan.*, 1. 9.

Oh! qu'avec les progrès de la science, depuis trois cents ans, la jeunesse studieuse du dix-neuvième siècle pourrait s'élever et se soutenir bien haut! qu'elle pourrait briller d'un éclat réel, qui n'aurait rien d'emprunté, si, moins bercée par d'homicides adulateurs, dans les rêves d'une fantastique supériorité; si, moins aveuglée par un prestige mensonger et matériellement faux, elle était élevée dans les principes de juste défiance de soi-même, d'amour du travail, de dévouement à la prospérité publique, qui firent de Hugues des Hazards une âme d'élite, un administrateur de première capacité, et le héros de la bienfaisance (*a*)!

Mais c'est assez le laisser dans une position subalterne : c'est assez l'abandonner aux argumentations juridiques du barreau. Il était bien que, s'oubliant lui-même en travaillant au bonheur des familles qui avaient remis entre ses mains leur existence, leur innocence, leur honneur, il se préparât aux fonctions éclatantes que la Providence lui destinait. Le bruit de ses talents, le bruit de ses succès retentit de Rome en Lorraine et vient frapper les oreilles du souverain de cette province. René II se sent jaloux de posséder un tel sujet : il l'invite à quitter la ville des Césars, à rentrer dans son pays pour y travailler à l'avantage de ses concitoyens. Ah! sans doute, ce ne fut ni l'appât des honneurs, ni la soif de l'argent, qui amenèrent à Nancy l'enfant de Blénod; l'amour de la patrie, l'amour de ses parents, furent les seuls motifs de sa détermination, et la pensée de servir son prince et la Lorraine, l'étoile qui le dirigea.

(*a*) Voyez note 3e, page 36.

Le voici de retour; le voici dans une contrée qu'il affectionne à plus d'un titre : une ère nouvelle, immédiatement, va commencer pour lui. Le Duc René, qui l'avait mandé près de lui, l'a bientôt apprécié : reconnaissant tout d'abord que les affaires difficiles qui l'accablent ne peuvent être ni plus complétement comprises, ni plus heureusement traitées que par DES HAZARDS; après l'avoir fait élever à la dignité de Prévôt de St.-Georges de Nancy, il l'investit de sa confiance la plus entière, et, en le nommant président des États de Lorraine et le chef de son Conseil, il lui remit la direction politique de sa province.

Maintenant, qu'on se reporte à cette époque de prétentions des souverains sur leurs domaines respectifs; à cette époque de tracasseries réciproques de petits princes, jaloux de l'autorité de voisins eux-mêmes ambitieux d'une plus puissante autorité; à cette époque de guerres incessantes, de révoltes continuelles des Barons contre leurs Comtes, des Comtes et des Ducs contre le royaume ou contre l'empire : combats déplorables, dont les suites inévitables étaient le ravage des terres, l'incendie des moissons, le pillage des hameaux comme des cités; et l'on pourra se former une idée de la difficulté de traiter les affaires, de l'habileté qu'il fallait à un ministre pour cimenter, d'une manière durable, des conventions que le mauvais vouloir ou la fourberie faisaient violer en même temps qu'elles étaient jurées par ce qu'il y a de plus inviolable et de plus sacré.

Qu'on se reporte, en particulier, à cette ère fatale de convoitise, où l'empereur Maximilien voulait exiger de René II, hommage pour le Duché de Lorraine(a), où Charles de Bourgogne, fondant sur notre malheureuse province avec une puissante armée, assiégeait Nancy dont une fois auparavant il s'était emparé (b), où Louis XI méditait à son profit l'enlèvement du Barrois; et l'on comprendra ce qu'il fallait de fermeté, d'énergie, de prudence et de sagesse pour présider les conseils du prince, en butte à tant d'affamés, pour assurer au pays la paix à l'intérieur, et, au dehors, le respect d'insatiables voisins. Pouvait-il être un homme à vues étroites, à conceptions bornées, le prêtre qu'un souverain, jaloux de ses droits, appelait à les défendre, à les faire valoir, à les conserver, par d'habiles négociations; à réparer, par une administration paternelle et ferme, les maux dont la guerre avait inondé le pays?

Et qu'on ne dise pas qu'à une époque d'ignorance, il était facile à un homme de mérite ordinaire de percer la foule, d'appeler sur sa personne les suffrages et d'arriver, sans entraves, aux premières dignités. Certes, et quoi qu'en aient pu dire les historiens modernes, qui ne voient rien de plus habile à faire, pour encenser leur siècle, que de vilipender le passé; l'époque à laquelle appartient HUGUES DES HAZARDS n'est pas une des moins fécondes en illustres noms. Quels jours plus heureux, en effet, que ceux qui virent naître l'Imprimerie (c), cet art en quelque sorte divin; qui, par la découverte de Colomb, apprirent qu'il existait un autre

(a) Dans la diète de Worms, en 1495, René refusa de faire hommage pour la Lorraine à Maximilien Ier, et ne prêta serment que pour quelques fiefs qui dépendaient de l'Empire.
(b) Voyez note 4e, page 36.
(c) Voyez note 5e, page 37.

continent, un monde nouveau (a)! Quels jours que ceux qui éclairèrent les pontificats de Sixte IV (b), de Jules II (c), de Léon X (d), les règnes de Louis XI (e), de Louis XII (f), de François Ier (g)! Quels jours que ceux qui recueillirent, pour la France, les talents et les vertus d'Amboise (h), et, pour l'Espagne, le désintéressement et le patriotisme de Ximénès (i)! qui lurent, à Rome, les écrits de la Mirandole (j); qui, à Florence, s'émurent à l'éloquente et irrésistible prédication du moine Savonarole (k)! Le monde alors était-il enseveli sous le triple linceul de l'apathie, de l'ignorance, de la servilité?

Et, pour rentrer dans notre Lorraine, quelle époque que celle de René II, son Duc bien-aimé, et de Charles de Bourgogne, qui en fut le redoutable et malheureux adversaire! Quel moment créateur et de noble élan de génie, que celui qui féconda la plume de Pierre de Blarru pour enfanter le *Liber Nanceidos* (l) et celle de Pilladius pour composer la Rusticiade (m), poëmes dans lesquels on retrouve, sinon l'harmonie et les beautés de la langue de Virgile, dans tout leur éclat, au moins des éclairs de rhythme, d'imagination et de poésie, desquels le Cygne de Mantoue n'eût point dédaigneusement détourné ses regards! Quel règne de la pensée, du beau réel, du vrai sublime, que celui qui vit éclore, sous le ciseau de Ligier-Richier, l'admirable tombeau que possède Saint-Mihiel et

---

(a) Voyez note 6ᵉ, page 37. — (b) *Id.* note 7ᵉ, p. 38. — (c) *Id.* note 8ᵉ, p. 58. — (d) *Id.* note 9ᵉ, p. 58. — (e) *Id.* note 10ᵉ, p. 39. — (f) *Id.* note 11ᵉ, p. 39. — (g) *Id.* note 12ᵉ, p. 39. — (h) *Id.* note 13ᵉ, p. 40. — (i) *Id.* note 14ᵉ, p. 40. — (j) *Id.* note 15ᵉ, p. 40. — (k) *Id.* note 16ᵉ, p. 41. — (l) *Id.* note 17ᵉ, p. 41. — (m) *Id.* note 18ᵉ, p. 42.

qui plonge dans une extase de ravissement ceux qui ont le bonheur de le contempler (*a*)! qui vit, par la construction de l'église des Cordeliers, à Nancy, de la basilique superbe de St.-Nicolas-de-Port, de l'église paroissiale de Blénod, élégante miniature de la vaste cathédrale de Toul, s'élancer jusqu'au ciel l'expression des sentiments d'une foi vive, d'une espérance ferme, d'une brûlante charité! la réalisation de ces vertus qui sont la vie de l'homme sur la terre, son bâton de voyageur et le flambeau qui, en l'éclairant, l'approche si près de la divinité! Quelle époque enfin que celle qui jeta, sur la Meurthe, le pont de Malzéville, qui pava la cité souveraine, la dota de la place Saint-Epvre, l'embellit du palais ducal! Laissant donc aussi large qu'on voudra l'écrire, la somme des incapacités bénéficiées, assez d'hommes d'un savoir réel, d'un mérite éminent, resteront pour former à DES HAZARDS un cortége digne de lui; pour donner aux suffrages que, de toutes parts, il sut moissonner, une importance tout autre que celle du nombre, pour prouver que, de son temps, les lettres et les arts vivaient d'une robuste vie; qu'il ne fut pas simplement une clarté pâle qui se détache toujours avec facilité d'un fond ténébreux, mais une lumière éclatante et vive, qui frappe et fixe le regard, nonobstant les feux du jour (*b*).

La confiance du Roi de Jérusalem sera bientôt complétement justifiée. La Lorraine, si cruellement meurtrie par les rudes coups dont venait de l'accabler le Duc de Bourgogne, séchera ses larmes, calmera ses frayeurs et reprendra plus bril-

(*a*) Voyez note 19e, page 45. — (*b*) *Id.* note 20e, p. 45.

lante et plus fraîche, son antique beauté. A Renéle-Victorieux qu'elle avait chéri, succèdera Antoine qu'elle surnommera le Bon, parce que, de même que son père, inspiré par le génie de son premier ministre, il fera ses délices de la prospérité de ses sujets (*a*).

Hugues, en effet, n'habite le palais de son prince que pour continuer, sur un théâtre plus élevé, la mission que, dès le principe, il s'était volontairement imposée, le règne de la justice et celui de la paix. Fortement convaincu de la haute portée de ses actes et de leur influence sur les destinées d'un peuple dont il veut faire le bonheur, il se dévoue, sans réserve, à l'exercice de ses nouvelles fonctions. Les affaires de l'Eglise, les affaires de l'État marchent, par l'impulsion qu'il leur imprime, avec un égal succès. Il fait entendre de sages paroles à Maximilien, à Louis ; et le roi de France et l'empereur d'Allemagne renoncent, en conséquence, à d'injustes prétentions. Le Souverain-Pontife luimême, frappé de la rectitude de son jugement et du désintéressement de ses vues, accorde à l'église de Toul la justice et les grâces qu'au nom de cette mère chérie le Prévôt de St.-Georges était allé solliciter. Ah ! c'est qu'il acquiert un immense ascendant sur les esprits et sur les cœurs, le ministre qui, plein de l'oubli de sa personne, sans amour-propre, sans ostentation, sans morgue, marche droit à son but, avec une noble assurance, avec la ferme résolution de ne dévier ni d'un côté ni d'un autre, sourd aux menaces, inaccessible à de chatouilleuses promesses ! aux yeux des

(*a*) Voyez note 21ᵉ, page 46.

notre compatriote, arrière son avancement, arrière sa fortune, pourvu que le bien se fasse et que les peuples soient heureux ! Admirable contraste entre l'homme de la charité catholique, qui a placé dans le ciel sa conversation, son espoir, et l'homme de l'argent, et l'homme des honneurs, et l'homme égoïste qui, n'aimant que lui seul, s'adore comme un Dieu! Quel honteux spectacle n'offrent pas, en effet, à l'univers indigné, tant d'êtres façonnés à l'école de la moderne philosophie ! Sans cesse ils se remuent, sans cesse ils s'agitent pour arriver au terme désiré de leur ambition, pour accaparer les charges qui leur assurent le traitement objet de leur convoitise, sans s'occuper beaucoup des devoirs dont il est le prix. Peu leur importe que de longs services demeurent oubliés, qu'un héroïque dévouement reste sans récompense, que des capacités éminentes végètent dans une ignoble obscurité; pourvu qu'ils arrivent au poste qu'ils ont longtemps et bassement sollicité, il n'est plus rien qui les occupe, rien qui les puisse inquiéter. Que dis-je ! que la société, minée par les révolutions qu'ils ont fomentées, chancelle sur ses bases; que les violentes secousses qu'ils ont provoquées l'ébranlent au point de la bouleverser jusqu'au cœur; que le sang des citoyens soit répandu; que de nouvelles commotions se préparent, éclatent, que le sang coule encore, que leur importe ! S'ils n'obtiennent pas ce qu'ils ont ambitionné pour ambitionner de nouveau ce que, plus tard, ils voudront obtenir, meure la famille ! meure la patrie ! plutôt que de renoncer à des prétentions qui seraient ridicules, si, avant tout, elles n'étaient homicides et sacriléges.

Hugues s'est effacé en présence des importants objets confiés à sa sollicitude, mais il n'en est devenu que plus recommandable aux véritables amis du bien; sa modestie, son désintéressement, son zèle pour la prospérité du pays, ont ajouté un nouvel éclat à la juste réputation que ses talents déjà lui avaient faite; et, tandis qu'exclusivement occupé du bien-être des peuples et de la gloire de la Lorraine, il ne pense pas à lui, le pays le contemple avec admiration, et les corps les plus distingués lui décernent les palmes de l'honneur.

Le Chapitre de Metz ayant perdu son doyen, tourne vers lui ses regards, et sans qu'il s'y attende, et sans qu'il y songe, les chanoines de la vieille basilique de Clément l'envoient prier de se rendre à leur unanime vœu, de se placer à leur tête, de les prendre sous sa direction.

L'Eglise de Toul est devenue veuve, à son tour : elle a besoin d'un Evêque qui sache allier la science à la sainteté; les égards dus à de puissants antagonistes, avec une noble et ferme indépendance; qui sache, surtout, sécher ses larmes, calmer ses inquiétudes, apaiser les troubles qui, pendant de trop longues années, l'ont plongée dans la désolation. Hugues est éloigné du diocèse; mais toutes les pensées se reportent sur lui, tous les cœurs l'appellent; il est, d'une seule voix, proclamé Pontife titulaire, comme il avait été précédemment élu Coadjuteur, et le clergé toulois, impatient de le voir à sa tête, lui députe trois membres du Chapitre pour lui annoncer sa nouvelle dignité. Rome applaudit à ce choix dans lequel on se plaît à reconnaître l'effet de l'inspiration divine; Jules second fait immmédiatement expédier les bulles, et, pour manifester plus explicitement son opinion sur le nouvel Evêque, de son propre mouvement, il le prépose à la célèbre abbaye des Bénédictins de Saint-Mansui. Ainsi, tandis que l'on voyait les puissants du siècle mendier, briguer, en faveur de leurs enfants ou de leurs neveux, quelquefois emporter à la pointe de l'épée les honneurs du sanctuaire, au scandale des fidèles, au détriment de la science et de la discipline; le modeste enfant de Blénod, sans autres titres que son savoir, sans autres recommandations que ses vertus, franchissait un espace immense, porté, comme en triomphe, sur un des plus beaux siéges épiscopaux de l'Europe catholique.

Courbé sous le poids de si hautes dignités, que fera-t-il désormais? Devenu prince de l'Eglise, le fils de l'honnête cultivateur oubliera-t-il enfin l'obscurité de son origine? et, pour la faire oublier à son troupeau, prendra-t-il, à son égard, un ton de hauteur et de sévère autorité, après avoir élevé aux premières charges, après avoir enrichi des biens de l'Église les membres de sa famille? Ah! c'est aux enfants de l'intrigue, c'est aux indignes parvenus que sont dévolus de semblables travers. A eux le ridicule de cette omnipotence qui les ravale au lieu de les relever, qui porte leurs subordonnés au mépris, puis à la révolte, qui donne, tout d'abord, au moins observateur, la juste mesure de leur sottise et de leur vanité!

Revêtu des titres les plus honorables et les plus illustres, Hugues des Hazards ne profite des avantages de sa nouvelle position que pour donner à son excellent cœur un élan plus vif, que pour le laisser se livrer avec plus d'abandon à ses nobles penchants. Les riches revenus de son évêché, ceux de son abbaye, ceux encore de son prieuré seront employés en bonnes œuvres, seront consacrés au profit de son clergé et de ses bien-aimés diocésains.

Par ses soins et à ses frais, l'abbaye de St.-Mansui, dégradée par le temps et par la guerre, est remise à neuf dans une forte moitié de son étendue. L'ermitage de sainte Menne est entièrement reconstruit et embelli d'une magnifique chapelle. Des ponts sont jetés en une multitude d'endroits pour la facilité des communications; les routes, les chemins sont réparés et bien entretenus; les eaux qui, çà et là, coulaient fugitives et vagabondes, pour s'arrêter ensuite dans les lieux bas, croupir, se corrompre, infecter l'air et prolonger bien avant dans l'été les désagréments de l'hiver, les eaux sont réunies avec soin dans des réservoirs heureusement ménagés, pour arriver, limpides et rafraîchissantes, par des canaux souterrains, dans les différents quartiers des diverses localités où elles jaillissent en fontaines qui donnent aux hommes et aux animaux un breuvage salutaire.

Il fonde, à Blénod, un hôpital où les pauvres sont recueillis, soulagés, guéris. Il relève, depuis les fondations, le château de son lieu natal, que lui ont légué ses prédécesseurs dans un état de déplorable dégradation, et le fortifie jusqu'à le rendre imprenable. Et ce château, sera-ce pour y jouir, plus à son aise, des douceurs d'une inutile vie? sera-ce pour s'y environner des objets d'un luxe que la Religion condamne et que les pauvres maudissent? Ah! c'est encore dans l'enceinte de ces épaisses murailles, que le bienfaisant Pontife va laisser un monument de l'excellence de son âme, si éminemment sacerdotale! Que lui font, à lui, la régularité d'un palais, l'élégance de ses proportions, l'heureux développement de son architecture? Il n'est point indifférent, sans doute, aux progrès des arts qu'il honore, qu'il encourage; mais peut-il le devenir à la misère de ses compatriotes désolés? A chaque instant, des troupes ennemies qui, toujours en armes, ne vivent que de rapines et de brigandage, viennent, semblables à des milliers de vautours, fondre sur les habitations des villageois, pour les ravager; les cultivateurs se voient impitoyablement enlever les produits de leurs fatigants travaux; ils ne peuvent un instant compter sur les récoltes qu'ils ont arrachées à la terre, humide de leurs sueurs. HUGUES, avec empressement, vient à leur secours; il leur ouvre, à Blénod, l'intérieur de son palais épiscopal et leur permet d'y construire des loges, vrais greniers d'abondance, où ils conserveront leurs blés, leurs légumes, leurs fruits, pour en jouir, sans plus trembler de les perdre. Nouveau Joseph qui, par cette admirable concession, soustrait ses frères et ses enfants spirituels aux horreurs de la faim, à de barbares vexations, trop souvent renouvelées.

Que dirai-je de ce temple magnifique, érigé par ses soins et à ses frais à la gloire du Dieu dont il fut la vivante image sur la terre, à l'honneur de son pays qu'il aima toujours de la plus tendre affection, à la mémoire de ses parents à la cendre desquels il voulut que sa dépouille fût unie?

O Blénod, que serais-tu devenu sans la religieuse libéralité de ton enfant? dépouillé de tes priviléges, de tes titres, de ton palais, de tes richesses, le passant foulerait aujourd'hui, sans te gratifier d'un obligeant regard, la terre sur laquelle tu reposes ! Mais un monument précieux s'élève de ton enceinte comme une voix puissante qui appelle, qui invite le voyageur à te visiter : la croix qui termine la flèche élégante et svelte de ton clocher, annonce au loin ton existence, en même temps qu'elle te rappelle sous quel drapeau tu ne dois cesser de marcher. Ton église, ô Blénod, la cendre de Hugues, le monument qui la recouvre : voilà tes titres actuels à la célébrité; voilà les ornements qui te distinguent, qui forment ta parure toujours admirable, toujours fraîche, et c'est à la Religion que tu les dois ! Songe donc à conserver sans tache le culte de ton Dieu, la foi catholique! tu ne saurais y rester indifférent, sans te rendre infiniment coupable aux yeux des populations qui t'environnent, puisqu'en outrageant le ciel, tu insulterais à la mémoire de ton bienfaiteur, puisque tu ajouterais l'ingratitude à l'impiété.

Ainsi, comme prince temporel, Hugues des Hazards fut le soutien, le bienfaiteur, le père de la Lorraine et de son évêché; il leur procura le bonheur et la sécurité, au prix de mille sacrifices personnels, sans qu'il en coutât une seule larme, un seul gémissement à l'humanité; et c'est là précisément ce qui lui assure, dans les fastes de la véritable gloire, une place à côté des hommes les plus illustres dont le souvenir a traversé les siècles.

Admirable leçon donnée aux âges futurs par la divine Providence ! Deux hommes apparaissent, en même temps, aux regards d'un vaste pays : l'un, courageux, bouillant, emporté par le génie des conquêtes, affamé des riches possessions de ses voisins; l'autre, modeste, calme, plein de zèle pour le salut public, dévoré par les feux d'une immense charité. Le premier, pour se créer un royaume, pour s'emparer d'une ville, ravage les campagnes, foule aux pieds les récoltes, expose à la misère de nombreuses populations, porte, de toutes parts, la détresse et l'épouvante; le second, peu soucieux des agréments de la vie, de la somptuosité de son habitation, livre son palais à des citoyens qu'il aime, leur en fait un vaste réservoir où il conservera, comme les siens propres, leurs biens, leurs récoltes, leur avenir, et par là dissipe leurs frayeurs et ranime leur courage : celui-là se consume en incroyables efforts pour se placer sur la tête une couronne, il compte pour rien le sang et la vie de mille soldats; celui-ci consacre, sans réserve, les instants de son existence à cicatriser les maux qu'il rencontre, nombreux, sur son passage; à sa fortune il ajouterait ses jours en sacrifice, pour éviter la ruine du plus petit d'entre les siens. Quel est donc, de ces deux mortels, le véritable héros? Ah! que l'histoire taise les œuvres de Hugues de Blénod, pour chanter mieux les exploits de Charles de Bourgogne! que le désintéressé pontife dorme inaperçu dans sa tombe, pour laisser plus de brillantes pages au duc ambitieux! Que la renommée, embouchant ses trompettes et faisant éclater ses cent voix, dédaigne l'abnégation sublime de l'humble prêtre, pour porter aux générations les faits d'armes du capitaine redouté! La postérité ne lui permettra d'accoler au nom du duc de Bourgogne que les épithètes de *guerrier*, de *téméraire*, de *hardi*; tandis qu'avec moins de fracas, mais avec la suavité de la reconnaissance, elle couronnera l'Evêque de Toul, du titre de Bon Père, et sa piété, en l'invoquant comme un ami de Dieu, environnera ses reliques du culte que l'Église rend aux Saints (*a*).

Mais hâtons-nous d'abandonner les régions du temps pour entrer, à la suite du Prélat, dans les adorables parvis du Seigneur! hâtons-nous de le contempler dans l'accomplissement de ses fonctions pontificales, se faisant, par l'excellence de son cœur, le modèle du troupeau soumis à son autorité (*b*).

Celui qui, dès ses tendres années, avait choisi le sanctuaire pour son partage, ne pouvait, Evêque, que faire ses délices de la maison de Dieu, ne pouvait trouver de repos que dans ses charmes célestes. Il savait trop bien, d'ailleurs, que ceux-là seuls sont véritablement heureux sur la terre, qui habitent le saint des saints (*c*); aussi, malgré des occupations nombreuses et variées, malgré de fréquents voyages pour les intérêts de l'Église et pour ceux du pays, le voyait-on se retrouver avec une scrupuleuse exactitude, à chaque fête solennelle, dans sa ville épiscopale, pour officier pontificalement à Saint-Mansui, comme Abbé, la cathédrale, comme Prélat (*d*).

Pénétré de ces vérités de l'Evangile, qui

(*a*) Voyez note 22e, page 46.
(*b*) Forma facti gregis ex animo. 1. *Petr.* 5. 3.
(*c*) Beati qui habitant in domo tuâ, Domine. *Psal.* 83. 5.
(*d*) Epitaphe de Hugues des Hazards. Voyez page 82.

homme ne vit pas seulement de pain, mais de toute parole qui sort de la bouche de Dieu (a); que les richesses de la terre ne lui peuvent à rien servir, s'il vient à perdre son âme (b); que si l'Éternel promet, au centuple, la récompense du verre d'eau froide offert à un pauvre en son nom (c), il assure l'éclat des plus brillantes étoiles, pendant les siècles des siècles, à celui qui aura montré à ses frères le chemin de la justice (d), qui les aura nourris d'un enseignement divin soutenu par de précieux exemples; il comprenait merveilleusement que l'aumône spirituelle l'emporte sur l'aumône de la matière, autant que l'âme l'emporte sur le corps, autant que le ciel l'emporte sur la terre, et c'est principalement à procurer à ses diocésains les impérissables richesses de la foi, qu'il travailla pendant les trop courtes années de son épiscopat. Non pas précisément par la prédication, puisque la multiplicité et l'importance des affaires qu'il avait à traiter absorbaient ses instants et le condamnaient à de fatigantes veilles; mais, par son discernement dans le choix des pasteurs qui le représentaient, et par ses efforts sans cesse renouvelés, pour élever ses prêtres à la hauteur de leur sublime vocation.

Il exigeait que tous les ecclésiastiques ayant charge d'âmes assistassent au double synode qu'il

(a) Non in solo pane vivit homo, sed in omni verbo quod procedit de ore Dei. *Matth.* 4. 4.

(b) Quid prodest homini, si mundum universum lucretur, animæ verò suæ detrimentum patiatur? *Matth.* 16. 28.

(c) Quicumque potum dederit uni ex minimis istis calicem aquæ frigidæ.... non perdet mercedem suam. *Matth.* 10. 42.

(d) Qui ad justitiam erudiunt multos, quasi stellæ in perpetuas æternitates. *Dan.* 12. 3.

faisait célébrer, chaque année, afin de mieux leur remettre sous les yeux leurs obligations et la manière de s'en acquitter avec fruit (*a*).

Il fit imprimer les Statuts Synodaux (*b*) dont quelques rares exemplaires se peuvent encore trouver, qui sont une preuve indubitable de sa sagesse, de sa prudence, de la hauteur de ses vues, de son zèle pour la discipline, et qu'il ordonna que tous les prêtres eussent entre les mains pour les bien connaître, pour les méditer, pour s'y conformer (*c*).

Il fit imprimer aussi, à Paris, un Missel (*d*), des Heures (*e*), d'autres livres de piété et un Bréviaire à l'usage de son diocèse; et certes, pour peu qu'on veuille réfléchir aux obstacles qui toujours viennent entraver, dans ses développements, une découverte nouvelle; on comprendra sans peine tout ce qu'il fallut de soins, de surveillance, de démarches, pour conduire à heureuse issue une entreprise que les plus habiles typographes de nos jours, malgré leurs connaissances et leurs ressources, regardent encore comme une des plus difficiles de l'imprimerie.

Ce ne fut pas seulement par des règlements sages que HUGUES DES HAZARDS voulut implanter, d'une part, et de l'autre féconder, dans les cœurs, la piété si utile à l'homme dans toutes les circonstances de la vie (*f*); ce fut aussi par les exemples éclatants qu'il en donna lui-même; ce fut par des

(*a*) Statuts synodaux publiés en 1515.
(*b*) Voyez note 25e, page 46.
(*c*) Voyez la note complétive, pages 55.
(*d*) Le Missel a été imprimé en 1506.
(*e*) Les Heures à l'usage de Toul, imprimées à Paris par Simon Vostre, format grand in-8º, avec figures et vignettes.
(*f*) Pietas ad omnia utilis est. 1. *Timoth.* 4. 8.

ctes qu'un dédaigneux éclectisme peut bien regarder comme puériles, mais qui n'en sont pas moins, dans leur principe et dans leurs conséquences, de hautes leçons de sagesse, de puissants encouragements à la vertu. Il fit faire, par son suffragant, la translation des reliques de saint Amon, successeur immédiat de saint Mansui sur le siége de Toul; puis, lui-même, ayant fait préparer une châsse magnifique dont il fit présent à sa cathédrale, il y transféra solennellement les restes mortels du premier pontife des Leuquois : action de bienfaisance autant que de religion, qui, par une pensée d'immortalité qu'elle rappelle, par les honneurs qu'elle rend à une cendre éloquente en dépit de la mort, apporte le courage, l'espérance et la joie à tant d'infortunés qui traînent, avec douleur, le fardeau, par fois si pesant, de la vie.

Avantages temporels, richesses de l'âme, objets des vœux et des travaux de l'humanité, tels furent les dons que l'Evêque de Toul répandit abondamment autour de lui, tels furent les bienfaits dont il combla le pays soumis à sa juridiction. Personne donc, plus que lui, ne mérita l'application de ces belles paroles que l'Evangile dit de Jésus-Christ : il passa sur la terre en faisant le bien, en cicatrisant toutes sortes de blessures (*a*) ; personne plus que lui ne mérita le titre de BIENFAISANT (*b*).

Ce n'est pas que jamais la bonté de son cœur dégénérât en faiblesse. L'homme privé peut bien, quelquefois, cédant à un sentiment de louable générosité, se désister de droits acquis, engager même

---

(*a*) Pertransiit benefaciendo et sanando omnes. *Act. Apost.* 10-38.
(*b*) Voyez note 24ᵉ, page 50.

ses intérêts personnels : il ne risque autre chose que sa fortune et son avenir dont il est le maître; l'homme public, quelle que soit sa charge, ne doit écouter jamais que la voix de la justice et celle d'un scrupuleux devoir; il doit conserver intacte et préserver de toute atteinte la portion d'autorité qui lui est confiée; car, autrement, il compromet l'existence du pouvoir qu'il expose au mépris, il aiguise le fer qui le frappera d'une mort inévitable. Hugues savait maintenir et défendre les droits de son église, les prérogatives de l'épiscopat, et apprendre que le prêtre n'est pas un serviteur à gages, abandonné à la merci des potentats et des peuples, n'ayant d'autorité que celle qu'il leur plaît de lui accorder, mais qu'il est le ministre du Dieu d'où procède toute puissance (a), du Dieu qui lui a dit: Va, parle à mon peuple, annonce-lui ses devoirs et mes justices (b)! Trois siècles à l'avance, il renversait les sophismes anti-religieux par lesquels certains esprits prétendent établir que, pourvu qu'un pasteur, retiré dans l'obscurité du sanctuaire, y puisse, pour les simples et pour lui, célébrer, sans encombre, les mystères de sa croyance, il doit s'estimer heureux et ne point s'aviser d'élever la voix contre les violateurs du bon ordre et de la loi.

Ainsi, les Commandeurs de l'ordre de Saint-Jean ayant prétendu que les Curés dépendant de leurs maisons n'étaient pas obligés de prendre des institutions de l'Evêque, il ne fit pas difficulté de les mettre en procès et de poursuivre, contre eux,

(a) Non est potestas nisi à Deo. *Rom.* 13. 1.
(b) Annuntia populo meo scelera eorum... et judicium Dei sui *Isaïe*, 58. 1. 2.

une sentence qu'il obtint. Ainsi, les Cordeliers de Toul et ceux de Neufchâteau s'étant relâchés de leur première ferveur, il s'éleva contre les abus qui lui furent signalés, et, par la sage réforme qu'il introduisit dans leurs monastères, il ramena ces religieux à la sainteté primitive de leur état. Ainsi, par l'application des peines canoniques, forçait-il à rentrer dans le devoir les ecclésiastiques qu'une vocation peu éprouvée ou que l'esprit du siècle en avaient quelquefois écartés : c'est que la mansuétude, pour être excellente, ne saurait dominer toujours; l'excès de la bonté, engendrant une lâche faiblesse, traîne souvent, à sa suite, de plus grands maux que l'excès même de la rigueur, et peut perdre, sans retour, les meilleures et les plus florissantes institutions. Non pas qu'il ne soit affligeant à un bon cœur d'employer, pour se faire obéir, la sévérité qu'il sait d'ailleurs tempérer par la suavité des formes; mais la bienfaisance elle-même, lorsque la foi l'éclaire et la dirige, ordonne le renoncement à des penchants honorables et favoris, dès qu'ils deviennent préjudiciables à l'intérêt public; elle exige, de l'administrateur, l'emploi de la fermeté, quand la douceur reste sans résultats; car rien ne compromet davantage l'existence des sociétés et la sécurité des particuliers, comme le mépris des lois et la faiblesse ou l'insouciance de ceux qui en sont les défenseurs et les gardiens.

Cependant ses longues études, ses fréquents voyages, ses veilles réitérées, la sollicitude de son église, avaient sourdement ruiné la santé et diminué le nombre des jours de l'Evêque DES HAZARDS. Il voulut prévenir la mort, et couronner les œuvres de toute sa vie, par un testament qui portât à la postérité la pensée intime et persévérante de son esprit, la dominante vertu de son noble cœur.

Hommes de l'opulence et de l'ambition, hommes de l'égoïsme et de la cupidité, profanateurs des mots sacrés de dévouement, de patrie, vous qui, dans la gestion d'éminentes places, songez bien moins à remplir les obligations qu'elles vous imposent qu'à augmenter vos revenus des émoluments qu'elles vous apportent, qu'à profiter du crédit qu'elles vous donnent, pour avancer, dans les voies de la fortune et du pouvoir, vos fils, vos neveux, les membres les plus reculés de vos familles : approchez, instruisez-vous ! Telle est la suprême volonté de l'Evêque bienfaisant : Hugues des Hazards n'entend pas qu'aucun de ses héritiers profite d'une seule obole des revenus de l'évêché : tout ce qui proviendra de l'Eglise, retournera au profit du Diocèse : ses parents ne recevront que le modeste patrimoine qu'en mourant son père lui laissa. S'il fait à ses frères, à leurs enfants, à de fidèles serviteurs, quelques dons particuliers, que dis-je ! s'il fonde des prières pour le repos de son âme, s'il prépare la dépense de ses funérailles, c'est avec le fruit de ses *labeurs, industrie et services*, c'est à titre de *charité bien ordonnée comme à de pauvres parents* (a). Aussi grand donc que Périclès, aussi désintéressé que Cincinnatus dont l'antiquité a si fort admiré l'abnégation, plus illustre qu'Aristide, qui ne renonça aux richesses que pour se soustraire à leur influence

---

(a) Paroles du testament de Hugues des Hazards. Voyez à la fin de la notice, l'*Appendice* n° 3.

qu'il redoutait de ne pouvoir surmonter, marchant sur les nobles traces de saint Paul, l'Evêque d'un des siéges les plus riches de France travailla pour subvenir à ses besoins, consacra ses soins et ses veilles à l'Eglise sans lui vouloir être à charge, sans profiter de ce qu'annuellement elle lui offrait à titre de compensation. Athlète courageux mais non pas téméraire, qui, armé du bouclier de la foi, sut, de front, attaquer la fortune et la vaincre; puiser à pleines mains dans ses trésors et conserver, sans la moindre tache, cette pauvreté spirituelle qui assure la première béatitude à ceux qui la savent pratiquer! (*a*) Citoyen magnanime, qui ne voulut pas même laisser à ses parents, à sa Cathédrale ou à l'Etat, les frais de son cercueil, et qui préleva sur ses *gages* de ministre la dépense de son enterrement!

Mais la mort, l'impitoyable mort apprête, contre DES HAZARDS, son terrible coup. Le 19ᵉ de Septembre, il avait signé encore un acte empreint de l'esprit de la plus tendre piété, un acte de bienfaisance religieuse, qui autorise l'érection d'une Croix dans la chapelle des médecins, à la paroisse Saint-Epvre de Nancy (*b*), et le 14ᵉ du mois suivant, il avait cessé de vivre pour la terre, il avait commencé l'immortalité. O peuple de Toul! pour toi s'est éteinte la lumière; tu es devenu orphelin! O Lorraine, tu as perdu ton conseil, le plus vigilant défenseur de tes droits; tu as perdu ton meilleur appui! Provinces désolées, que vos larmes coulent, abondantes et sincères! De même

(*a*) Beati pauperes spiritu, quoniam ipsorum est regnum cœlorum. *Matth.* 5. 3.

(*b*) Voyez note 25ᵉ, page 51.

que les disciples du saint Evêque de Tours (a), environnant la couche de leur maître, écriez-vous avec sanglots : O notre père, pourquoi nous abandonnez-vous ? Les loups dévorants vont se jeter sur le troupeau de Jésus-Christ : et qui donc le saura défendre ? Vous volez à la félicité suprême ; mais les calamités qui nous menacent ne vous intéressent-elles plus (b) ? De même que le prophète d'Abel-Meüla, lorsqu'un char de flammes, soudain, enleva son maître : O père, le guide d'Israël et sa cavalerie ! ô notre père ! écriez-vous (c).

Sans doute, il avait vaillamment combattu les combats du Seigneur (d); il avait, en peu d'années, accompli l'œuvre de beaucoup de temps (e); il avait fécondé le champ du maître ; il avait fait pousser de profondes racines à l'arbre de la foi; il ne lui restait plus qu'à recevoir la couronne de justice que lui avait tressée, de ses éternelles mains, l'équitable juge du monde entier (f). Ses jours étaient pleins de bonnes œuvres (g), la beauté de son âme avait charmé le ciel, Dieu ne pouvait le laisser plus longtemps sur la terre de l'iniquité (h). Car l'abomination marchait à grands pas vers le sanctuaire : un moine apostat et fougueux allait déchirer le sein maternel, lui arra-

(a) Saint Martin.
(b) Berault-Bercastel, tom. 2 p. 571. — Godescard, tom. 10, p. 261.
(c) Pater mi, Pater mi, currus Israël et auriga ejus. *4 Reg.* 2. 12.
(d) Bonum certamen certavi. 2. *Tim.* 4. 7.
(e) Consummatus in brevi explevit tempora multa. *Sap.* 4. 13.
(f) In reliquo reposita est mihi corona justitiæ quam reddet in illâ die justus judex. 2 *Tim.* 4. 8.
(g) Et dies pleni invenientur in eis. *Psal.* 72. 10.
(h) Placita erat Deo anima illius, propter hoc properavit educere illum de medio iniquitatum. *Sap.* 4. 14.

cher, par les plus vils moyens, d'innombrables enfants, le noyer dans le fiel (*a*); et quelle n'eût pas été l'affliction de HUGUES si rempli de zèle et de charité, de voir le troupeau des fidèles en proie aux morsures de loups ravisseurs, d'entendre prêcher, aux peuples catholiques, ces dogmes désorganisateurs qui ont souillé de tant d'impuretés l'Angleterre et l'Allemagne, qui ont failli submerger la France dans son propre sang? Dans le combat qui allait s'engager entre le mensonge et l'orthodoxie, il se fût jeté, certainement, au plus fort de la mêlée, semblable à Josué, fils de Nun, et plus d'un Amalécite eût succombé sous la puissance de ses coups. Mais l'éclat de ses triomphes n'eût pas compensé l'amertume de sa peine; et si la mort de ce Prélat vénérable fut pour le pays une calamité, pour lui-même elle fut un véritable gain (*b*).

Oui, Pontife digne des plus beaux temps de l'Église, vous avez reçu la juste récompense de vos utiles travaux! Vous vous enivrez de la fécondité des cieux, vous buvez, à longs traits, la coupe de l'immortalité! que vous importe que l'histoire ait laissé blanches, dans ses fastes, les pages où elle devait consigner vos talents et vos vertus, vos sacrifices et vos bienfaits? que vous importe que la renommée, emprisonnant votre illustre nom en d'étroites limites, ne l'ait jusqu'ici que sourdement articulé? Les chants de la terre, les louanges des hommes n'auraient pu préparer, ils ne peuvent rendre plus brillante l'auréole de gloire dont,

---

(*a*) Voyez note 26e, page 54.
(*b*) Et mori lucrum. 1. *Phil.* 21.

au ciel, vous êtes environné. La postérité n'en doit pas moins honorer votre mémoire et la sauver, au profit de l'humanité, d'un ingrat oubli. Les pauvres et les affligés savent encore que vous êtes leur *Bon Père*, qu'auprès de Dieu, vous intercédez pour eux..... il est temps, après trois siècles, que les heureux et les puissants se rappellent que vous fûtes un Savant distingué, un Ministre habile, un modèle dans l'Episcopat. Et maintenant qu'il n'est pas une cité qui ne demande à l'épée, à la magistrature, aux arts, quelque nom qui reflète sur elle de lumineux rayons, qui lui révèle des traits fameux, quelque nom qu'elle puisse graver sur le bronze de superbes monuments; secouez donc la poussière de votre tombeau, ranimez votre froide cendre et venez apprendre à une génération longtemps abusée, que la Religion n'est pas seulement le partage des âmes faibles et vulgaires, mais qu'elle pénètre aussi dans les fortes intelligences et peut enfanter des héros. Rendez à la Lorraine une de ses brillantes illustrations; montrez à l'église de Toul une des belles fleurs de son immortelle couronne; laissez redire vos œuvres et vos bienfaits, et les Toulois et les Lorrains, émerveillés, feront entendre, en votre honneur, l'hymne de la reconnaissance, et, de concert avec les enfants de votre lieu natal, ils ajouteront à l'épitaphe de votre sépulcre ces mots si pleins de sens et d'instructives leçons : Hugues le bienfaisant (a) !!!

(a) Voyez note 27e, page 55.

EXPLICATIONS ET NOTES

POUR L'ÉLOGE HISTORIQUE

DE HUGUES DES HAZARDS.

Note 1re. — Cet individualisme qui la tue.

Il est extraordinairement frappant d'entendre aujourd'hui les hommes tant soit peu sensés, de toutes les conditions, les journalistes de toute espèce d'opinion, crier à la désorganisation, aux souffrances, à l'agonie de la société ; invoquer, à mains jointes et les genoux en terre, la Morale, et la conjurer de prendre en main les rênes du monde intellectuel, pour le sauver d'une chute qui le laisserait, sur un faux chemin, étendu sans souffle et sans vie. L'accord est parfait sur le fond, la forme seule est une cause de litige. Et pourtant, un peu de bonne foi, la plus légère dose de modestie mettrait un terme à la discussion. Qui dit morale dit religion; qui prononce religion fait entendre devoir; le devoir suppose un supérieur qui l'impose, l'idée de supériorité éveille la pensée d'un seul Dieu. Hommes de tous les partis, approchez donc d'un seul Dieu ! de lui procède le devoir, la religion, la morale ; par conséquent l'existence, la force, la prospérité de l'individu, de la famille, de la société. Si vous frappez au cœur le principe, du même coup vous vous donnerez la mort !

Note 2e. — Un canonicat... à Toul.

Nous n'avons pu trouver la preuve sur laquelle le Père Benoît s'appuie pour faire Hugues des Hazards chanoine de la Cathédrale de Toul. Ni le testament, ni l'épitaphe de cet Evêque, ne parlent de ce titre. Chanoine de la Collégiale de St.-Gengoult, *en son jeune âge*, il partit pour Rome d'où le fit revenir le duc René II pour le faire élire Prévot de Saint-Georges, à Nancy, et le créer ensuite Président des Etats de Lorraine. Il est plus probable que Hugues, qui n'avait paru à la Cathédrale que comme membre du chapitre collégial, aux jours de cérémonie, n'y rentra, plus tard, que comme Evêque, sans avoir auparavant compté au nombre des capitulaires de cette église.

Note 3ᵉ. — Le héros de la bienfaisance.

La jeunesse est naturellement présomptueuse et remplie de suffisance; elle a constamment besoin de sages guides qui lui rappellent son inexpérience, qui lui remettent sous les yeux son incapacité. Les étudiants de la présente époque sont donc, généralement, bien moins coupables de leurs travers que certains professeurs qui, voulant avant tout passer pour des hommes de lumières et de progrès, jettent à la tête de ces irréfléchis et les forcent à apprendre, pour la répéter ensuite, la nomenclature de cent sciences, dont ils ne possèderont jamais bien une seule, dont ils confondront même les définitions. L'esprit humain est circonscrit en de certaines bornes : à chacun son talent. Que les maîtres étudient donc les dispositions spéciales de chacun de leurs élèves, qu'ils les dirigent vers le but que la nature elle-même semble leur proposer; la société alors verra naître pour elle des hommes spéciaux, d'une inébranlable solidité : elle verra s'envoler cette nuée de parasites qui la ruinent, cet essaim de frelons qui dévorent son miel le plus pur, sans connaître une seule des fleurs sur lesquelles les vigilantes abeilles l'ont recueilli.

Note 4ᵉ. — Nancy dont une fois.... il s'était emparé.

Charles, duc de Bourgogne, surnommé le Téméraire, subit, sous les murs de Nancy, la peine de son ambitieuse convoitise.
» Sa naissance, sa dignité, ses possessions, dit, M. Coster, en font
» le premier des ducs en Europe : il veut monter au rang des rois.
» Rival de Louis XI, il l'avait surpassé en vaillance à Montlhéry,
» en fourberie à Péronne ; il le surpassa en trahison en lui livrant
» le Connétable de Saint-Pol, pour le détourner de l'assistance
» promise au Duc de Lorraine. Maître du cours du Rhin, depuis
» son embouchure jusqu'à Cologne; maître du nord de la France,
» depuis le Zuyderzée jusqu'aux bords de la Somme, fier de la ligue
» qu'il a formée avec l'Anglais et le Breton, il ose se flatter de pou-
» voir unir la Méditerranée à la mer d'Allemagne, par un nou-
» veau royaume qui serait le sien, en ajoutant aux deux Bourgo-
» gnes, au comté de Ferette en Alsace, dont il était déjà en posses-
» sion, la Lorraine, la Suisse, la Provence. Abandonné de ses
» alliés, ce projet n'était plus que téméraire ; il le poursuit avec
» acharnement. Forcé de renoncer, après un long siége, à ses
» espérances sur l'électorat de Cologne, il envahit les états du duc
» René, à la tête de quarante mille hommes ; il lui prend toutes

EXPLICATIONS ET NOTES. 37

» ses places, et, après un mois de siége, Nancy se rend........
....

« Charles n'omet rien pour faire oublier à ses nouveaux sujets
» leurs anciens souverains. Se croyant assuré de leur ruine et de sa
» conquête, il porte en Suisse les mêmes vues d'envahissement:
» la fortune l'abandonne, il est battu à Granson, à Morat; et, pour
» comble d'humiliation, son vainqueur est le même René qu'il ve-
» nait de dépouiller, et qui rentre en possession de la Lorraine.

« Dès lors Charles n'est plus qu'un furieux qui court à sa perte.
» Il attache son sort et sa gloire à la possession de Nancy; il en
» fait de nouveau le siége..... son principal espoir est de prendre
» la ville par famine. Les assiégés en soutiennent avec courage
» toutes les horreurs : René, trompé par Louis XI, obtient de la
» bonne foi des Suisses l'effet de leurs promesses, et le service
» qu'il leur a rendu à Morat lui vaut un secours puissant, à la tête
» duquel il vient combattre Charles sous les murs de Nancy. Il ga-
» gne la bataille, et son ennemi, vaincu, fugitif, est tué dans les
» marais de l'étang Saint-Jean, le cinq janvier 1477.
(*Souvenirs de la bataille de Nancy*, publiés en 1837, par
M. J. CAYON.)

NOTE 5e. — Qui virent naître l'Imprimerie.

L'invention de l'Imprimerie, généralement attribuée à Jean Guttemberg, de Strasbourg, date de l'an 1440 environ. Et déjà en 1508, Pierre Jacobi, prêtre de Toul, imprimait à St.-Nicolas-de-Port. Le *Liber Nanceidos*, dont plus tard il sera question dans ces notes, sortit de ses presses en 1518.

Ce fut aussi vers l'an 1440 que parut l'Imitation de Jésus-Christ.

NOTE 6e. — Un monde nouveau.

L'Amérique, la plus grande de toutes les parties du monde connu, est bornée de tous les côtés par l'Océan. Christophe Colomb, génois, y aborda le premier, en 1492; mais, dès le 10e siècle, les Danois avaient découvert la côte du Nord-Est. En 1497, elle fut appelée *Amérique*, d'Améric Vespuce, florentin, qui découvrit le premier la partie du continent située au sud de la Ligne. (VOSGIEN, *Dict. géographique*.)

Ce fut à René II qu'Améric Vespuce dédia la Relation de ses découvertes. C'est que le Duc de Lorraine était très-versé dans les Lettres, lisait beaucoup et avec fruit.

On peut consulter, à la bibliothèque publique de Nancy, un

exemplaire de cette *Relation*, imprimée à St.-Dié en 1507, in-4°, et voir, en outre, ce qu'en dit un savant bibliophile, M. BEAUPRÉ, dans ses *Recherches sur les commencements et les progrès de l'imprimerie dans le duché de Lorraine et dans les villes épiscopales de Toul et de Verdun.*

NOTE 7e. — Sixte IV.

Le pape Sixte IV mourut un an après Louis XI, le 13 août 1484, dans la soixante-onzième année de son âge et la quatorzième de son pontificat. Ce Pontife avait beaucoup de vertus, des mœurs intactes, une science extraordinaire, le talent des affaires et l'application, l'âme noble et généreuse............. Son ardeur pour le progrès des Lettres, la protection et les libéralités dont il honora les hommes lettrés, ses propres ouvrages de philosophie et de théologie, sans compter ses bulles savantes et nombreuses, les monuments sans nombre qu'il a laissés pour l'embellissement et l'utilité de Rome, pleine encore aujourd'hui de ses inscriptions et de ses titres, rendent à jamais son nom mémorable. On a dit que, des seules pierres qui portent son nom dans les bâtiments superbes qu'il multiplia dans Rome, on pourrait construire un vaste édifice. Le magnifique pont du Tibre est encore appelé le pont de Sixte. La route à l'immortalité du second ordre, c'est, après avoir transmis aux peuples des jouissances durables, de bien mériter des arts qui en perpétuent le souvenir.

BÉRAULT-BERCASTEL, *Histoire de l'Eglise*, tom. 8, p. 305.

NOTE 8e. — Jules II.

Jules II fut élu pape en 1503. Son premier soin fut de faire construire l'église de St.-Pierre, le plus beau monument que les hommes aient élevé à la divinité. Il en posa la première pierre le samedi de l'Octave de Pâques, 18 avril de l'an 1503.

PASSIM.

NOTE 9e. — Léon X.

« Le gouvernement de Léon X, dit un écrivain judicieux, est
» le tableau du siècle entier auquel il a eu la gloire d'imposer son
» nom.»

FELLER, *Diction. historique*, tom. 7, p. 409.

EXPLICATIONS ET NOTES.

Note 10°. — Louis XI.

La vie de Louis XI est un tissu d'incohérences et de contradictions qui font de son caractère un problème inexplicable. Il prit toutes les formes sans en avoir une à lui, si ce n'est cette bigarrure même et la constance dans les variations de sa bizarrerie.

Bassesse et fierté, étourderie et vue sûre, vice et vertu, il donna dans toutes les extrémités et ne s'arrêta jamais au juste milieu. Génie profond et vif, incomparable dans la politique ; capitaine et soldat, pourvoyant à tout ; ami de la justice............; doué de presque toutes les qualités qui font les grands rois et les grands hommes : un esprit faux et un cœur serré firent de lui un mauvais sujet et un mauvais roi, un mauvais fils et un mauvais père, un mauvais maître et un mauvais ami, un mauvais citoyen et un mauvais chrétien.

Bérault-Bercastel. tom. 8, p. 304. 305.

Note 11°. — Louis XII.

Louis XII, surnommé le Père du peuple, mourut le 1er janvier 1515. Il fut le premier des rois qui mit le laboureur à couvert de la rapacité du soldat. Il était affable, doux, caressant. Ses dernières paroles au duc de Valois, depuis François 1er, furent celles-ci : « Je » vous recommande mes sujets. » Ayant été représenté dans une mauvaise farce comme n'éprouvant plus que la soif de l'or, il dit froidement : « J'aime beaucoup mieux faire rire les courtisans » de mon avarice que faire pleurer mon peuple de mes profu- » sions. »

Edouard Hocquart.

Note 12°. — François Ier.

François Ier fut appelé le Restaurateur des Lettres. Ce fut lui qui, après la malheureuse défaite de Pavie, écrivit à sa mère ce billet aussi simple que sublime : « Madame, tout est perdu, fors » l'honneur. » Plein de feu et de courage, d'une force extraordinaire et d'une adresse égale dans les exercices militaires, il n'était flatté du pouvoir suprême qu'autant qu'il lui fournissait les moyens de tenter et d'exécuter de grandes choses. Ses inclinations généreuses, sa noble franchise, un air ouvert et des manières affables lui attachaient toute sa noblesse. Il avait cette étendue et cette élévation d'esprit qui accompagnent l'amour des Lettres et qui s'accroissent par leur culture.

Passim.

Note 13e. — Les talents et les vertus d'Amboise.

« Le cardinal d'Amboise, dit l'abbé Bérault, sans avoir au de-
» gré suprême toutes les vertus qui ont signalé les Evêques du
» premier âge de l'Eglise, en eut toutefois qui, dans tous les
» temps, feront désirer des prélats qui lui soient comparables : il
» réunit d'ailleurs toutes les qualités sociales et politiques qui font
» les ministres et les citoyens précieux. Magnifique et modeste,
» libéral et économe, habile et vrai, aussi grand homme de bien
» que grand homme d'Etat, le conseil et l'ami de son roi, tout
» dévoué au monarque et très-zélé pour la patrie;... partout il fit
» le bien, réforma les abus et captiva les cœurs avec l'estime pu-
» blique. » D'abord Evêque de Montauban, il devint ministre d'Etat
sous Louis XII, surnommé *le Père du peuple*. Il mourut à Lyon, dans
le couvent des Célestins, en 1510, à l'âge de 50 ans.

Note 14e. — Le désintéressement et le patriotisme de Ximenès.

Ximenès de Cisneros, né en 1437 d'un simple commis aux
décimes, fut nommé à l'Archevêché de Tolède en 1495. Le pape
Jules II l'honora de la pourpre romaine, en 1507, sous le titre de
cardinal d'Espagne. Il employa les revenus de son archevêché à la
conquête de la ville d'Oran, dans le royaume d'Alger, pour étendre
la domination de l'Espagne chez les Maures. Le roi Ferdinand
le nomma, en expirant, régent de la Castille, en 1516. Il mourut
en 1517, avec la réputation du plus grand homme et du meilleur
citoyen qu'eût produit l'Espagne. « Sa sévérité, dit Fléchier, était
» accompagnée d'une probité constante, égale, incorruptible; d'un
» amour tendre pour le peuple, et de cette qualité si rare et pourtant
» si nécessaire à tous ceux qui gouvernent et que l'Ecriture ap-
» pelle *la faim et la soif de la justice.* »

Note 15e. — La Mirandole.

Jean Pic, comte de la Mirandole, mourut en 1494, à l'âge de
trente-trois ans. Prodige de génie et d'érudition presque dès l'enfance, il soutint à Rome des thèses publiques sur toutes les scien-

es tant sacrées que profanes. On prétend qu'à l'âge de dix-huit ans, il savait vingt-deux langues.

Passim.

Note 16e. — Savonarole.

Ne pas reconnaître dans Savonarole le dialecticien puissant, l'orateur accompli, le théologien profond, le génie vaste et hardi, le philosophe universel ou plutôt le juge compétent de toutes les philosophies, serait un démenti trop impudent donné à l'histoire et à ses contemporains.

(*Annales de philosophie*, tom. 15, p. 303.)

M. l'abbé P. J. Carle, docteur en théologie, vient de consacrer un fort volume in-8º à défendre, contre d'injustes préventions, les écrits, la vie et la mémoire du pieux dominicain qu'il proclame martyr de la foi et de la sainte liberté évangélique.

Cet ouvrage, tout récemment imprimé à Paris chez Debécourt, sous le titre d'*Histoire de Fra Hieronimo Savonarola*, mérite de fixer l'attention des admirateurs de l'héroïsme soutenu par le génie et la Religion.

Note 17e. — Le Liber Nanceidos.

Témoin oculaire, *Pierre de Blarru*, chanoine de Saint-Dié, mort en 1505, retrace habilement et avec verve, dans ses Chants en vers latins, la guerre de Charles-le-Téméraire contre le Duc de Lorraine.

La Nancéide, poëme d'environ cinq mille vers, distribués en six livres, présente particulièrement un récit attachant, fidèle, orné et intéressant, entremêlé, avec art, de descriptions, discours et comparaisons : tout respire, dans les accents de Pierre de Blarru, l'amour de la patrie ; partout, pour relever la gloire du souverain, l'ennemi qu'il a défait est représenté sous l'aspect le plus redoutable. Séduit, le savant Hugo, son compatriote, déclare les vers de Blarru comparables à ceux de Virgile, *Marone non inferiores*.... M. Coster décide que les vers de Blarru valent peut-être ceux de Frascator et de Sannasar, ses contemporains, dont on parle avec éloge. « C'est déjà, dit-il, le latin d'Érasme et de Scaliger. »

(M. J. Cayon. *Souvenirs et monuments de la bataille de Nancy*.)

Nous ajouterons que l'œuvre du poëte lorrain, *Pierre de Blarru*, a été traduite et publiée en 1840, par un Nancéien, M. Ferdinand

SCHUTZ, qui a su enrichir son travail de curieuses observations philologiques. — Dans cet ouvrage, divisé en deux volumes grand in-8°, on s'est attaché, avec un louable scrupule, à conserver au texte latin sa ponctuation et ses abréviations primitives. C'est, comme typographie, une des plus remarquables éditions sorties des presses de MM. Raybois et Cie. Il est regrettable toutefois, à notre avis du moins, que le traducteur, au lieu de reproduire simplement les anciennes et naïves gravures sur bois du *Liber Nanceidos*, ait cru devoir leur substituer des dessins d'imagination.

NOTE 18e. — La Rusticiade.

« Laurent Pillard ou Pilladius, chanoine de Saint-Dié, composa un poëme latin sur la défaite des *Rustauds*. On appelait ainsi les paysans révoltés des bords du Rhin, qui s'efforçaient de pénétrer en France par la Lorraine. Leur cri de guerre était : *Luther!* sous le voile de la religion et le prétexte de la réforme de l'Église et des grands, ils pillaient, volaient et exerçaient mille violences partout. Le duc Antoine rassembla promptement, contre eux, le peu de troupes réglées qu'il avait sur pied ; il les battit, en 1525, le 16, le 17, et enfin le 20 mai, qu'il acheva de les mettre en déroute à Scherwiller, près de Schelestadt. »

(DURIVAL, aîné.)

On nous saura gré, sans doute, de reproduire ici, en les accompagnant d'une traduction en français, les vers latins dans lesquels l'auteur de la *Rusticiade* se plaît à signaler avec distinction, — parmi les principaux personnages composant le Conseil du duc Antoine, — l'évêque HUGUES DES HAZARDS à qui sa Muse consacre un souvenir tout spécial et dont il s'honore d'avoir partagé l'intimité. Ce passage pourra, d'ailleurs, donner une idée du style de Pilladius, qui, pour être inférieur en éclat à celui de Blarru, n'est pas néanmoins dépourvu de certains charmes. Nous l'avons extrait textuellement du bel exemplaire primitif que possède M. l'abbé MARCHAL, curé de Heillecourt, et dont le titre est ainsi conçu : *Laurentii Pilladii Canonici Ecclesiæ sancti Deodati Rusticiados libri sex, inquibus Illustris. Principis Antonij Lotharingiæ, Barri, et Gheldriæ ducis, gloriosissima de seditiosis Alsatiæ rusticis victoria copiose describitur. — Metis, ex officina Ioannis Palier. 1548.*

Après avoir signalé, entre les vénérables chefs auxquels le pieux duc Antoine confia la direction de ses états, l'illustre seigneur du Châtelet, Balthasar, abbé de Saint-Epvre près de Toul, et

e respectable Warry de Savigny, le poëte fait ainsi, dans les vers
suivants, l'éloge et le portrait de Hugues des Hazards.

> Hugo inter proceres illos Hazardius astat :
> Corporis excellens animi quoque dotibus alti :
> Ingenua virtute micans Charitumque decore,
> Ingenio præstans, sermone politus ad vnguem :
> Qui me sic coluit sociali semper amore :
> Fosseus fidum ut Pylades dilexit Orestē ;
> Eurialum Phrygius vel sicut Nisus amauit.

(Rusticiad. *lib*. 1. *fol*. 16, *verso*. — Dom Calmet, *Bibliot.
orr.*, à la fin, *colonn*. 12 *et* 13.)

« Parmi ces hauts dignitaires figure Hugues des Hazards : à la
fois doué des avantages du corps et des qualités éminentes d'un
esprit élevé, il brille par une vertu candide, que rehausse en lui
la noblesse des grâces, et sait allier à l'éclat du génie l'élégance et
la perfection du langage ; affable prélat, qui, en m'honorant
toujours d'une intime amitié, m'affectionna comme Pylade de
Phocide chérit le fidèle Oreste, ou bien comme Nisus le phrygien
aima Euriale. »

Cette tendre amitié qui unissait jadis l'évêque de Toul au poëte-
chanoine de Saint-Dié nous fait, ce semble, un devoir d'ajouter, à
l'extrait historique de Durival, rapporté plus haut, quelques détails
plus circonstanciés sur l'auteur de la *Rusticiade*, et sur l'objet
et les divisions principales de son œuvre. Ce faible tribut payé
au talent de Pilladius sera, dans votre bouche, un hommage
le plus à la mémoire de son illustre ami Hugues des Hazards.
Nous analyserons donc la notice biographique que lui a consacrée
Dom Calmet, dans sa *Bibliothèque Lorraine*, colonnes 748-749,
et nous résumerons en peu de mots, sur le même sujet, l'opinion
du savant et judicieux Coster, dont le nom, plus d'une fois cité
dans ces notes, fait autorité.

Né dans un village des environs de Pont-à-Mousson, ainsi qu'il
nous l'apprend lui-même en racontant en vers une partie de sa
vie, à la fin de son poëme, et devenu orphelin dès l'âge de deux
ans par la mort de son père, — Laurent Pilladius fut élevé, à Pont-
à-Mousson même, par sa mère qui était aussi sa nourrice. Promu
plus tard au sacerdoce, il fut pourvu d'un canonicat à Saint-Dié et
de la cure de Corcieux dans les Vosges. En rapportant que Pilladius fit, en 1531, quelques donations à cette paroisse, Dom
Calmet ajoute : « J'y ai vu son portrait, fort bien fait sur un
« *vitrau*, près la chapelle de Ste-Catherine, du côté du midi. »

Justement émerveillé de l'éclatante et prompte victoire remportée en 1525, dans les plaines de Saverne, sur les Luthériens d'Allemagne, par le duc Antoine, qui avait ainsi fermé pour jamais l'entrée de la France et de ses propres états à ces hordes démagogiques, — Pilladius voulut chanter la défaite des Rustauds, comme Blarru son confrère avait célébré, quelques années auparavant, le triomphe de René II sur Charles-le-Téméraire. Son poëme, composé en 1544, mais imprimé seulement en 1548, contient une épître dédicatoire au duc Antoine, son héros principal : il s'y qualifie *vogesicola*, (habitant des Vosges). Dans une deuxième dédicace au jeune prince Charles III, alors âgé de quatre ans, Pilladius expose, avec une modestie qui l'honore, que Christemane, son ami, a eu soin de polir son travail, et que Jean Herculanus comme lui, chanoine de St.-Dié, en a corrigé le langage et souvent redressé les vers.

En tête du livre se trouve une pièce à la louange de l'auteur composée par *Adam Bergier*, aussi de St.-Dié, qui lui donne l'épithète d'*Altiloquus*, (parlant de choses relevées), et loue en ces termes la fidélité historique de son écrit : *Prælia veridico narrat Laurentius ore* (Laurent, d'une bouche véridique, raconte les batailles).

C'est qu'en effet, — dans son ouvrage qui n'est point, comme quelques-uns l'ont affirmé à tort, un poëme épique, bien que l'auteur eût pu facilement l'élever à la hauteur de l'Epopée, mais plutôt un récit orné de poétiques fictions, — Pilladius décrit avec une scrupuleuse exactitude, les événements dont il fut contemporain. Ce poëme, empreint de réminiscences virgiliennes, et d'une versification généralement plus facile et plus claire, sinon plus riche que celle de la Nancéide, se divise en six livres. Le premier peint la Révolte des paysans luthériens d'Allemagne, s'assemblant en Alsace pour delà pénétrer dans le cœur de la Lorraine ; le deuxième, le Départ d'Antoine avec son armée, et son arrivée aux environs de Vic ; le troisième, le Siége de Saverne par les Lorrains ; le quatrième, la Victoire du prince de Guise à Loupestein ; le cinquième, la Prise et le pillage de Saverne ; le sixième enfin, le Triomphe du duc Antoine à Scherwiller, et son retour en Lorraine avec ses troupes victorieuses. Six autres pièces de vers, consacrées aux princes et princesses de la Maison de Lorraine et à la biographie personnelle du poëte, terminent les chants de la *Rusticiade*.

M. Coster (François-Joseph), avec ce coup d'œil sûr qui le caractérise, et ce tact exquis dont ses jugements portent ordinairement l'empreinte, a donné dans les Mémoires de l'Académie de Nancy, année 1807, une excellente analyse de l'œuvre du chanoine Pilladius. Il regrette, en finissant, que personne jusqu'ici n'ait encore songé à traduire cet intéressant poëme, si digne de fixer l'attention des amateurs et de stimuler, ajoute-t-il, la verve un jeune homme qui serait épris de l'enthousiasme dont lui-même se sent encore travaillé sous ses cheveux blancs.

Ces regrets, que nous partageons, cachent un vœu auquel associera spontanément tout véritable amateur des gloires littéraires de notre Lorraine. Ce serait, assurément, pour le pays et pour les bibliophiles, une bonne fortune que la réimpression, avec une traduction fidèle, de cette œuvre poétique, sœur puînée de la *Tancéide* auprès de laquelle elle figurerait honorablement, et qui, certes, n'en renierait point la parenté. L'auteur d'une si louable entreprise pourrait ajouter un nouvel intérêt à sa publication, en l'ornant d'un portrait de Pilladius, d'après celui dont parle le docte abbé de Senones et qu'on voit probablement encore aujourd'hui dans l'église de Corcieux; car le marteau du Vandalisme, qui n'a pas épargné nos cités, a respecté cependant quelques-uns de nos villages.

Déjà fort rare, au temps de D. Calmet, l'édition originale de la *Justiciade*, le plus curieux ouvrage qu'ait édité l'habile imprimeur Jean Palier, de Metz, est aujourd'hui presque introuvable. Toutefois, par l'effet d'un heureux hasard, un exemplaire récemment découvert à Pont-à-Mousson, où Pilladius, ainsi que nous l'avons dit plus haut, passa les premières années de sa jeunesse, orne en ce moment la riche bibliothèque de M. l'abbé Michel, curé de la Cathédrale de Nancy, ancien supérieur du séminaire diocésain.

Note 19ᵉ. — Le bonheur de le contempler.

Nous attendons, avec la plus vive impatience, un travail plein de science et d'intérêt que prépare, sur le *Sépulcre* de Saint-Mihiel et sur son auteur, notre ami M. Justin Bonnaire, avocat à la Cour royale de Nancy, qui s'est fait une réputation méritée par plusieurs compositions littéraires justement applaudies. Depuis longtemps entravé par des obstacles indépendants de sa volonté, l'historiographe de *Richier*, car tel est le titre de l'ouvrage artistique que M. Bonnaire se propose de publier, espère pouvoir, d'ici à quelque mois, livrer son manuscrit à l'impression. Les nombreux dessins qui accompagneront le texte sont complétement terminés, et le burin en a déjà reproduit plusieurs.

Note 20ᵉ. — Nonobstant les feux du jour.

La réputation scientifique de Hugues des Hazards était telle, que Champier, le plus ancien des historiens de Lorraine dont le travail a été imprimé, lui dédia son *Recueil ou chronique des hystoires des royaulmes d'Austrasie ou France orientale dite à présent la Lorraine, etc., ensemble des saintz contes et Évesques de Toul.* Un vol. petit in-folio.

NOTE 21ᵉ. — La postérité de ses sujets.

Ne fut Monseigneur Antoine en sa ville de Saint-Mihiel que cinq jours et ne fut causes présentées ès dits de Saint-Mihiel que ne fut jugée, et ne fut présent ledit duc à toutes les dites que furent appelées et parfaites, en nombre de 800. Ce qu'on a peine à croire, et certes oncques ne vit-on en justice si grands démêlés, et ne furent gens que fussent en droiture d'en porter plainte.
(Extrait des *Coupures de Bournon*, publiées en 1838, par M. J. CAYON, de Nancy.)

De retour dans ses états, Antoine alla tenir ses hauts jours à Saint-Mihiel, où se trouvèrent tous les nobles du Barrois et de Lorraine. Les seigneurs y prononcèrent des arrêts sur tous les appels depuis quatorze ans en çà; ce qui fut un spectacle aussi agréable que nouveau.
(DURIVAL, citant Dom Calmet, tome 1ᵉʳ.)

NOTE 22ᵉ. — Du culte que l'Église rend aux Saints.

Par une pieuse coutume, chaque dimanche, avant la messe, le célébrant va jeter l'eau bénite au tombeau de HUGUES DES HAZARDS, et, dans les solennités, il va l'encenser, à vêpres, pendant le chant du *Magnificat*.

La piété publique a souvent recours à la protection du *Bon Père* DES HAZARDS, l'invoque dans les maladies, et réclame son intercession auprès du Seigneur. Avant la profanation de la chapelle de saint Fiacre, située à quelques cents mètres de Blénod, les nombreux pèlerins qui allaient prier à l'autel du bienheureux solitaire ne manquaient pas de venir s'agenouiller dans l'église paroissiale de Blénod, au tombeau de l'homme de Dieu. Plusieurs personnes ont attribué à ses mérites les grâces signalées qu'elles sollicitaient et qu'elles ont obtenues.

NOTE 23ᵉ. — Les Statuts synodaux.

Les Statuts synodaux, publiés en 1515 par HUGUES DES HAZARDS, paraissent avoir servi de base au jugement de plusieurs écrivains

ls que Chévrier, Lyonnois et autres, sur le progrès des Lettres
t sur l'ignorance du Clergé à cette époque.

Sans vouloir prendre la défense d'un siècle déjà loin de nous,
ns vouloir faire les clercs plus savants qu'en réalité ils ne l'é-
ient il y a trois cents ans, il nous semble qu'il y a dans les as-
ertions des auteurs que nous venons de citer et dans ceux aussi qui
ostérieurement les ont copiés, une exagération qu'il importe de
lever, non pas qu'elle ne se fasse suffisamment remarquer d'elle-
ême et que, par fois, son énormité ne la tue ; mais parce qu'elle
eut induire en erreur, sur la véritable situation littéraire d'une
poque, certains esprits superficiels qui aiment à se dispenser de
réflexion, et qui facilement s'en laissent imposer par les noms
ropres.

Nous avons, sous les yeux, les Statuts synodaux de HUGUES DES
AZARDS. Ils sont en latin avec le *Roumant* français pour chaque
rticle qu'il suit immédiatement et que souvent il commente. Or
ette traduction, si elle ne prouve pas une intelligence parfaite
e la langue liturgique, n'en prouve pas non plus, de la part du
lergé, une ignorance absolue.

L'Evêque, en effet, dit au commencement de son livre : « Pour
ce qu'il a été ordonné que après chascun article soit mis son
Roumant, sans vouloir déroguer, ne vituperer sy non par raison
quelque nombre que se trouve entre les gens d'Eglise de nostre
cité et diocèse qui sont tantost ennuyez de lire escripture que
soit en latin (*a*). »

Certainement l'ennui que cause un objet quelconque ne suppo-
e pas la non-connaissance de cet objet. Il plaît peu, on ne l'aime
uère, peut-être ne sait-on pas l'apprécier comme il convient ;
ais, en définitif, il est téméraire d'avancer que le dit objet n'est
oint connu.

Rivarol, dans son discours sur l'universalité de la langue fran-
aise, semble donner une explication satisfaisante de l'ennui que
ausait déjà, même avant 1400, la lecture du latin.

Il cite l'italien Brunetto-Latini qui, ayant répudié sa langue
paternelle pour composer en français son ouvrage *El tésoretto*,
excuse de cette sorte d'apostasie en disant : « Porce que français est plus délitauble langage et plus commun que moult
d'autres. »

Les membres du Clergé, sortis des rangs du peuple, auraient-
s pu se soustraire, d'une manière absolue, à l'entraînement géné-
al des esprits vers une langue qui charmait, au goût si fortement
rononcé pour un idiome destiné à devenir, en quelque sorte, uni-
ersel ? Nous croyons qu'en masse les générations subissent l'in-

(*a*) **Statuts synodaux**, fol. ii, recto.

fluence de leur siècle, la passion dominante de leur époque, et que, malgré les plus vigoureux efforts, il est très-difficile, pour ne pas dire impossible à un individu de la meilleure trempe, d'y échapper complétement.

Bien est-il vrai maintenant que les troubles qui agitaient le pays, que les incursions sans cesse renouvelées des partis ennemis ne permettaient guères la culture des Lettres, empêchaient les études au lieu de les favoriser, ne laissaient pas aux monastères la faculté de former des jeunes gens à la science cléricale ; bien est-il vrai encore qu'une foule de parents ambitieux poussaient leurs enfants dans l'Eglise, les imposaient, par violence, au sanctuaire, uniquement pour leur assurer de larges prébendes, de riches revenus, sans s'inquiéter de leur instruction. Mais, quand Hugues des Hazards se plaint (fol. xl, verso,) de ne trouver dans *ceux qui viennent aux ordres que fort petite science et moult claire semée ; de ce que de dix à grand peine en trouve-t-on ung qui sache ce qu'il est tenu de scavoir voire ne grammaire ne aultres sciences parquoi ils n'entendent rien (etiam littéralement) de ce qu'ils lisent*, s'ensuit-il qu'il les admettait, sans discernement, se contentant de gémir de leur incapacité ? la conséquence ne ferait point honneur à celui qui la présenterait ainsi.

Que, par suite du malheur des temps, les études ecclésiastiques aient été généralement faibles ; que, par suite de la puissante influence des vexations de leurs parents, plusieurs clercs complétement ignorants soient entrés dans le sanctuaire, pour s'engraisser aux dépens de l'Eglise, c'est chose qu'il faut admettre sous peine de mentir à l'évidence; mais que, comme l'avance Chévrier, aucun *des prêtres du Diocèse de Toul, au nombre de plus de mille, n'ait pu entendre les statuts qu'il avait* (Hugues des Hazards *lui-même rédigés en latin* : (*a*) voilà qui laisse percer un esprit de prévention et d'hostilité systématique que les écrivains postérieurs auraient dû remarquer, non pas pour le reproduire, mais pour l'éviter.

D'ailleurs, n'est-ce pas à cette époque qu'écrivaient Pierre de Blarru et Pilladius, tous deux prêtres, que leur belle et poëtique latinité a fait comparer à Virgile même (*b*); Hugues des Hazards prêtre, n'a-t-il pas mérité d'un contemporain, qui fut aussi son ami ce bel éloge littéraire que cite Chévrier :

Ingenio præstans, sermone politus ad unguem (*c*).

Certes, on ne dira pas que ces hommes illustres, seuls, entendaient le latin, que le reste n'y comprenait rien. Pour les formu

(*a*) Chévrier, tome 1, pages 89 et 90. — (*b*) Voyez ci-dessus page 41.—(*c*) Chévrier, t. 1, p. 90.

EXPLICATIONS ET NOTES. 49

d'abord, il leur avait fallu de bons professeurs dont ils n'étaient pas les uniques disciples; et ces professeurs n'étaient point étrangers à la France, puisque Toul, Metz, Dijon, possédaient, à l'époque dont nous parlons, de célèbres écoles (a).

Au surplus, si l'Evêque de Toul voulait « comme chose moult utile que les déservants à Cures enseignent à leur peuple et qu'ils disent à leurs prosnes iceulx mandements en gros langaige vulgaire affin que on les puisse plus facilement entendre » (b): en réglant le cérémonial du synode qui devait se tenir deux fois l'année, il statuait que : « incontinent après la grand messe dicte et célébrée, il fut faict ung sermon en latin par ung régulier ou séculier » (c). Or le synode étant une réunion où, sous les peines canoniques les plus graves, devaient se trouver les « abbez, prieurs, doyens, prevosts, curez, aultres clercs quelconques » (d); ce discours d'une heure, *ad spatium unius horæ circiterve* (e), qu'on y devait prononcer, ne pouvait avoir pour sujet que les devoirs des prêtres; est-il supposable dès lors que, lorsqu'aucun motif, aucune convenance ne l'y obligeait, lorsqu'une impérieuse nécessité lui eût commandé le contraire, HUGUES DES HAZARDS, que nous s'accordent à regarder comme un homme supérieur, eût commis l'inconcevable maladresse de faire remettre sous les yeux, à ses clercs, leurs obligations les plus importantes, dans une langue qu'ils n'eussent point entendue ? mais son but eût été manqué tout à fait, le synode à l'assistance duquel il attachait une si haute importance n'eût plus été qu'une amère dérision, qu'une sacrilége plaisanterie.

On a donc, en résumé, tiré des Statuts synodaux de HUGUES DES HAZARDS des inductions outrées, qu'il faut réduire pour les ramener à la vérité. La science et les mœurs du temps auquel ils ont paru ont été trop ravalées par les historiens qui les ont décrites.

Soyons plus modestes et commençons par nous juger. Nous profitons des travaux de ceux qui nous ont précédés ; beaucoup plus qu'eux nous avons la facilité de nous instruire : la lumière, de toutes parts, brille à nos yeux, nous inonde de ses flots bienfaisants, et cependant, au total, quelle est la science réelle de la génération présente ? quelle est la chasteté de ses mœurs ?

Remarque.

Il peut être utile de noter ici que les Statuts synodaux donnés au diocèse de Toul par Bertrand de la Tour d'Auvergne et que

---

(a) Epitaphe de Hugues des Hazards. — (b) Statuts synodaux, fol. lix, verso. — (c) *Ibid.* fol. iii, verso. — (d) *Ibid.* fol. ii, verso. — (e) *Ibid.* fol. iii, verso.

plusieurs fois rappelle dans les siens Hugues des Hazards, ont été imprimés dans l'histoire de la famille des La Tour, dont un exemplaire se voit à la bibliothèque du séminaire diocésain. Nous avons eu entre les mains et nous avons parcouru le manuscrit original de ces statuts anciens, qui est sur vélin, format petit in-4° et que possède, dans sa précieuse bibliothèque lorraine, M. Marchal, curé de Heillecourt.

Il ne sera pas moins intéressant de noter que, dans un recueil in-folio, sur Verdun et sur Toul, écrit par Dom Calmet et qu'un heureux hasard a fait tomber entre les mains de notre savant confrère que nous venons de nommer, se trouve la copie des statuts d'Otton de Grandson, donnés à la ville de Toul en 1306. Cette pièce, que le père Benoît ne fait qu'indiquer, qu'on ne rencontre plus dans les archives de la ville de Toul, n'est donc pas tout à fait perdue.

Les Statuts synodaux de Hugues des Hazards ont pour titre :

Statuta synodalia olim per reverendos Patres Tullensis ecclesiæ Præsules edita nunc vero per reverendum patrem Dominum Hugonem de Hazardis illorum in episcopatu successorem : innovata reformata et aucta.

Ils ont pour épigraphe : *Moderata durant.*
Et se terminent ainsi :

Statuta Synodalia per Re. In Christo patrem Dominū Dñm Hugonem de Hazardis epm̄ et comitem Tullcñ. reformata et aucta: Nec non per Symonem Vostre bibiopolā. alme universitatis parisiens. pro honorabili viro Michaele Anglancier, hostiario aulæ prefati reverendi patris impressa : ac eodem loco tullen. morā. trahente expliciunt feliciter anno Dñi. mil ccccxv. Die x februarii.

Note 24e. — Le titre de bienfaisant.

La philosophie dont Voltaire se fit le coryphée s'étant prise à se considérer en elle-même, fut effrayée de sa propre laideur et de sa pitoyable nudité. N'ayant, de son propre fonds, aucune ressource, elle ravit à la Religion ses vêtements les plus remarquables par leur beauté ; puis, avant de s'en couvrir et pour essayer de cacher le larcin, elle leur donna des noms nouveaux, des formes nouvelles. Malgré la grossièreté de la ruse, plusieurs ne la découvrirent point ; plusieurs se laissèrent éblouir : ils encensèrent, comme une divinité trop longtemps inconnue, la prostituée, étalant avec effronterie les joyaux qui ne lui appartiennent pas et promettant ce qu'elle est dans la dernière incapacité de donner.

Ainsi, la charité chrétienne, cette vertu qui n'est autre chose que Dieu lui-même, a passé chez les philosophes sous le nom ronflant de *philanthropie*; puis, pour se donner plus d'importance, ces messieurs ont essayé d'enlever au Christianisme ses plus illustres héros de dévouement, pour en faire des *philosophes bienfaisants*, pour les offrir aux âges futurs, comme la personnification de leur doctrine.

Assez longtemps, le simple peuple a été trompé par cette fourberie : l'heure est venue pour lui de connaître la vérité. A la Religion seule appartient d'enfanter des héros de charité. Si Stanislas, roi de Pologne et duc de Lorraine, a mérité le titre de Bienfaisant, c'est qu'il avait ouvert son cœur à la Religion, et fermé son palais de Lunéville à la philosophie qu'y représentait le patriarche de Ferney.

NOTE 25ᵉ. — Une Croix... à la paroisse St-Epvre de Nancy.

Nous devons à l'extrême obligeance de M. le docteur Simonin, père, de Nancy, la communication du diplôme en parchemin qui autorise l'érection d'une croix dans la chapelle de saint Cosme et saint Damien, à l'église Saint-Epvre de la même ville, au bas duquel se trouve la signature autographe de HUGUES DES HAZARDS, dont nous donnons, en tête de cet ouvrage, un *fac simile* fidèlement calqué sur l'original. Nous allons transcrire ici le texte latin de cette pièce; nous le ferons suivre d'une traduction en français pour la facilité des personnes qui ne comprennent pas la langue latine (a).

Texte latin.

HUGO DE HAZARDIS, DEI ET SANCTE SEDIS APOSTOLICE GRACIA, EPISCOPUS ET COMES Tullensis. Universis et singulis Christi fidelibus, Salutem in Domino sempiternam. Etsi cuncta nomina sanctorum

(a) Cet acte de l'autorité épiscopale, heureusement retrouvé dans un amas de paperasses par M. le Docteur Simonin, est écrit en fort belles lettres gothiques sur un immense vélin qui porte 74 centimètres de longueur sur 55 de hauteur. Le texte, — qui commence par un grand H, formé d'enlacements symétriques, et dont nous avons ponctuellement suivi, à part les abréviations, l'orthographe ancienne où l'*u* est employé pour le *v* et l'*e* pour *æ*, — se compose de treize lignes et demie, fort serrées, occupant à peine un quart de la hauteur du diplôme. Au dos, on lit, en écriture plus moderne, sous le titre de *Chapelle St.-Côme et St.-Damien*, 1517, n° 1, une mention sommaire de l'objet de cet acte ; à côté, sont inscrits d'une autre main, les mots suivants : *Ces parchemins appartiennent aux Maîtres en chirurgie de la ville de Nancy.* — Du reste, le sceau épiscopal dont cette pièce était originairement revêtue, a disparu.

et sanctarum, quorum animas non dubitamus in celesti regnare solio cum Christo, à Christi fidelibus deuotis mentibus et intimis precordiis adoranda et veneranda sint : nomen Domini Jesu Christi Saluatoris nostri, in cuiusquidem nomine omne genu celestium, terrestrium et infernorum flecti debet, eo ex celebriori deuotione conuenit venerari quo ipsum sanctissimum nomen perfectius vota fidelium ad eterne felicitatis gloriam dirigit, Quodque, prelatorum officiis cum a subditis petitur humiliter id quod ad laudem diuine maiestatis et animarum salutem congruit, eorum petitioni annuere et eorum desideria benigniter ad effectum perducere incumbit ; Sanè cum dilectus noster Johannes *Waltier* vulgariter nuncupatus *Picard*, barbitonsor de Nanceyo, nostre Tullensis diocesis, zelo deuotionis motus, quamdam ymaginem in honorem et reuerentiam ipsius sanctissimi nominis Domini Jesu Christi Saluatoris nostri crucifixi, in Capella siue Sacello sanctorum Cosme et Damiani martirum, in ecclesia parrochiali sancti Apri de dicto Nanceyo, in introitu ac sinistra parte ipsius parrochialis ecclesie sita, fieri et affigi fecerit, Nobis supplicans quatenus ob viscera misericordie aliqua Indulgentiarum munera in remissionem peccaminum Christi fidelium auctoritate nostra misericorditer concedere dignaremur. Nos IGITUR, Episcopus prefatus, qui pro viribus animarum Christi fidelium saluti prouidere peroptamus, Attendens laudabile et salutare desiderium dicti Johannis, vt à Christi fidelibus memoratum sanctissimum nomen ipsius Saluatoris nostri, ad quod singularem gerimus deuotionis affectum, Jugiter in eadem Capella veneretur, et Christi fideles ipsi eo libentius deuotionis causa ad huiusmodi Capellam et ymaginem confluant, quo ex hoc dono celestis gratie vberius conspexerint se refectos. De omnipotentis Dei misericordia confisi, auctoritate nostra ordinaria, omnibus et singulis vtriusque sexus Christi fidelibus, vere pœnitentibus et confessis, qui huiusmodi ymaginem in ipsius Domini Jesu Christi Saluatoris nostri Natiuitatis et Resurrectionis eiusdem, ac Assumptionis gloriosissime Virginis Marie, omniumque sanctorum et dictorum sanctorum martirum Cosme et Damiani festiuitatum diebus, à primis cuiuslibet festiuitatum vesperis usque ad secundas vesperas inclusiue, deuote visitauerint et ibidem ante dictam ymaginem quinque PATER NOSTER et totidem AUE, MARIA, in memoriam et reuerentiam quinque vulnerum que ipse Saluator noster pro generis humani redemptione in cruce pati dignatus est, dixerint annuatim, pro singulis diebus earumdem festiuitatum quibus id fecerint, quadraginta dies de immunitatibus eis penitenciis misericorditer in Domino relaxamus, presentibus, perpetuiis et futuris temporibus duraturis. In quorum omnium et singulorum fidem et testimonium premissorum presentes litteras per Notarium subscriptum fieri Sigillique Curie nostre Jussimus appensione communiri. DATUM Tulli sub anno

EXPLICATIONS ET NOTES.

Incarnationis Domini, Millesimo quingentesimo decimo septimo, die decima nona mensis Septembris.

Écrit de la main de l'évêque avec paraphe abrégé : Approbo.

Signé plus bas, vers le milieu de la hauteur du parchemin, à droite, avec paraphe complet :

Hugues des Hazards, Episcopus, Comes Tullensis. (a)

Traduction.

Hugues des Hazards, par la grace de Dieu et du Saint-Siége apostolique, Évêque et Comte de Toul, à tous et à chacun des fidèles catholiques, salut éternel en notre Seigneur.

Si tous les noms des saints et des saintes, dont nous ne doutons pas que les âmes règnent dans le céleste séjour, doivent être honorés et vénérés par les enfants du Christ, avec un cœur plein de dévotion et du plus profond de leurs entrailles : le nom de notre Seigneur et Sauveur Jésus-Christ, en présence duquel tout genou doit fléchir au ciel, sur la terre et dans les enfers, doit être vénéré d'une dévotion d'autant plus éclatante que ce nom très-saint dirige plus parfaitement les vœux des fidèles vers la gloire de l'éternelle félicité. Et comme il est du devoir des prélats d'accueillir avec faveur et de conduire à heureuse issue les désirs et les demandes de leurs ouailles, lorsqu'elles réclament avec humilité ce qui peut contribuer à la louange de la divine majesté et au salut des âmes, notre bien-aimé Jean *Waltier*, vulgairement nommé *Picard*, barbier à Nancy, de notre diocèse de Toul, excité par le zèle de la dévotion, ayant fait faire et placer dans la chapelle des saints Côme et Damien, martyrs, en l'église paroissiale de Saint-Epvre dudit Nancy, une image en honneur et révérence du très-saint nom de Jésus-Christ, notre Seigneur et Sauveur crucifié, nous suppliant de lui accorder par notre autorité et par les entrailles de la divine miséricorde, pour la rémission des péchés des fidèles catholiques, quelques bienfaits d'indulgences.

En conséquence donc, Nous, Evêque susdit, qui désirons ardemment pourvoir, selon nos forces, au salut des fidèles, ayant égard au louable et salutaire désir dudit Jean *Waltier*, afin que le très-saint Nom de notre Sauveur, pour lequel nous avons un sentiment de spéciale dévotion, soit vénéré par les fidèles, dans ladite chapelle, avec d'autant plus de piété qu'ils sauront en retirer des dons plus abondants de la céleste grâce : confiant en la miséricorde du Dieu Tout-Puissant, de notre autorité ordinaire, nous accordons bénignement, dans le Seigneur, et annuellement

(a) Voir le *fac simile*, en tête de l'ouvrage.

pour le temps présent, pour les temps futurs et jusqu'à la fin, quarante jours d'indulgences à tous les fidèles de l'un et de l'autre sexe, qui, vraiment pénitents et confessés, visiteront pieusement ladite image de Jésus-Christ notre Seigneur, depuis les premières vêpres jusqu'aux secondes vêpres, inclusivement, des fêtes de la Nativité, de la Résurrection de notre Seigneur, de l'Assomption de la glorieuse Vierge Marie, de tous les Saints, et de celle des saints martyrs précités, Cosme et Damien, et qui réciteront devant ladite image cinq *Pater noster* et cinq *Ave, Maria*, en honneur et mémoire des cinq plaies que notre Seigneur a daigné souffrir sur la croix pour la rédemption du genre humain.

En foi de toutes et de chacune de ces choses et comme témoignage d'icelles, nous avons ordonné que les présentes lettres fussent signées par notre Notaire et scellées du grand sceau de notre cour épiscopale.

Donné à Toul, l'an de l'Incarnation de notre Seigneur mil cinq cent-dix-sept, le dix-neuvième jour du mois de Septembre.

Écrit de la main de l'Evêque : Approuvé.

Signé, Hugues des Hazards, Évêque, Comte de Toul.

Note 26°. — Le noyer dans le fiel.

Ce fut précisément en 1517, que Luther commença contre l'Église catholique ses furibondes prédications, sur les textes que lui avait fournis le cordonnier Pierre Relesiski, Bohémien.

Un auteur moderne a fait du chef de la réforme le portrait suivant :

« Moine apostat et corrupteur d'une religieuse apostate, ami
» de la table et de la taverne, insipide et grossier plaisant, ou
» plutôt impie et sale bouffon, qui n'épargna ni pape ni monarque;
» d'un tempérament d'énergumène contre tous ceux qui osaient
» le contredire, muni pour tout avantage d'une érudition et d'une
» littérature qui pouvaient en imposer à son siècle et à sa nation ;
» d'une voix foudroyante, d'un air altier et tranchant : tel fut Lu-
» ther, le nouvel évangéliste, ou, comme il se nommait, le nouvel
» ecclésiaste, qui mit le premier l'Église en feu, sous prétexte de
» la réformer, et qui, pour preuve de sa mission, qui demandait
» certainement des miracles du premier ordre, allégua les mira-
» cles dont se prévaut l'Alcoran, c'est-à-dire, le succès du cime-
» terre et les progrès des armes, les excès de la discorde, de la
» révolte, de la cruauté, du sacrilége et du brigandage. »

Feller, tom. 7, page 633.

Les personnes qui croiraient trouver de l'exagération dans ce jugement de l'abbé de Feller, peuvent consulter l'*Histoire de la*

Vie, des Écrits et des Doctrines de Martin Luther, publiée à Paris, en 1839, d'après les documents les plus authentiques, par M. Victor AUDIN. Le même auteur a composé également l'*Histoire de Jean Calvin,* non moins remarquable que celle de Luther, par la justesse des aperçus, la logique des idées et la profondeur de l'érudition. La lecture de ces deux ouvrages est indispensable à quiconque désire connaître à fond la prétendue *Réforme* et ses deux chefs.

NOTE 27º.

Nous ne croyons être ni téméraire ni présomptueux en émettant le vœu de voir s'élever, sur une des places publiques de Blénod, un modeste monument à la mémoire de HUGUES DES HAZARDS. Un buste en marbre, en bronze ou simplement en fonte, que supporterait un piédestal d'où jaillirait une fontaine, serait un objet assez peu dispendieux. La caisse municipale a trop de charges, pour le montant de ses ressources; malgré l'exiguité du projet, seule elle ne pourrait supporter les frais des travaux à exécuter ; mais, aidée du Gouvernement qui favorise de tout son pouvoir le développement des idées patriotiques, elle pourrait, en accomplissant notre vœu, payer, au souvenir d'un compatriote illustre, la dette tardive de la reconnaissance et de l'admiration.

NOTE COMPLÉTIVE.

Pour réunir en cet opuscule tout ce qui concerne HUGUES DES HAZARDS, nous transcrirons littéralement ici l'article de Chévrier, dans ses Mémoires pour servir à l'histoire des hommes illustres de Lorraine, page 89 et 90, tome 1er.

« HUGUES DES HAZARDS naquit à Blénod, petit village près de
» Toul, environ l'an 1454. Il était né gentilhomme et de parents
» aisés, avantage rare dans un siècle malheureux : les guerres
» qui ravageaient la Lorraine lui donnèrent l'envie de faire ses étu-
» des en Italie ; Sienne fut l'université qu'il choisit ; cette ville
» était déjà le centre des arts et de l'élégance.
» Les progrès que DES HAZARDS y fit furent rapides et heureux.
» Décoré du bonnet de docteur en droit, il passa à Rome, où il
» exerça avec succès la charge d'avocat ; la même que les
» Italiens appellent *Dottore in legge.* René II son maître,
» instruit de la réputation qu'il se faisait à Rome, l'appela dans
» sa patrie et l'attacha près de sa personne en le créant Con-
» seiller d'Etat et Chef de son conseil de conscience. Plusieurs
» Cathédrales, témoins de son mérite, l'élevèrent aux premières

» dignités de leur chapitre. Son maître qui voulait le récompen
» ser avec plus d'éclat, lui obtint du Pontife la Coadjutorerie de
» l'Evêché de Toul, occupé alors par Olry de Blâmont ; il en eu
» les bulles en 1507 et gouverna ce diocèse avec toutes les qua
» lités qu'on peut désirer dans un homme de lettres attaché à
» l'Eglise.

« Des Hazards présida en 1513 à un synode général; les statut
» qu'il avait rédigés lui-même étaient en latin. Mais aucun des prê
» tres au nombre de plus de mille, n'ayant pu les entendre, il fu
» obligé de les traduire en français, anecdote peu intéressante
» mais qui prouve toujours beaucoup à un homme qui veut con
» naître le progrès des Lettres.

« Ce fut de l'Evêque des Hazards que le poëte Pilladius dit

Ingenio præstans, sermone politus ad unguem.

» Ce prélat mourut le 14 décembre 1517, à l'âge de 63 ans, e
» fut enterré dans l'Eglise qu'il avait fait bâtir à Blénod, sa
» patrie. »

Les inexactitudes de cette notice de Chévrier se trouvant rele
vées en détail, dans le cours de notre petit ouvrage, nous ne les
signalerons point ici. Elles n'échapperont pas, nous l'espérons, aux
personnes réfléchies qui liront ces pages : elles leur feront dé
plorer avec nous l'inconcevable légèreté avec laquelle certains
auteurs ont osé entreprendre l'histoire et les porteront à se tenir
en garde contre des récits trop souvent altérés ou défigurés.

Nous ne terminerons pas cette note complétive, sans faire obser
ver au lecteur que le nom propre et l'élévation de Hugues des Hazards ont fourni matière à des récits auxquels le merveilleux n'es
point resté étranger. Les uns ont raconté, d'autres, après eux, ont
répété que Hugues appartenait à de bien pauvres parents. Selon
cette fabuleuse version, sa mère, n'ayant pas de quoi le nourrir,
lui mit un jour une besace au cou et lui dit, en l'envoyant mendier
son pain : « Va, au hasard, où Dieu te conduira, et ne reviens que
quand tu seras évêque ! » L'enfant partit, fut recueilli par quelque
prêtre charitable qui lui fit faire ses études, et devint en effet
évêque de son propre pays. Seulement alors il vint revoir sa mère
qui pensa mourir de surprise et de bonheur en voyant paraître devant elle, en habits pontificaux, l'enfant que la misère l'avait for-
cée d'éloigner.

Cette légende est assez éclaircie par ce que nous disons de positif sur Hugues des Hazards, pour que nous puissions nous
dispenser ici de prendre, en la discutant, la peine de la réfuter.

NOTICE

HISTORIQUE ET STATISTIQUE

SUR LE BOURG

DE BLÉNOD-LES-TOUL.

NOTICE

HISTORIQUE ET STATISTIQUE

SUR LE BOURG

DE BLÉNOD-LES-TOUL.

Blénod, bourg situé à un myriamètre environ de la ville de Toul, tire son nom d'Apollon, divinité adorée par les anciens Leuquois, sous le nom de Bélénus. M. du Saussay, quatre-vingt-cinquième Evêque de Toul, rapporte que, de son temps, on trouva, près de Blénod, une statue d'Apollon avec des colonnes et des restes d'un temple. Le lieu précis n'étant point indiqué, il est difficile de déterminer si cette construction païenne se trouvait sur la crête de la montagne qui domine Blénod, au midi, et où, depuis, s'éleva la forteresse dont, aujourd'hui, quelques ruines indiquent la place.

Dagobert 1er, roi de France, entre l'an 622 et l'an 654, donna à Teudefride, quinzième Evêque de Toul, avec le château de Vicherey, la forteresse de Liverdun, le palais royal de Void, la maison de Royaumeix et un très-grand nombre de terres et de villages, la forteresse de Galiaud avec le bourg de Blénod qui devint le chef-lieu d'une châtellenie dépendant de l'évêché de Toul (a).

Ce bourg, autrefois honoré du nom de ville,

(a) Benoît, Histoire de Toul, page 257.

est assis dans un vallon formé par trois collines détachées, mais formant un hémicycle dont l'ouverture est tournée au levant. Une plaine vaste, fertile et bien accidentée, se développe de ce côté et présente au voyageur, pendant la belle saison, un paysage vraiment délicieux.

Blénod offre une masse compacte de maisons qui couvre la superficie d'un triangle à peu près isoscèle, dont la base, à l'ouest, s'étend du midi au septentrion, et dont le sommet se prolonge vers l'orient. Il n'existe plus rien qui puisse, d'une manière certaine, indiquer l'époque précise de la fondation de Blénod. Ce qui est tout à fait hors de doute, c'est que ce bourg est très-ancien et que, de même que la ville de Toul, il existait déjà lorsque les Romains, sous la conduite de César, entrèrent dans le pays que nous habitons.

Il paraît, par les restes que l'on rencontre encore à chaque instant et par les noms laissés à différents cantons, *la rue*, *la boucherie*, que Blénod s'avançait, autrefois, vers la plaine, jusqu'à une distance de trois cents mètres et plus de son emplacement actuel; peut-être était-il partagé en plusieurs groupes de maisons, plus ou moins éloignés les uns des autres. Les incursions, tantôt des Suédois, tantôt des Espagnols, tantôt des Allemands qui, si souvent, ravagèrent la Lorraine et les Trois Évêchés, forcèrent les habitants à se rapprocher du château fortifié, pour être plus efficacement protégés et défendus. Ils avaient d'autant plus de précautions à prendre, dans les temps de guerre, que les Lorrains, au milieu desquels ils se trouvaient et qui n'aimaient pas les gens du Toulois, servaient de guides aux soldats ennemis, à ceux surtout qui venaient de Luxembourg, de Landau, de Kayserlautern, les introduisaient dans les maisons, les aidaient à faire le butin, puis s'amusaient de la détresse de leurs infortunés voisins.

Le nom de *Quartier des Camisars*, laissé à une rue de Blénod, indiquerait que cette dépendance de l'évêché de Toul ne fut pas à l'abri des ravages que firent, dans le pays, les Luthériens fanatiques qui surent y pénétrer et qui furent nommés *camisars*, parce que, sur leurs habits, ils portaient une espèce de chemise qu'en patois languedocien on appelle *camise*, et dont se couvrent ordinairement les habitants des Cévennes.

Pour distinguer la seigneurie des Évêques de Toul des autres localités de même nom, autrefois on disait *Blénod-aux-Oignons*. C'est que, dans une partie de territoire de Blénod, croît naturellement et en abondance une espèce de petit oignon, ayant une très-forte odeur d'ail, mais dont on ne peut faire usage; c'est une sorte de fléau. Si les cultivateurs ne mettaient tous leurs soins à détruire cette plante bulbeuse, elle envahirait des terrains entiers et, dès, les premiers jours du printemps, donnerait aux vignes, sèches encore, l'aspect d'une véritable prairie.

Ce n'est point par une ridicule vanité qu'à l'ancienne dénomination l'on a substitué celle de *Blénod-les-Toul*: avec Blénod-aux-Oignons, trop souvent on confondait le bourg qui avoisine la cité de Toul et le village qui n'est qu'à une faible distance de Pont-à-Mousson, et, pour les affaires, il en résultait de fâcheux retards. Actuellement la méprise ne peut plus avoir lieu, et se trouvent levés, pour le public et pour les diverses administrations, les inconvénients qu'elle occasionnait.

On ne sait rien de bien positif sur l'origine de la population de Blénod ; il semble cependant qu'on peut la faire descendre de la même source que, dans son Histoire de Toul, le père Benoît assigne aux habitants de cette dernière ville, c'est-à-dire, des anciens Belges, de naissance germaine. Blénod d'ailleurs faisant nécessairement partie du pays leuquois dont Toul était la capitale, on est autorisé à faire, à la spécialité, l'application de ce qui est écrit du total (a).

Selon d'anciens registres, qui existaient encore il y a quarante ans, avant 1600, la population de Blénod s'élevait à deux mille âmes ; le bourg contenait cinq cents feux. Vers le milieu du 17e siècle, sans doute en raison des guerres si souvent renouvelées, particulièrement sous Charles IV, et dont Ansart a laissé une si lamentable peinture, le nombre des chefs de famille se trouvait réduit à cent soixante. On ne peut préciser l'époque à laquelle la population reprit de l'accroissement ; on sait pourtant qu'en 1813, on comptait trois cent soixante-dix-sept ménages ; en 1821, trois cent soixante-cinq. Aujourd'hui, le nombre des feux s'élève à quatre cent cinquante-six, celui des habitants à près de seize cents.

Sur une moyenne proportionnelle de sept ans, le nombre des mariages est de quinze par année ; celui des naissances, de quarante-cinq ; celui des décès, de trente-cinq.

Autrefois, les eaux qui, pendant les pluies, descendent des montagnes voisines ou qui, pendant

---

(a) Voyez note 1re, à la fin de la Notice.

toute l'année, s'échappent de leurs flancs, s'écoulaient, en larges ruisseaux, dans les rues du bourg qu'elles rendaient impraticables souvent, et toujours humides et malpropres. Pour passer d'un côté à l'autre d'une rue, il fallait des ponceaux presque devant chaque maison. Cette disposition rendait les communications difficiles, dangereuses, et nuisait beaucoup à la circulation des voitures. L'évêque des Hazards, dont nous aurons à raconter la vie, commença l'assainissement de son lieu natal en rassemblant les eaux en différents bassins, pour les amener ensuite, par des conduits souterrains, dans les différents quartiers de Blénod et alimenter les quatre fontaines, du Château, de la Cure, de la Barre et des Halles qui lui doivent leur établissement.

Plus tard, des aqueducs furent construits sous terre pour recevoir les eaux, les éconduire du bourg et en rendre ainsi l'intérieur plus sec, plus propre, plus sain. L'aqueduc de la *Grand'rue* date de 1554, celui de la *Torte-rue* de 1822, celui de la *rue de la Barre* de 1825.

Nous n'avons pas à donner, sur Blénod, des détails historiques, dans l'acception rigoureuse de ce mot. Bourg important, si on le considère en lui-même et d'une manière absolue, mais, relativement, sans administration spéciale, sans valeur, sans puissance détachée, puisqu'il dépendait de l'évêché de Toul ; il ne peut avoir, à lui, d'histoire ; il ne peut compter pour quelque chose, dans la suite des événements qui se sont accomplis dans le pays où il se trouve situé.

Ce qui jadis faisait de Blénod un lieu remarquable, c'était son château fortifié, son camp romain, enfin quelques établissements particuliers dans les environs. Nous allons essayer de fournir, sur chaque objet, les renseignements les plus exacts qu'il nous sera possible.

CHATEAU FORTIFIÉ.

La forteresse de *Galiaud*, qui s'élevait sur la crête de la montagne de ce nom, montagne qui domine Blénod au midi, était de forme à peu près carrée ; elle avait environ cinquante mètres de côté et des murailles de plus de deux mètres d'épaisseur. Il ne reste plus de ce monument que les fondations du mur méridional mises à nu, il y a deux ans, mais n'ayant rien présenté de remarquable. Ce mur était défendu par un fossé large et profond, qui subsiste encore, quoique en partie comblé. Le côté septentrional, étant sur le penchant de la montagne qui se dresse presque à pic, n'avait besoin d'aucune fortification. A cent soixante mètres, environ, de la muraille qui regardait le midi et dans l'intérieur de la forêt qui maintenant, couvre le plateau de la montagne, on rencontre les traces d'un second fossé servant jadis, sans doute, de défense avancée pour arrêter l'ennemi et lui interdire, de ce côté, l'approche du Château.

Un trou, passablement profond encore et d'une largeur de plusieurs mètres, décèle, près du mur d'enceinte, au sud-ouest, dans l'intérieur du bâtiment et comme dans une espèce de cour, l'existence antérieure d'une citerne ménagée, apparemment, pour procurer de l'eau qu'il devait être pénible d'aller chercher au loin. Ce trou a fourni matière

bien des commentaires, a exercé bien des ima-
ginations. Une louable curiosité avait, il y a quelques années, porté plusieurs habitants, sous la direction de l'autorité municipale, à faire des fouilles et à chercher quelques restes des objets que l'on prétendait y avoir été autrefois cachés. La stérilité des résultats a fait abandonner l'œuvre, et le trou a été en partie comblé par des décombres.

On ne peut dire si cette forteresse de Galiaud a été renversée avant l'édification du Château que l'on voit encore au bas de la montagne, autour duquel Blénod s'est groupé, ou bien si ces deux édifices ont subsisté quelque temps ensemble. La tradition apprend que l'Evêque DES HAZARDS employa, à la construction de l'église actuelle et du Château qu'il fit rebâtir tout à neuf, les débris de la forteresse. Un sentier, qui conduit du bourg au sommet de la montagne de Galiaud et par lequel on prétend que le Pontife passait d'ordinaire pour aller visiter les travailleurs, a conservé le nom de *Sentier l'Evêque*.

Quoi qu'il en soit cependant, il est très-probable que le Château proprement dit, celui dont on voit les restes autour de l'église, existait déjà en 1274, du temps de Conrad Probus. En effet, cet Evêque ayant à se défendre contre les bourgeois de Toul révoltés, fit retirer les chanoines à Vaucouleurs d'abord, ensuite et jusqu'à deux fois à Blénod où ils devaient célébrer l'office canonial. Ce qui fortifie cette assertion, c'est que Henry de Ville, qui a gouverné l'église de Toul depuis 1400 jusqu'en 1456, est dit avoir réparé le Château de Blénod alors tombant en ruines, l'avoir fortifié et l'avoir rendu comme imprenable. *Fortialia de Blenodio vetustate ferè delapsa, propugnaculis inexpugnabilibus fortificavit* porte l'épitaphe de cet Évêque. Or ces paroles prouvent qu'il es question du même château que répara, vers la fin du XVe siècle, Antoine de Neufchâtel, et qu'au commencement du XVIe reconstruisit en totalité HUGUES DES HAZARDS. La position de l'ancienne forteresse la rendait inattaquable, surtout dans ces temps où l'usage de la poudre à canon était rare encore : il n'y avait donc rien à faire à celle-ci pour la rendre inexpugnable, si ce n'est du côté du midi qu'elle pouvait être approchée. Il semble que tout ce qu'aurait pu faire Henry de Ville pour le bâtiment du haut de la montagne n'aurait pas suffi pour lui mériter les éloges que lui donne son épitaphe. D'ailleurs, lorsque l'Evêque envoyait ses chanoines à Blénod, il ne pouvait les loger que dans sa maison épiscopale; lorsqu'il leur enjoignait de célébrer, dans ce lieu de refuge, l'office canonial, il fallait qu'ils pussent aisément exécuter ses ordres, et certes il eut été fort incommode à ces messieurs, logés sur le sommet de la montagne, de faire, plusieurs fois le jour, le trajet de leur retraite à l'église, par des sentiers étroits, escarpés, et par fois impraticables; car l'ancienne église existait indubitablement dans l'enceinte du château inférieur. Lorsque HUGUES DES HAZARDS, en 1506, la fit renverser pour la reconstruire sur un plan plus vaste, elle croulait de vétusté, *templum vetustate collapsum*. Elle avait donc, à coup sûr, plusieurs siècles d'existence. Chacun sait, en effet, quelle solidité, dans ces temps, on donnait aux monuments publics, surtout aux édifices religieux.

De plus, les forteresses élevées, comme celles de Liverdun, de Brixey, ne pouvaient être restaurées, reconstruites, sans le consentement des princes voisins, selon que le reconnaît l'Evêque des Hazards dans l'acte de donation des *loges* du château de Blénod, aux habitants de ce bourg ; les Evêques de Toul, si souvent et si diversement harcelés, devaient donc s'attacher spécialement aux demeures fortifiées qui, leur appartenant sans litige d'abord, ensuite ne pouvant offusquer d'ombrageux voisins, les recevaient au moment de la détresse et subissaient, sans obstacles, telles modifications qu'ils entendaient leur imposer.

Ainsi, tout porte à croire qu'après la donation de la forteresse de Galiaud et du bourg de Blénod aux Evêques de Toul, ceux-ci abandonnèrent la forteresse qui ne pouvait guère leur être de grande utilité, bâtirent, au pied de la montagne, un château qu'ils fortifièrent à différentes époques, peut-être de différentes manières, et dans l'intérieur duquel, soit avec les chanoines de la cathédrale, soit avec les habitants du bourg, ils pussent facilement se livrer aux exercices de la Religion.

Nous ne disons rien de la dénomination de *Moncel* sous laquelle on a postérieurement désigné la montagne et la forteresse de Galiaud. Ce nom, qui ne signifie que *petit mont, montagne peu élevée*, a été donné à la côte méridionale de Blénod comme à tant de monticules, sans autre motif que l'exiguité relative de ses dimensions. Jamais la forteresse qui la couronne n'a servi de manoir à aucun seigneur de *Moncel*; jamais dame châtelaine n'y a fait son habitation. Ceux qui, pour effrayer les enfants, les menaçaient de la Dame Blanche du

Moncel, revenant chaque nuit errer autour de so[n] ancien domaine pour expier quelque faute que l'o[n] n'indique pas, ont appliqué à Galiaud ce qui se d[it] de presque tous les vieux châteaux. Ils ont d'ai[l]leurs pris «Vaugirard pour Rome» et le Piré[e] pour «une vieille connaissance.»

Tel qu'il est aujourd'hui, environné de con[s]tructions adjacentes, le Château de Blénod n[e] peut donner une idée de tout ce qu'autrefois [il] avait de fort et d'imposant.

Flanqué de quatre tours, avec meurtrières, [il] était défendu par un fossé large de six mètre[s,] profond de cinq, et qui pouvait être rempli d'ea[u.] M. de Champorcin, quelques années avant la R[é]volution, le fit curer encore et mettre en bo[n] état (a). Une galerie, régnant dans le pou[r]tour du Château, permettait d'en parcourir tout[es] les parties, avec la plus grande facilité.

En avant de la porte d'entrée, existait u[ne] cour entourée d'une muraille épaisse, haute [et] crénelée. Cette cour occupait, de la rue actuell[e,] une largeur telle qu'une voiture passait à peine e[n]tre le mur d'enceinte et les maisons du côté opp[o]sé. La grande porte et celle dite le Guichet s[e] trouvaient à l'est, regardant la maison curial[e.]

A l'entrée du Château proprement dit, étaie[nt] deux ponts-levis dont un, plus large, pour le pa[s]sage des voitures, l'autre plus étroit, pour les ge[ns] de pied. Ces ponts-levis, qui se mouvaient a[u] moyen d'une bascule, étaient d'une charpen[te] massive, revêtue de barres de fer larges et cro[i]sées qui leur donnaient une remarquable solidit[é.]

(a) Voyez la note 2e.

s furent supprimés en 1779, ainsi que les murailles d'enceinte de l'avant-cour. On ne laissa alors que la porte d'honneur qu'on fit totalement disparaître en 1810, pour éviter les frais d'entretien et dégager la rue.

L'entrée actuelle du Château était fermée par une porte à deux battants très-forts et bardés d'une lourde ferrure. Des murailles hautes, épaisses, barrelées, et de solides portes cernaient, à l'ouest et au sud, la cour intérieure. Le mur de l'ouest s'appuyait contre le premier arc-boutant de l'église et contre le *Bredaine* (a); celui du sud, entre l'église et l'*Oratoire* (b), réunissait ces deux endroits. Ces murs furent démolis et les portes enlevées en 1792.

Les maisons que l'on voit dans l'intérieur du Château, à l'ouest, au midi, et que l'on nomme *es loges*, furent construites par les habitants de Blénod, immédiatement après la réédification de l'église et des principaux bâtiments du même château par l'Évêque DES HAZARDS. Ce pontife, voulant récompenser les habitants de SA VILLE DE BLÉNOD de leur empressement à l'aider dans les constructions qu'il venait d'achever, voulant aussi les dédommager des fournitures faites par eux, à leurs propres dépens, de la chaux, de la grève et du sablon, leur accorda, par privilége du 24 mai 1516, *puissance et autorité, licence et faculté de faire édifier et bâtir loges et maisonnettes dans ledit Château pour y mettre et conserver leurs biens selon l'exigence et la disposition des temps, sans que lesdits manants, habitants et communauté de* LA DITE VILLE DE BLÉNOD *soient tenus ni*

(a) Voyez la note 3e. — (b) Voyez la note 4e.

obligés pour ce, de payer rentes ni aucune redevance à lui ni à ses successeurs (a).

Ainsi, par la générosité, par la vigilante sollicitude de l'Évêque, leur concitoyen, les habitants de Blénod, soumis seulement à un droit de sortie sur les vins, droit infiniment léger et dont le produit était employé aux réparations du Château, les habitants de Blénod se virent assurés de la jouissance paisible de leurs récoltes, jusque-là si souvent et si cruellement enlevées à leurs besoins par les partis ennemis qui désolaient les Trois-Évêchés. Ainsi se virent-ils en possession de véritables greniers d'abondance, à l'abri de toute espèce de pillage; de maisonnettes, sur lesquelles il n'était permis d'asseoir ni obligations ni aucune hypothèque. Ainsi reçurent-ils une preuve nouvelle des avantages, pour eux, de la paternelle souveraineté des pontifes et des bienfaits, même temporels, que la Religion apporte aux peuples au milieu desquels son règne heureux est établi.

De ce qui précède, il est facile de conclure que ce ne fut point pour recevoir les charpentiers et les maçons qui travaillèrent à la construction de l'église et à celle du Château, que les *loges* furent d'abord élevées, puisqu'elles sont postérieures aux bâtiments principaux. Ce ne fut pas davantage pour y abriter les vignerons, les domestiques et autres serviteurs du Prélat, ou pour y retirer les habitants de Blénod, en temps de guerre, ainsi que plusieurs l'ont allégué. Les *loges* ne durent contenir que les grains, les légumes et les vins des

---

(a) Voyez l'acte de donation des *loges* du château de Blénod.

articuliers, provisions qu'on pouvait y conserver
en sûreté. C'étaient des greniers et des caves. Ce ne
fut que bien plus tard, vers l'époque de la Révolution, que ces réceptacles commencèrent à être occupés par de pauvres familles qui les choisirent pour
le lieu de leur domicile.

SIGNAL.

Au sud-est, à peu de distance du mont Galiaud
et sur la crête de son prolongement, sont restés
plusieurs amas de pierres qui proviennent incontestablement d'anciennes constructions. Il est très-
probable, il est même certain, ainsi que l'a prouvé
M. Dufresne, de Toul, dans une savante dissertation adressée à la Société des antiquaires de France,
qu'à cet endroit s'élevait un des *signaux* de la ligne
que les Romains avaient établie entre Langres
et Metz, en passant par Soulosse et par Toul. Ce
signal répondait immédiatement à celui de la montagne de Bar, côte Saint-Michel, qui domine la
ville de Toul ; il pouvait même être aperçu depuis
la forteresse de Mousson que l'on découvre facilement, à l'œil nu, du lieu dont nous nous entretenons.

BEAUCHANOIS.

A quinze cents mètres environ, au nord-ouest
de la même forteresse de Galiaud, se rencontrent
encore des ruines. Ce sont celles du château de
Beauchanois dont il n'est fait mention par aucun
des auteurs qui ont écrit sur la Lorraine et que
nous avons pu avoir entre les mains. Il en a été

cependant question dans un vieil ouvrage que jadis possédait un habitant de Blénod, mais qui es[t] aujourd'hui perdu et dont le titre est oublié.

QUATREVAUX.

Le château de *Quatrevaux*, célèbre par le[s] conférences princières qu'on y tint(a), occupait l[e] milieu du beau vallon qui se prolonge entre Blé nod et Rigny. Le 8 décembre 1299 étaient, réunis dans ce château, Philippe, roi de France et Al bert Ier, empereur. Celui-ci y ratifia le mariag[e] conclu entre Rodolphe, son fils, et Blanche, sœu[r] de Philippe. Au lieu d'une maison royale, le val lon de Quatrevaux n'a plus que deux moulins bie[n] modestes, dont l'un porte le nom du vallon e[t] l'autre celui de *onze fontaines*. Depuis longtemp[s] déjà, les moutons paissent l'herbe à l'endroit o[ù] les rois discutaient leurs intérêts respectifs e[t] signaient des contrats de mariage.

CAMP ROMAIN.

Il est hors de doute que, dans les environs d[e] Blénod, les Romains jadis eurent un camp. C[e] qui, jusqu'aujourd'hui, a paru moins évident c'est la place que ce camp a occupée. Une étud[e] peu attentive des lieux, l'impossibilité, peut-être de faire à la localité l'application des principes d[e] la stratégie romaine, avaient fait asseoir le camp d[e] Blénod précisément sur le plateau de la montagn[e] de Galiaud, non loin de la forteresse dont nou[s]

(a) Voyez la note 5e.

avons parlé. La preuve la plus forte donnée à l'appui de cette assertion, c'est le fossé de circonvalation dont, à quelque distance, au sud de la forteresse, ainsi qu'il a été dit, on rencontre encore des traces bien marquées.

Cette prétention ne paraît cependant guères soutenable. Outre que le fossé en question n'était qu'une défense de plus à la forteresse, du seul côté par où elle pût être attaquée; la simple inspection des lieux, une connaissance légère des règles observées par les Romains, dans leurs campements, suffisent pour démontrer que ces vainqueurs de la Gaule n'ont jamais dû songer à s'établir sur le plateau de Galiaud.

Lorsque, en effet, les soldats que Rome envoyait à la conquête du monde voulaient camper quelque part, surtout avec intention de se fixer et de prendre possession du pays, ils choisissaient, autant que possible, un emplacement vaste et commode, ouvert de tous côtés, afin d'éviter les surprises et les coups de mains; assez rapproché de leurs voies militaires, soit pour se transporter avec plus de promptitude et de facilité d'un lieu à un autre, soit pour se procurer les approvisionnements nécessaires, l'eau principalement pour le breuvage des hommes et des animaux. Or, qu'auraient donc fait les soldats romains, juchés sur une montagne de plusieurs cents pieds d'élévation, au sommet de laquelle on ne peut aisément arriver que par de longs détours?

Il leur eût fallu transporter, à dos, les provisions de toute espèce; ils eussent été obligés d'aller au loin chercher l'eau pour les hommes et de conduire, plus loin encore, les chevaux à l'abreuvoir, et tout cela sans le plus petit avantage, puisque en se jetant vers le midi, ils s'isolaient gratuitement du bassin de la Moselle, sans se rapprocher de celui de la Meuse dont ils restaient éloignés encore de deux lieues; ils abandonnaient, en pure perte, un emplacement favorable, pour un lieu plus élevé, sans doute, mais très-désavantageusement accidenté.

Le camp romain de Blénod ne pouvait être situé qu'à l'est de ce bourg, tant sur le sol couvert depuis par la forêt de Voivre, tout récemment défrichée, que sur les terres environnantes et s'étendant du côté de Moutrot.

En effet, on découvre, dans cette partie, de nombreux restes de constructions, des fondations de murs, des tuiles romaines, des pièces de monnaie à l'effigie des empereurs romains, des fragments d'outils. On y a trouvé des armes, il y a un certain nombre d'années ; mais ces précieux débris n'ont pas été conservés (*a*).

D'ailleurs, la portion du territoire de Blénod que nous assignons au camp romain, appartient à la vaste plaine qui, s'étendant au nord et à l'est va confiner avec le bassin qu'arrose la Moselle e dont la ville de Toul fait comme le centre. En ce endroit, les troupes romaines pouvaient établi leur campement avec une admirable facilité ; elle pouvaient se procurer abondamment l'eau, l bois, tous les objets nécessaires à l'approvisionne ment du camp ; elles dominaient tout le pays, un rayon de plusieurs lieues ; elles étaient, pa

---

(*a*) Voyez sur la castramétation des Romains, l'ouvrage du Choul, petit in-folio avec figures, imprimé à Lyon en 1555.

à-même, à l'abri de toute surprise ; elles protégeaient la voie qu'elles venaient de construire, qui existe encore entre Toul et Soulosse et passe à une faible distance de ce lieu de station ; elles en profitaient pour leurs marches militaires ; elles avaient en vue le signal de la côte de Bar, celui du mont Galiaud, le fort de Mousson ; elles possédaient enfin un relais aussi utile que commode entre les cités de Toul et de Soulosse, à égale distance desquelles, à peu près, se trouve l'emplacement que nous décrivons ici.

Ainsi, l'heureuse situation des lieux, la facilité des transports, les aisances de tous genres, la sûreté des troupes, les règles de la stratégie et ce perfectionnement que les Romains donnèrent à l'art que leur avait enseigné Pyrrhus ; les briques, les pierres, les instruments, les monnaies, les armes, la proximité des thermes qu'ils avaient à Cresilles et à Bagneux, tout semble se réunir pour assigner au camp des Romains, à Blénod, une partie de la plaine qui borne ce lieu à l'est et au nord.

Tous ces monuments de la puissance humaine, que nous venons de décrire, ne subsistent plus ; la vigne, de ses pampres tortueux, essaie de cacher à l'œil que dirige la curiosité, les ruines de la forteresse si longtemps réputée inattaquable et que le temps a totalement effacée ; la charrue passe sur Beauchanois et sur Quatrevaux ; sur les débris du camp romain a surgi une forêt qui, après avoir longtemps ombragé nos pères de son bienfaisant feuillage, après les avoir longtemps chauffés de ses produits, vient de tomber elle-même sous les coups de la cognée, pour laisser, à l'agriculture et aux céréales, la terre qui la supportait. Le château des Évêques de Toul n'est plus que l'ombre de ce qu'il était; il n'a plus ni portes ni ponts-levis, il s'est vu dépouillé de l'imposante ceinture de fossés qui le défendait; il est devenu méconnaissable.

Cependant Blénod n'a pas tout-à-fait perdu son ancienne importance. Quoique, pour le temporel, il ne soit plus qu'un modeste bourg; quoique, pour le spirituel, il n'ait que le simple titre de succursale, le voyageur se détourne encore pour le visiter, pour y lire, avec admiration, une page de l'histoire monumentale de l'architecture chrétienne. Ah! c'est que la Religion l'a placé sous sa bienveillante égide; c'est que la Religion, pour le soustraire à une ignominieuse obscurité, s'est chargée de l'embellir et de le rendre à jamais célèbre par la magnifique église dont elle l'a doté, et dont il convient de nous occuper actuellement.

ÉGLISE.

L'église de Blénod-les-Toul, monument de la foi, de la piété filiale et du patriotisme de son fondateur, fut construite par les soins et aux frais de HUGUES DES HAZARDS, 72e évêque de Toul, qui voulut ainsi honorer le lieu de sa naissance et le tombeau de ses parents. Commencé en 1506 sur l'emplacement de l'ancienne église qui, beaucoup plus petite, tombait en ruines, le nouveau temple fut entièrement achevé au bout de six ans. Le prélat fondateur fit employer à la construction de ce bel édifice, une partie des débris de la forteresse du mont Galiaud; le reste des moellons et les pierres de taille ont été tirés des carrières de Blénod, les plus rapprochées du bourg, mais qui, aujourd'hui, sont abandonnées.

L'église de Blénod, en forme de croix latine, a, de longueur, quarante-deux mètres sur dix-huit de largeur dans la nef, vingt-cinq dans le transeps, et dix-sept de hauteur sous clé de voûte. La flèche, qui surmonte le clocher, s'élance à soixante-dix mètres, à peu près, du niveau du sol. La voûte, à ogives, est soutenue, de chaque côté, par quatre piliers qui divisent ainsi l'intérieur de l'Église en trois nefs. L'architecture, confectionnée sous l'impression des idées de la Renaissance, n'appartient formellement à aucun ordre; elle est simple et se rapproche assez du Toscan. Les piliers, qui décrivent, depuis la base jusqu'à la moitié de leur hauteur, une sorte de gaine à pans réguliers, se terminent par un fût d'un diamètre moindre, rond et absolument uni (*a*).

Le portail, qui ne manque pas d'élégance, n'a rien de bien remarquable, si ce n'est une fort jolie rosace en verres de couleurs. Sur la frise, on lit, en belles majuscules romaines et saillantes, l'inscription latine que voici :

HUGO DE HAZARDIS LXVII (*b*) TULLEN, ANTISTES, TEMPLUM HOC UBI XTIANÆ RELIGIONI VAGIENS INITIATUS FUERAT, VETUSTATE COLLAPSUM, A FUNDAMENTIS RESTAURAVIT ET AMPLIAVIT, DIVOQUE MEDARDO DICAVIT, ANNO DOMINI MCCCCCXII, PRÆSULATUS SUI VI. (*c*)

(*a*) Voyez l'Appendice n° 1.

(*b*) Il y a erreur de nombre; c'est LXXII qu'il faut. L'ouvrier, obéissant machinalement aux prescriptions qui, sans doute, lui étaient enjointes, a suivi l'opinion consacrée par les catalogues incomplets d'alors. — Voyez, du reste, la note 6°.

(*c*) « Hugues des Hazards, LXXII° Évêque de Toul, a restauré depuis les fondements et agrandi ce temple, où, vagissant encore,

Au milieu du tympan du fronton, on voit, soutenues par deux anges, les armoiries de l'Evêque, qui sont : sur champ d'azur, une croix d'argent cantonnée de quatre dés de même. A l'entour, se lit le distique suivant, écrit en lettres gothiques en relief :

Stare, precor, templum facito, Deus, omne per aevum
Quod tibi construxit Praesul Hazardus. Amen. (a)

Autrefois, tous les vitraux de l'église étaient en verres peints, sur les deux tiers, au moins, de leur hauteur. Ils ont été meurtris, partie par une grêle qui fit de grands ravages, il y a cent ans environ, partie pendant la tourmente révolutionnaire. On en peut cependant admirer encore neuf, qui représentent des sujets tirés du Nouveau Testament.

Pour être complète, il ne manque à l'*Adoration des Mages*, que le buste de la Ste. Vierge qui a malheureusement disparu. On distingue encore, dans une autre vitre, la *Naissance de Notre Seigneur*, mais elle est indignement mutilée. Au-dessus de l'autel de la Ste. Vierge, il y a une *Visitation*, dans laquelle sainte Elisabeth, de grandeur moyenne comme tous les personnages figurés sur ces curieux vitraux, fait regretter, par la finesse des chairs, l'expression du visage, la richesse et l'ondulation si naturelle des vêtements, que la Ste.-Vierge ait été morcelée ; toute la partie du corps, depuis les épaules jusqu'aux genoux, ayant été remplacée

---

il avait été initié à la religion chrétienne, et il le dédia à St. Médard, l'an du Seigneur 1512, de son Pontificat, le 6e. »

(a) « Faites, ô mon Dieu, je vous supplie, que ce temple que vous a élevé l'Évêque des Hazards, subsiste éternellement. Ainsi-soit-il. »

par des panneaux gauchement ajustés. On remarque aussi un *Ecce homo* qui surmonte un autel où se dit la messe. A cet autel, le célébrant, prosterné pour la consécration, laisse à découvert tous les accessoires du sacrifice. Ailleurs on voit un *St. Etienne*, en dalmatique, tenant en main la palme du martyre; un *St. Jean*, portant l'Agneau de Dieu; *Ste. Barbe*, soutenant de sa main droite une tour; d'autres sujets encore, qu'il n'est plus guère possible de déterminer; enfin un personnage priant à genoux, et qui ne peut être que René, Duc de Lorraine et roi de Sicile, qui avait créé Hugues des Hazards conseiller d'État et chef de son Conseil, après avoir puissamment travaillé à lui assurer l'évêché de Toul. Ce même prince, avec son fils Antoine et d'autres seigneurs, se retrouve encore, en miniature, dans un autre endroit du vitrage de l'Eglise.

Le portrait du Pontife, plusieurs fois reproduit, se fait remarquer, en médaillon, dans les grandes vitres du chœur : un seul de ces médaillons a conservé toute sa netteté, toute sa fraîcheur; les autres sont plus ou moins endommagés.

Il est à déplorer que trop grande latitude ait été accordée aux ouvriers chargés de la réparation des vitraux que nous venons de décrire. La pensée d'accoler du jaune à du rouge, du violet à du vert, leur a paru d'heureuse inspiration; ils ont consommé l'œuvre de la dégradation en confondant les sujets, en faisant de plusieurs vitres une véritable macédoine.

Plusieurs des peintures sur verre de l'Eglise de Blénod ont été offertes, soit par des particuliers, soit par les confréries établies dans la paroisse, ainsi que l'attestent quelques restes d'inscription que l'on peut encore lire. Peut-être est-ce la raison pour laquelle les sujets ne remplissent que les deux tiers, environ, de la hauteur des vitraux, les donateurs ayant probablement visé à l'économie, sans songer qu'ils manquaient leur bonne œuvre en laissant pénétrer un jour trop vif qui enlève, à l'intérieur du monument, quelque chose de cette sombre teinte qui s'allie si bien à la majesté pleine de mystères, des temples catholiques. Aujourd'hui qu'une partie de ces admirables peintures a disparu, ce défaut se fait bien plus vivement sentir encore, le verre blanc inondant de flots d'une éblouissante clarté, le sanctuaire dont le voile semble tout à fait déchiré.

Quoi qu'il en soit pourtant de l'état actuel des vitrages peints de l'Eglise, les voyageurs qui passent à Blénod assurent que l'on n'en rencontre que rarement de semblables et qu'ils peuvent rivaliser avec ceux de plusieurs des basiliques qui embellissent le sol de la France. On ne saurait apporter trop de soins à la conservation de ces précieuses reliques de l'art et à les sauver d'une ruine imminente. Peut-être, un jour, le Gouvernement, qui a fait inscrire l'Eglise de Blénod sur la liste des monuments historiques (a), viendra-t-il en aide à la caisse communale, trop pauvre pour les charges qu'elle supporte, afin de restaurer comme ils le méritent, et de rétablir dans leur état primitif, ces vitraux qui, malgré leurs nombreuses

---

(a) Cette bonne nouvelle a été annoncée à M. le maire de Blénod, par une lettre de M. le Sous-Préfet de Toul, en date du 28 octobre 1841.

TOMBEAU DE HUGUES DES HASARDS,
dans l'Église de Blénod-lez-Toul.

meurtrissures et les larges cicatrices dont ils sont sillonnés, commandent encore l'admiration.

TOMBEAU DE HUGUES DES HAZARDS.

Dans le chœur de l'Eglise, du côté de l'Evangile, se trouve le tombeau de HUGUES DES HAZARDS, dont la dépouille vénérée repose au fond d'un sépulcre ménagé dans l'épaisseur de la muraille. Ce monument qui a, de hauteur, quatre mètres sur trois mètres quarante centimètres de largeur, est remarquable par la beauté du dessin, l'excellence du travail et la riche variété des ornements (*a*).

Le corps de l'Evêque, de grandeur naturelle, revêtu des insignes pontificaux et du surhuméral, est représenté couché, les mains jointes, la tête soutenue par un coussin et les pieds reposant sur un lion accroupi. Au-dessus, se voient debout sept statuettes en demi-relief, de soixante-dix centimètres de hauteur, et qui, par les emblèmes qu'elles tiennent à la main, paraissent figurer : la Grammaire, l'Eloquence, la Médecine, l'Arithmétique, la Musique, la Géométrie, l'Astronomie. Au bas du monument, dix pleureuses, représentant, sous l'habit monastique, les prières et les larmes, soutiennent une bande étroite et longue sur laquelle on lit cette énergique définition de la vie de l'homme sur la terre: VITA HOMINIS, NASCI, LABORARE, MORI : naître, travailler, mourir.

Immédiatement au-dessous de l'effigie du Pontife, sur une table de cuivre qui s'étend sur toute la largeur du tombeau et qui a 23 centimètres de

---

(*a*) Voyez la note 7e.

hauteur on lit, en lettres gothiques saillantes et dorées, une épitaphe latine dont voici la traduction :

Hugues, de l'ancienne et honorable famille des Hazards, né à Blénod, y fut initié, dès son bas âge, aux premiers éléments des belles-lettres. Ayant ensuite acquis à Toul, à Metz, à Dijon, les meilleurs principes de la Grammaire, il se rendit à Sienne où, pendant sept années et aux frais de ses parents, il donna tous ses soins à l'étude de l'un et de l'autre Droit. Après de remarquables études, décoré du titre de docteur, il alla à Rome pour y exercer la charge d'avocat. Mandé par l'illustrissime roi de Sicile, duc de Lorraine et de Bar, René II, il revint en Lorraine et fut élevé à la dignité de Prévot de Saint-Georges de Nancy. Hugues, si recommandable par ses vertus religieuses et sociales, si dévoué aux intérêts de son pays, fut créé, par le même roi de Sicile, président des Etats de Lorraine et aussi président de son Conseil. Il montra envers les puissants et les princes, dans les différentes légations dont il fut chargé, une rare prudence, une bonne foi singulière, un tact particulier. Le doyenné de la basilique de Metz étant venu à vaquer, les Chanoines, à l'unanimité, le firent leur doyen. Ensuite, Olry de Blâmont, évêque de Toul, étant mort, les chanoines *de cette Eglise*, d'une voix unanime et comme inspirés par le souffle divin, l'élurent, quoique absent, pour premier pasteur. Le pape Jules II confirma son élection et lui donna l'abbaye de Saint-Mansuy, alors vacante. Il administra *son diocèse et sa communauté* avec impartialité, piété, prudence et justice, et, quoiqu'il fût appliqué aux affaires les plus difficiles du pays, on ne le vit que rarement ne pas

mbellir de sa vénérable présence, aux grandes
olennités de l'année, les lieux soumis à son au-
orité. Le très-illustre duc Antoine, fils du roi René
t son légitime héritier après la mort de son père,
nvironna le pontife DES HAZARDS d'une égale bien-
eillance et le combla d'honneurs. Après avoir
levé, depuis les fondements, ce magnifique temple
le St.-Médard, la citadelle et le palais de Blénod;
près avoir réparé presque la moitié de l'abbaye
le St.-Mansuy, réparé et doté plusieurs chapelles,
enouvelé les ponts en plusieurs endroits *de son
iocèse,* ménagé, du pied des montagnes et par
les conduits souterrains, plusieurs fontaines, et
ormé des réservoirs à l'usage des hommes et des
nimaux, il ordonna que, chaque année, son obit
ût célébré avec une solennité décente, dans l'E-
lise de St.-Gengoult de Toul et dans cette Eglise
le Saint-Médard. Enfin, le 14ᵉ jour du mois d'oc-
obre de l'an 1517, le 63ᵉ de son âge et de son
piscopat le onzième, au grand regret de tous, il
uitta la vie et reçut la sépulture, en présence
l'une foule imposante de personnes, dans cette
Eglise de Saint-Médard, que, plein de souvenirs
our son pays natal, il avait, de son vivant, fait
onstruire avec bonheur. Priez pour lui (*a*).

(*a*) A la fin de cette notice, à l'appendice nº 2, nous donnerons
e texte latin de cette épitaphe, soigneusement collationné sur
'original. Cette pièce rectifiera les erreurs et les omissions qui
existent dans la copie qu'en a publiée le P. Benoît dans son *Histoire de la ville et du diocèse de Toul,* imprimée à Toul en 1707.

AUTRES MONUMENTS DANS L'INTÉRIEUR DE L'ÉGLISE.

SÉPULTURES.

Au milieu de la grande nef, en avant du sanctuaire, sont marquées, par des pierres tumulaires, les sépultures de différentes personnes. Les quatre tombes les plus éloignées des degrés, couvrent les cendres des parents de l'Évêque fondateur de l'église. Sur celle du milieu, on lit, en caractères gothiques, les épitaphes suivantes, séparées l'une de l'autre par un double trait :

> Cy gist Olviet Hazars qui de ce
> siecle deceda l'an mil. cccc. lx le iii
> iour de mars.

> Et Jehanne Viuienne sa femme qui morut
> au dſ an le viie iour de febvrier preced^t

> Avecque eulx est inhume Millet
> Hazars leur filz qui trespassa le
> vi^e iour de may l'an mil. cccc. lxxx iiii.

> Et Ydette Robin sa feme qui ce mesme an
> ala a Dieu le xie iour de decembre en
> suyvant. Requiescant in pace.

Immédiatement au bas des degrés du sanctuaire, reposent trois prêtres, décédés curés de la paroisse.

La tombe du milieu, demeurée jusqu'à ce jour sans inscription, est celle de M. Didier Bouchon, mort le 13 février 1686.

A gauche, du côté de l'Evangile, mais sous de simples dalles, gît M. Antoine du Chamois, décédé vers la fin de l'an 1753.

A droite, du côté de l'Epître, est la sépulture de M. Vosgien, auteur du Dictionnaire géographique qui porte ce nom. Sur la pierre tombale, on lit l'inscription suivante :

Ici repose le corps de vénérable Messire François-Léopold Vosgien, prêtre et curé de Blénod et Bulligny, son annexe, docteur en Sorbonne, décédé le 12 septembre 1776. Priez Dieu pour son ame.

Au pied et à l'angle de la principale tombe de la famille des Hazards, l'œil aperçoit l'indication d'une autre sépulture. Sur la pierre, de médiocre dimension, est ciselé un enfant, les bras croisés sur la poitrine, ayant de chaque côté une tête d'ange et les écussons armoriés de ses parents. Dans l'encadrement, on lit :

Cy gist Anthoine de l'Espine, fils de George de l'Espine, escuyer, et de damoiselle Iane de Thailly son espōse, qui trépassa le 20 juillet 1603.

Sous les pieds de l'enfant sont inscrits ces mots :

Agé de 29 mois.

Devant l'autel de la sainte-Vierge est étendue encore une tombe. L'inscription, incrustée dans le pilastre qui fait angle au transeps et regarde l'autel, indique le personnage qu'elle recouvre :

> Cy devant gist Messire
> Mansui Chenin qui
> fut recepveur ēpal (*a*), p̄bre (*b*)
> natif de Blénod qui a doñé
> et légué à l'église de Céās (*c*)
> deux cens cinquante frans
> pour son obiit d'une messe
> à chascun quatre temps
> à laquelle doivent assister
> treize pavvres choisys
> par les chastellis de
> la dicte église qui aurot
> chascun ung pain d'ung
> gros, le p̄bre qui dira la mes-
> se six gros, les chastellis
> trois gros. Il trépassa le 23°
> jour d'octobre 1586.
> Requiescant in pace.

Dans le pilastre parallèlement opposé, en face de l'autel de Saint-Nicolas, on lit, en belles lettres gothiques, saillantes, une inscription qui rappelle différentes fondations faites par un frère de l'Evêque DES HAZARDS, en faveur de la fabrique de Blénod. Nous transcrivons ici cette inscription telle qu'elle est; seulement, pour en faciliter la lecture,

(*a*) Episcopal. — (*b*) Prêtre. — (*c*) Céans.

nous remplaçons, par les mots entiers, les abréviations qui s'y rencontrent.

Feu vénérable prêtre, maître Claude des Hazards, jadis archidiacre de Vosges et chanoine de Toul, natifz de ce lieu a donné par son testament en perpétuité à la fabrique de Céans plusieurs maisons, terres, vignes et autres héritages dont les lettres sont délivrées aux chastelliers et mises au trésor, et pour ce, sont tenus lesdit chastelliers de faire dire par chacun an, à toujoursmais en cette dernière église, un obit d'une haulte messe de *requiem* avec les exèques (a) et vigiles de mors solennelles à diacre et à sous diacre moyennant quelques sommes d'argent que les héritiers dudit défunt ont donné, pour lequel obit paieront au curé 1 B. pour telles conditions que le dit curé ou son chapelain fourniront de luminaire et offrande, donneront aussi aux gens d'église qui le jour de son obit diront messes pour le salut de son âme et de ses feus parents, à chacun 2 gros, et au magister 2 gros, au marguillier 2 gros, aux chastelliers 6 blancs, aux poures ung denier jusqu'à C et fornira la messe matutinale sans que soit déclaré au testament dudit feu prêtre, et 2 B. à celuy qui servira à dire la messe et forniront une lampe ardante, jour et nuit devant corpus DOMINI, en ceste église, et trépassa le devant dit feu prêtre et mys en l'église de Toul le 26e jour de janvier 1536. Prié Dieu por luy. (b).

CHAPELLES DÉTRUITES.

Au fond du chœur et contre le mur, avait été placé, en 1740, un autel dédié à saint Médard.

(a) Obsèques.
(b) Cette inscription, que M. Grille de Beuzelin a prise pour une épitaphe, lui a fait inhumer à Blénod Claude des Hazards qui est *mys en l'église de Toul*. Un peu plus d'attention eût fait éviter la méprise.

Cet autel, qui a disparu en 1792, était en bois sculpté par le sieur Oger, et avait coûté 85″.

A chacun des premiers piliers, en partant du sanctuaire, était adossée une chapelle dont on ne voit plus aujourd'hui que la place.

Celle du côté de l'Evangile, était mise sous l'invocation de saint Sébastien. Celle du côté de l'Epître, était dédiée à saint Michel. Au pied de cette dernière, fut inhumé, avec son père et son frère, le prêtre qui la fit ériger. Une épitaphe, encadrée dans un petit monument à deux colonnes (*a*) adossé au grand mur latéral de l'église, presque en face du pilier qui soutenait la chapelle de Saint-Michel, fait connaître l'objet de la fondation et le nom du fondateur.

Au devant de cest autel reposent honorable homme Thyr. Robin, recteur d'iceluy avec François Robin son fils et vénérable Messire Jean Robin, fils dudit François, jadis chanoine de St.-Die qui a erigé ceste chapelle en patronage laix comme il est porté par la fondation d'icelle, ayant detté de deux cent cinquante francs barrois par an, à perpétuité, à condition d'être célébrée par le chapellain d'icelle par chacune sepmaine deux messes le mercredi et le vendredi et que le chapellain d'icelle fera sa résidence ici ayant de plus donné suivant sa dernière volonté pour son obit, la somme de six cents francs, pour être semblable à celui de feu heureuse mémoire M. DES HAZARDS illustre Evêque, avec autres six cents francs, pour être la rente d'iceux distribuée au jour du Jeudi Sainct à treize pauvres qui assisteront au lavement des autels et qu'ils prieront pour son âme, ayant orné ledit autel de tous ornements nécessaires, lequel décéda le 12 octobre 1625. Pricz pour lui

Ici naturellement doit trouver sa place la mention de deux chapelles dont il importe de ne poin

(*a*) Voyez la note 8e.

perdre le souvenir, bien qu'elles n'aient pas fait partie du corps de l'église paroissiale proprement dite.

Avant 1792, on admirait, dans la partie supérieure du cimetière, à l'endroit où pose actuellement la grande croix, un fort bel oratoire, sous l'invocation de saint Georges. Au-dessus de la porte principale qui s'ouvrait au couchant, s'élevait une flèche à base octogone et d'une élégante structure. Cette flèche abritait une cloche qui, transportée ensuite à l'église principale, a, plus tard, disparu.

La chapelle du cimetière possédait, entre autres beaux morceaux de sculpture enlevés lors de sa démolition, une crèche ou *Naissance de Jésus-Christ*, probablement celle que l'on remarque actuellement dans la chapelle de Menne dont nous parlerons plus loin.

La muraille, tournée au midi, soutenait la grande croix que l'on voit, au haut du cimetière, dans un massif de maçonnerie qui l'encadre et lui sert d'appui. Cette croix, soustraite à la fureur des Vandales de la première révolution, par un habitant de Blénod (a) qui la cacha dans sa maison, fut rendue à sa primitive destination par la famille du conservateur, et placée comme elle est, en 1823, aux frais de la caisse municipale, moyennant la somme de quatre cent huit francs payée à l'ouvrier.

La chapelle de Saint-Georges, honorablement dotée par les fondateurs, servait de titre patrimonial aux enfants de Blénod qui se destinaient à l'état ecclésiastique.

Chaque jour on devait y célébrer, pour les défunts de la paroisse, une messe, après laquelle le

---

(a) M. Robin père.

chapelain faisait le tour du cimetière en répandant l'eau bénite sur les sépultures et en récitant les prières des morts. Pieuse et touchante coutume, qui témoigne admirablement de la foi de nos ancêtres et du respect dont ils savaient environner la cendre de ceux que la mort leur avait enlevés!

Au bas de la grande rue du bourg, se trouvait une autre chapelle dite de Saint-Clément, bien qu'elle ait été érigée en l'honneur de la sainte Vierge. Les débris de ce pieux sanctuaire ont été dispersés. La porte principale subsiste pourtant encore sans aucun changement. Elle est basse, quadrangulaire, surmontée d'un fronton ogival dans le plein duquel on lit en lettres du temps :

L'AN M. CCCC ET XX, LE SECOND JOUR DU MOIS D'AVRIL, CESTE CHAPELLE L'ON DEDIA CI EN HONNEUR DE NOTRE DAME QUI DE NOUS AIT MERCI. AMEN.

C'est le plus ancien monument qui existe à Blénod.

Non loin de cette chapelle, devenue maison particulière, est heureusement restée debout une grande croix en pierre de taille, jadis élevée par les soins et aux frais d'un nommé Martin Aubry. Cette croix est précieuse aux habitants de Blénod, non-seulement comme monument religieux, mais encore par son antiquité et par un souvenir qui s'y rattache. Elle date, en effet, de l'année 1454, qui fut celle de la naissance de HUGUES DES HAZARDS, leur compatriote et leur insigne bienfaiteur.

Enfin, au couchant et à quelques cents mètres de Blénod, au milieu des vignes, on rencontrait

ncore une petite chapelle dédiée à saint Hubert.
l n'en reste plus aujourd'hui que le souvenir et la
lace.

L'Evêque des Hazards ne s'était pas contenté
?'avoir élevé, dans le lieu de sa naissance, un
emple magnifique au Seigneur. Il l'avait enrichi
'ornements superbes, de vaisseaux et de chan-
eliers d'argent, et doté d'un fonds considérable
our son entretien (a). Son exemple avait rencon-
ré des imitateurs ; aussi, à l'époque de la grande
évolution, la fabrique était-elle en état de pour-
oir à tous les besoins du culte, et aux réparations
u vaisseau de l'église. D'après la déclaration faite
ux officiers municipaux, par les membres
le la fabrique, le 7 février 1790, l'église parois-
iale de St.-Médard possédait :

- Terres, en chaque saison : huit jours (1 hectare 60 ares).
- Vignes : — quinze jours (3 hectares 6 ares).
- Prés : — trente-une fauchées (6 hect. 26 ares).
- Chènevières : — un jour (20 ares 40 centiares).
- Jardins : — trois jours (61 ares 20 centiares).
- Deux maisons.

Elle avait aussi la propriété foncière de la maison
le cure, à elle donnée par testament de M. Poirel,
uré de Blénod, en date du 12 mai 1649, à la
ondition qu'elle ferait célébrer, le premier jeudi
le chaque mois, une messe du Saint-Sacrement.

Elle possédait également en fonds, le jardin
le la cure, donné par M. Jean Pelletier, aussi
uré de Blénod avant 1570, moyennant deux
nesses hautes à acquitter, chaque année, pour le
epos de son âme.

(a) Benoît, Hist. de Toul, p. 602.

La cure de Blénod, à laquelle nommait le Chapitre des Bénédictins de St-Mansui, valait, avant la Révolution, quatre mille livres au cours de Lorraine. Seulement, le traitement du vicaire et l'entretien du presbytère étaient à la charge du curé.

Avec la perte totale de ses biens immeubles qui étaient pour elle d'un revenu annuel de 1204^l 7^s 6^d, la fabrique dut subir l'enlèvement complet du mobilier de la sacristie. L'état de ce qui fut envoyé, par les agents du Pouvoir, aux magasins de l'administration, ne peut être un hors d'œuvre dans cette notice (a) :

		liv. so
1°	Un encensoir d'argent, estimé..........	400 »
2°	Une paire de burettes d'argent..........	75 »
3°	Un ostensoir d'argent.................	1500 »
4°	Un ciboire d'argent avec la coupe en vermeil...	600 »
5°	Un calice avec sa patène en argent doré.....	400 »
6°	Deux calices avec leurs patènes en argent....	450 »
7°	Une châsse à feuilles d'argent...........	150 »
8°	Une croix en argent.................	200 »
9°	Une main à feuilles d'argent,..........	100 »
10°	Trois boîtes en argent, pour les Saintes Huiles.	250 »
11°	Une chape brochée en or.............	400 »
12°	Une étole en drap d'or et un voile broché en or.	100 »
13°	Galons d'or et d'argent pour...........	320 »
14°	Un aigle en cuivre, du poids de huit quintaux treize livres, estimé...............	1219 1
15°	Six grands chandeliers en cuivre et quatorze petits, de même métal, du poids d'un quintal quarante-huit livres, estimés...........	222 »
16°	Encensoir, bénitier, reliquaire, plats, croix, le tout en cuivre, du poids de trente livres...	45 »
	A reporter.....	6431 1

(a) L'estimation a été faite bien au-dessous de la valeur réelle des objets. On peut s'en convaincre par le taux des six grands chandeliers, qui, avec celui des quatorze petits, n'est que de 222 liv.; tandis qu'achetés en 1721, seulement avec huit petits, ils avaient coûté 418^l 10^s.

	livres.	sous.
Report.	6431	10
7° Environ un quintal et demi de plomb du faîte de la flèche	75	» »
8° Environ quatre quintaux de fer des croisillons de la flèche.	140	» »
9° Linge de sacristie de toute espèce.	550	» »
9° Une cloche, donnée par le Directoire à la commune de Crésilles, vingt-trois quintaux.	3450	» »
1° Une cloche du poids de dix-huit quintaux, envoyée au magasin de l'administration	2700	» »
2° Une cloche du poids de quinze quintaux, envoyée au magasin de l'administration.	2250	» »
3° Les cordes des cloches, du poids de trente livres, estimées.	30	» »
TOTAL de l'estimation des objets enlevés à l'Eglise:	15406	10

Il est à remarquer que, dans l'état qui précède, ne figurent pas les ornements enlevés par des particuliers qui les ont employés à des usages profanes ; ornements donnés, en partie, par l'Evêque DES HAZARDS et auxquels, d'après le témoignage des anciens de la paroisse, la richesse des étoffes ajoutait un grand prix. Ne figure pas non plus le dais qui, acheté en 1776, avait coûté, en argent de Lorraine, cinq cent seize livres treize sous, et qui n'a jamais été rendu.

L'Eglise de Blénod a donc été dépouillée de tout ce qu'elle possédait avant la fatale époque de la Révolution. Elle a seulement conservé deux bénitiers en marbre gris, jaspé, et les fonts baptismaux en beau marbre noir, lesquels, posés en 1747, ont coûté, monnaie de Paris, 350^f. Toutefois, à la sollicitation des sieurs François Claude, alors officier municipal à Blénod, et Prugnaux père, de Moutrot, agent du Directoire à Toul, elle a reçu, en compensation, quelques-unes des nombreuses dépouilles des Eglises de la ville épiscopale. Ainsi, on lui a donné les boiseries qu garnissent le chœur, le tableau de la *Transfiguration de Notre-Seigneur* qui le domine, la statue colossale de la sainte Vierge qui se voit au fond le jeu d'orgues enfin, tous ces objets ayant appartenu à la paroisse Saint-Léon, de Toul.

Le jeu d'orgues, excellent dans ses débris, avait été tellement endommagé qu'il était presque impossible d'en tirer parti. Il a été complétement réparé et augmenté de la pédale tout entière, de cymbales et de la grosse caisse, en 1839, par M. Joseph Cuvillier, excellent facteur d'orgues, de Nancy, et solennellement inauguré le 19 janvier 1839 jour de la fête du Sacré-Cœur, aux applaudissements de toute la paroisse, par M. Abarca, père, alors organiste de la Cathédrale de Nancy.

Depuis cette époque, le clavier est tenu par Mlle. Joséphine Bonnesœur, de Toul, dont le talent précoce et les heureuses dispositions, en lui donnant une force au-dessus de son âge, promettent, pour l'avenir, une organiste distinguée.

Les frais qu'a nécessités la mise en état de l'orgue de Blénod, se sont élevés à la somme de deux mille francs.

En 1827, la caisse municipale avait dépensé déjà dix mille trois cent vingt-quatre francs pour les quatre cloches qui, aujourd'hui, remplacent les anciennes, forment une des belles sonneries du pays et dont la plus forte pèse quinze cent trois kilogrammes. C'est par les libéralités des parrains et des marraines de ces cloches, que la sacristie a commencé à se relever de ses ruines.

CHAPELLE DE MENNE.

A trois kilomètres, à peu près, au midi de Blénod, dans un charmant petit vallon, au milieu de belles forêts, se rencontre une chapelle sous l'invocation de sainte *Menne*. Cette chapelle, à laquelle adhère un corps de bâtiments qu'occupe le gardien et dont une partie a été détruite, avait été réédifiée par l'Evêque des Hazards, comme le témoignent ses armoiries sculptées au-dessus de plusieurs portes. Elle existait antérieurement, et, s'il en faut croire certains chroniqueurs, elle devait être fort ancienne déjà, quand elle fut rétablie et mise à neuf par le soixante-douxième pontife de Toul.

En effet, d'après une notice rédigée par M. Lefebre de Tumejus, les reliques de sainte Menne, que l'on prétend avoir été sœur de saint Euchaire, de saint Elophe et de sainte Libaire, auraient été trouvées à l'endroit même où est construite la chapelle. Elles y auraient été déposées avec honneur, et les miracles qui s'opérèrent par les mérites de la Sainte auraient attiré un grand concours de pèlerins.

Le 15 mai de l'année 1036, selon le père Benoît, Brunon, 38ᵉ Evêque de Toul, ensuite Pape sous le nom de Léon IX, et placé par l'Eglise au catalogue des Saints, Brunon fit la translation des reliques de sainte Menne, dans l'église de l'abbaye de Poussey que, selon le même auteur, son prédécesseur Herman, et selon Dom Calmet, Berthold, son anté-prédécesseur, avait commencée et qu'il fit achever. Il donna cette sainte pour patronne à l'abbaye qu'il venait d'enrichir de se[s] restes précieux. Il est très-probable que ce pontif[e] les vint chercher dans la chapelle de Menne, dé[-]pendant aujourd'hui de la paroisse de Blénod.

Les vieilles légendes donnent à sainte Menne pour patrie la ville de Toul, et pour parents Bac[chius] et Lientrude qui tenaient dans cette cité u[n] rang considérable. Ce que l'histoire a laissé de sain[t] Euchaire, de saint Élophe, de sainte Libaire, qu[i] versèrent leur sang pour la foi, le premier à l'en[-]droit où la Meurthe se jette dans la Moselle, prè[s] du village de Pompey, le second, tout près de l[a] ville de *Solimariaca* remplacée par le village d[e] Soulosse, la troisième enfin, à Grand, confirm[e] assez ce qui est rapporté de leur sœur. Quoi qu'i[l] en soit, si elle n'a point illustré le pays par so[n] martyre, elle l'a sanctifié par l'éclat de ses ver[-]tus (*a*).

A quelques pas de la chapelle de Sainte Menne dont la véritable origine est demeurée presqu[e] inconnue et que les habitants du pays croient, [à] tort, dédiée à Marie, mère du Sauveur, sous l[e] nom de la vierge de Maine, sort de terre une sourc[e] d'eau limpide et abondante. Cette eau, après avoi[r] rempli d'abord deux bassins d'assez longue d[i]mension, va former à l'écart un petit étang q[ui] varie délicieusement le paysage. Ombragée pa[r] quatre magnifiques ormes séculaires, la sourc[e] est proprement encaissée dans une maçonneri[e] qui la préserve de toute souillure ; la chronique d'ailleurs, lui prête une origine miraculeuse qu[e] nous allons raconter.

(*a*) Voyez la note 9ᵉ.

Sainte Menne, instruite des augustes vérités de la Religion, avait résolu, quoique fiancée par son père à un parti très-avantageux, de renoncer au monde et de consacrer son innocence au Seigneur. Selon Ruyr, dans *Les sainctes antiquitez de la Vose*, Bacchius, respectant les intentions de sa fille, lui assigna un lieu où elle pût librement se livrer aux exercices de la piété.

La persécution s'étant allumée au pays leuquois, sainte Menne, accompagnée d'une seule servante, quitta sa retraite et prit la fuite. Ayant miraculeusement franchi la rivière de Vaire, dont les ondes, prodigieusement enflées par les pluies, s'étaient aussitôt retirées sous ses pas, comme si Dieu, dit l'historien, eût ouvert les eaux en sa présence, ainsi qu'autrefois il partagea les flots devant les Israélites, au passage de la mer Rouge,—elle marcha toute la journée jusqu'à ce qu'arrivée dans la vallée d'une forêt située entre la Meuse et la Moselle, elle s'arrêta pour se reposer. Là elle ficha en terre le bâton qui lui servait d'appui, et tout à coup jaillit une source intarissable, laquelle, après lui avoir offert alors un breuvage salutaire, réjouit encore aujourd'hui le travailleur qui vient s'y désaltérer.

D'autres racontent que Charlemagne passant par là, sans doute lorsqu'il prenait aux environs de Toul le plaisir de la chasse, suspendit sa marche, pressé de la soif, pour invoquer la protection de la sainte Vierge; puis, qu'ayant, de son épée, frappé la terre, une fontaine en sortit aussitôt. Alors il appela les gens de sa suite qui, aussi bien que lui, apaisèrent la soif qui les tourmentait. Le cri du Prince *Amène, Amène*, devint, d'après cette version, le nom qu'ensuite on donna à la chapelle et à la fontaine de ces lieux.

Quoi qu'il en soit de ces traditions antiques et de ces récits populaires qui ne sont ici consignés que pour mémoire, on voyait, naguère encore, à la voûte de la chapelle, une fresque très-belle, dit-on, représentant la merveilleuse circonstance du passage par Menne d'un des plus célèbres de nos rois. Pourquoi faut-il que le vandalisme du badigeon l'ait, depuis quelques années, à l'insu du propriétaire, complétement effacée ?

Les habitants des communes environnantes, le dimanche de chaque année le plus rapproché du 25 mars, fête de l'Annonciation de la sainte Vierge, visitent en foule la chapelle de Sainte-Menne. Mais cette visite, comme tant d'autres de même genre, a presque perdu tout ce qu'autrefois elle avait de religieux. La dissipation, des amusements bruyants, des jeux plus ou moins répréhensibles, tel est malheureusement aujourd'hui, nous le disons avec douleur, le but le plus ordinaire du pèlerinage.

L'état de pénurie et d'abandon de cette antique chapelle est, peut-être, une des causes des abus que nous déplorons en les signalant. Si, grâce quelques réparations urgentes, l'ermitage de Sainte-Menne offrait au moins une ombre de sa primitive splendeur, la décence du lieu inspirera

---

(a) L'ermitage de Sainte-Menne, les terres et une partie de forêts d'alentour, sont actuellement la propriété de M. I GUERRIER DE DUMAST, de Nancy, qui se propose de restaurer chapelle construite par HUGUES DES HAZARDS et de la rendre à piété des fidèles du voisinage qui lui en conserveront une vive r connaissance.

assurément plus de respect et de retenue aux nombreux visiteurs qui, trop souvent, en profanent la sainteté. Une vaine curiosité ferait place dans leur esprit à la vénération, et la vénération enfanterait bientôt dans leur cœur le doux sentiment de la prière. Un pareil motif, ce nous semble, ne peut qu'être déterminant pour l'honorable propriétaire qui a su si bien embellir sa chapelle de Fricourt près de Blâmont. — D'ailleurs, au seul point de vue de l'art, l'oratoire de Menne mérite de ne point languir plus longtemps dans le délaissement et l'oubli. En effet, parmi les morceaux de sculpture plus ou moins intacts qui le décorent, il en est plusieurs devant lesquels s'extasierait un archéologue.

Le plus remarquable à la fois et le mieux conservé, c'est une crèche gothique, dont l'ensemble et les divers personnages unissent, à l'originalité de l'agencement, la naïveté du style et le fini de l'exécution. Cette intéressante composition, qui se trouve à droite en entrant, est placée dans l'embrasure d'une espèce de porte conduisant jadis à une aile latérale dont on voit encore des traces extérieures. Au milieu de l'encadrement, la Vierge-Mère, assise sur un lit en avant duquel sont accroupis le bœuf et l'âne, présente l'enfant Jésus aux adorations des trois Rois mages, Gaspar, Melchior et Balthasar, qui s'avancent vers le nouveau-né pour déposer à ses pieds leurs offrandes; d'un côté, l'œil découvre un berger, près de ses moutons et de son chien, s'éveillant aux accents mystérieux des anges qu'on voit voltiger dans les nues; vers l'extrémité opposée, on aperçoit St. Joseph, ayant une cuve à ses pieds et un livre à la main, puis une femme, apparemment Ste. Anne ou Ste. Elisabeth, et, non loin d'eux, une marmite suspendue à la crémaillère, au-dessus de l'âtre flamboyant d'une antique cheminée. Ce sujet, parfaitement intact, quoique de petite proportion, est taillé en relief dans un bloc de pierre blanche analogue à celle de Sorcy, et l'on y reconnaît, sous une couche de badigeon, les couleurs variées dont il fut originairement enduit. En face, on aperçoit également, engagées dans un plein de maçonnerie qui occupe la travée d'un ancien collatéral, plusieurs petites statues de saints ou de saintes, entre lesquelles une Vierge de pitié, œuvre sans doute de la même époque, c'est-à-dire du 14e ou du 15e siècle. Le devant de l'autel, en bois doré, est orné d'un bas relief moderne d'un assez bon travail, où sont figurés deux chérubins élevant, dans une sorte de cercle entouré de palmes, un cœur surmonté d'une croix avec la couronne d'épines. Sur le gradin en pierre, décoré de nervures ogivales, une Vierge est assise tenant dans ses bras son divin Fils, et, de chaque côté, sont debout deux anges privés de leurs ailes, d'un mètre environ de hauteur, dont l'un soutient le montant d'une croix et l'autre la colonne de l'*impropère*. Le premier, les regards noblement élevés et les cheveux flottants, semble vouloir exprimer le triomphe du Rédempteur; le second, dans une attitude humiliée, paraît compatir aux douleurs de son humanité. Ces deux statues, largement drapées, faisaient évidemment partie d'un groupe complet représentant un calvaire ou la sépulture du Christ. Elles offrent à l'œil de l'observateur un type du 16e siècle. Plus éloquents que ne sauraient l'être nos paroles, ce curieux débris ne réclament-ils pas, au nom d'un art si riche alors et si pauvre aujourd'hui, une prompte restauration de la vénérable chapelle de Menne ? Certes, ce ne sera pas, pour l'auteur d'une si louable entreprise, un médiocre honneur que de pouvoir ainsi dignement associer son nom à celui de Hugues des Hazards.

ANCIENS ÉTABLISSEMENTS PUBLICS.

HÔPITAL.

Blénod possédait un hospice fondé et doté par l'Évêque des Hazards pour le soulagement des indigents et des malades de la châtellenie. Cet hospice se soutenait par les revenus de deux fermes à l'une desquelles étaient attachés quinze jours de vignes, (30 ares 60 $^{cent.}$) et dont chacune payait un canon de vingt-cinq louis (600 livres).

Les revenus ayant diminué ensuite des malheurs des temps, ces fermes furent réunies au patrimoine de l'hospice Saint-Charles de Toul, à la condition expresse que trois pauvres de Blénod seraient constamment reçus et entretenus dans cet établissement de charité. Les dernières personnes qui ont joui de cet avantage sont : Nicolas Galland, Marie Liégeois, Anne Montignaut. Plus tard, les biens de l'hospice de Blénod, entre autres, la maison occupée aujourd'hui par le sieur Drapier, serrurier, et un pré situé en avant de la Voivre, furent vendus au profit exclusif de l'hôpital de Toul; mention n'a pas été faite des droits réservés pour Blénod, et maintenant cette paroisse est privée d'une ressource qui assurerait aux pauvres, nombreux dans son enceinte, un dernier adoucissement à leurs maux, un dernier abri à leur misère.

FOIRES.

Deux foires considérables et qui amenaient dans le bourg, avec beaucoup de marchands, un grand nombre d'étrangers, se tenaient chaque année à Blénod. La première avait lieu le 12 et le 13 du mois de mars; la seconde, le 3 et le 4 de novembre. Les mauvais chemins, d'une part, et de l'autre l'établissement de foires en des communes situées sur des routes fréquentées et à peu de distance de Blénod, ont éloigné les marchands et fait abandonner ce lieu de réunion.

MARCHÉS PUBLICS.

Il y avait aussi, chaque semaine, un marché public qui se tenait sous la voûte et aux environs du Château. A ce marché, où se rendaient avec leurs denrées les habitants des communes voisines, ceux de Blénod vendaient, sur place, ou bien échangeaient leurs produits. Plus facilement alors ils se créaient des ressources qu'ils sont obligés de se procurer, aujourd'hui, par beaucoup de fatigues, de fréquents voyages et une grande perte de temps.

HALLES.

Les Halles enfin, qui existaient à l'endroit où se trouve actuellement la fontaine de l'Abattoir et qui furent détruites en 1800, offraient un couvert et, en quelque sorte, un pied-à-terre aux marchands étalagistes étrangers, les attiraient dans le bourg, facilitaient les achats et délivraient les habitants des visites si fréquentes et souvent si importunes des colporteurs.

JUSTICE DE PAIX.

En indemnité de tant de pertes essuyées par la commune de Blénod, la Révolution avait fait de ce bourg le siége d'une Justice-de-Paix. Avec le chef-lieu, les villages de Bulligny, Crézilles, Gye, Mont-le-Vignoble et Charmes-la-Côte, formaient le canton de Blénod. Mais ce privilége ne devait pas durer. Malgré les avantages qu'en retiraient les communes du canton par leur proximité du chef-lieu, la Justice-de-Paix de Blénod fut supprimée en 1800 et réunie à celle du canton sud de la ville de Toul.

Les juges de Paix qui siégèrent à Blénod, furent messieurs : Chalabre, médecin, Poirson, aussi médecin, et Claude Bouchon, arpenteur-géomètre.

Blénod a donc perdu une foule d'éléments de prospérité. Puisse un jour le Gouvernement, ayant égard à sa nombreuse population, au nom de VILLE qu'il a jadis porté, à la place qu'il occupe au centre de communes, toutes, plus ou moins, mais beaucoup trop éloignées, soit de Toul, soit de Colombey, songer à lui rendre, avec l'honneur du titre, les avantages de chef-lieu de canton!

La route royale de Nancy à Orléans, entre Toul et Vaucouleurs, décrétée par ordonnance du 1er octobre 1839, route qui doit bientôt le traverser, et pour la jouissance de laquelle la caisse municipale a fait le sacrifice énorme de SOIXANTE-DOUZE MILLE FRANCS, contribuera puissamment à tirer Blénod d'un oubli déplorable et à lui restituer une importance qu'il n'aurait dû perdre jamais.

FONDATIONS DE CHARITÉ.

HUGUES DES HAZARDS, outre les fonds dont il avait doté l'hospice de Blénod, avait encore assigné une certaine somme pour faire célébrer, chaque année, au jour anniversaire de son décès, un service solennel, après lequel on devait distribuer aux indigents une quantité de pain qu'il avait déterminée (*a*).

Claude des Hazards, chanoine de Toul et maître d'hôtel de son oncle l'Evêque, avait laissé plusieurs héritages à la fabrique pour que, chaque année, après l'anniversaire de sa mort, célébré dans l'église de Blénod, il fût fait une distribution d'argent aux pauvres du lieu.

M. Mansui Chenin avait voulu, par testament, que, chaque année aussi, après le service d'anniversaire de son trépas, treize pauvres reçussent chacun un pain.

M. Jean Robin avait légué un fonds de six cents francs pour la rente être partagée entre treize pauvres, après le lavement des pieds, le jour du Jeudi-Saint (*b*).

Il existait, en outre, à Blénod, une Association

(*a*) Voyez la note 10e.
(*b*) La cérémonie du lavement des pieds se fait encore annuellement à Blénod, le jour du Jeudi-Saint. Après la messe solennelle, douze enfants choisis se rangent sur les degrés de l'autel ; alors le curé de la paroisse leur lave les pieds et leur donne ensuite, de sa bourse, une petite gratification.

les dames charitables, pour porter aux pauvres et aux personnes alitées des secours à domicile. Il était peu de particuliers aisés qui, soit par donations, soit par testament, ne laissassent quelque chose à la caisse de la charité. Toute la paroisse nomme avec reconnaissance Madame Paquis, une des dernières trésorières de l'Association, qui, par sa vigilance et ses soins multipliés, a mérité le beau nom de *Mère des pauvres*.

Cette précieuse association a été renouvelée en 1838. Malgré l'exiguité des ressources, les pauvres sont soulagés dans leurs maladies; ils reçoivent gratuitement, avec les remèdes destinés à leur rendre la santé, les secours et les consolations que leur prodiguent les dames bienfaisantes, héritières du zèle et des entrailles de miséricorde de celles qui les ont précédées. Monseigneur le Coadjuteur de Nancy et de Toul, par une ordonnance épiscopale, en date du 2 juillet 1842, a bien voulu honorer de sa haute approbation l'Association charitable des dames de Blénod.

Il eût été d'une scandaleuse ingratitude de livrer à l'oubli les pieuses et utiles fondations de plusieurs membres des anciennes familles de Blénod. Bien que dévorées par la Révolution, elles doivent être consignées dans les annales de ce bourg, comme des souvenirs honorables à la mémoire de ceux qui les ont établies, comme de nobles exemples que l'on ne saurait trop imiter. Elles serviront d'ailleurs à faire mieux ressortir les effets de l'esprit foncièrement religieux de nos ancêtres, esprit que trop de personnes, extérieurement au moins, paraissent laisser s'éteindre au lieu de l'entretenir comme un feu vivifiant et sacré;

elles feront comprendre que l'absence de la foi, que l'abandon des pratiques d'une véritable piété, sont aussi préjudiciables à la charité publique, qu'aux bonnes mœurs et à la prospérité de l'Etat (a).

Des personnes pieuses avaient aussi fondé l'octave des Morts, après les fêtes de la Toussaint. Depuis le rétablissement du culte et malgré l'anéantissement de la fondation, messieurs les curés de Blénod ont continué la célébration de cette octave, si touchante par les souvenirs qu'elle rappelle, si éminemment charitable par le but de son institution. Chaque année, pendant les huit jours qui suivent le premier novembre, pour la délivrance des âmes du purgatoire, on chante, le matin, la Messe, et le soir, les Vêpres des morts, qui sont suivies de la bénédiction du Saint-Sacrement.

La délicatesse ne nous permet pas de dire ici de quelle manière les ouailles témoignaient, à leur pasteur, leur reconnaissance. Un seul motif d'ailleurs, a présidé au rétablissement de plusieurs fondations pieuses à Blénod, et porte les curés de cette paroisse à les acquitter *tout à fait gratuitement :* c'est de renouveler, dans le cœur des paroissiens, les sentiments de piété qui animaient leurs ancêtres et les portaient efficacement à la vertu.

CONSTRUCTIONS NOUVELLES.

CHEMIN DE COMMUNICATION DE BLÉNOD A TOUL.

Avant 1785, Blénod ne communiquait avec Toul que par le chemin qui va se réunir, à travers

Voyez la note 11º.

es terres, à celui qui sépare le ban de Mont-le-Vignoble et le ban de Gye. Pendant l'hiver, les voitures devaient passer sur le plateau de la côte pour aller gagner Choloy par le moulin de Saint-Pierre. Alors, c'est-à-dire en 1785, on établit la grande communication qui, de Blénod, rejoint, en traversant Gye, l'ancienne voie romaine au rétablissement de laquelle, en 1835, la caisse municipale de Blénod contribua pour une somme de 4,368 francs.

FONTAINES.

La fontaine du Château était primitivement placée en face du portail de l'église. En 1784, on la conduisit où elle se trouve maintenant, afin d'y annexer un lavoir public et de dégager le devant et l'entrée principale de la Maison du Seigneur.

Nous avons dit que les quatre fontaines de la Cure, des Halles, de la Barre et du Château, sont de la création de l'Evêque DES HAZARDS. Les deux premières furent entièrement reconstruites en 1811, les deux autres le furent en 1825 qu'on employa, pour la première fois, à Blénod, les tuyaux en pierre factice.

Les autres fontaines furent successivement établies par les soins de l'administration municipale et à mesure que les ressources le permirent. La fontaine de la Commune, celle du milieu de la Torterue, datent de 1829; celle du bas de la même rue, de 1834; celle de la *Neuve-Rue*, de 1837.

En 1835, on mit à neuf la fontaine des Halles

qui fournit l'eau à l'abattoir public, construit vers la même époque.

Excepté celle de la Commune et celle de la Cure, à toutes les fontaines dont nous venons de parler on a joint de superbes lavoirs couverts qui sont, pour les habitants des différents quartiers, de la plus grande commodité.

EMBELLISSEMENT.

Dans la portion de rue qui conduit de la Cure à l'entrée du Château, il existait des parges, de petits jardins et des fours à cuire le pain qui divisaient la voie publique et la rendaient impraticable. En 1822, l'administration municipale fi transporter les fours contre la tourelle du Château qui regarde le nord-est, elle échangea les terrains des particuliers et fit disparaître tout ce qui pouvait gêner la circulation.

A peu près vis-à-vis de la porte d'entrée du Château, se trouvait un moulin, appelé *Gemini*, don le réservoir d'eau et les autres accessoires entravaient le passage de la façon la plus incommode et la plus dangereuse. En 1826, la Commune acheta cette propriété pour la démolir, donner à la rue plus d'élargissement et la débarrasser d'un conduit fort désagréable.

Cette suppression d'un moulin ne pouvait, d'ailleurs, nuire en rien à la prompte mouture des grains, puisque Blénod en possède trois autres sur son territoire : deux à l'extrémité orientale du bourg dont ils font partie ; le troisième à six cents mètres de distance à l'occident, puis un quatrième assez rapproché du précédent. Ces deux derniers son les moulins de la vallée de *Quatre-Vaux* dont il a été question au commencement de cette Notice.

MAISONS D'ÉCOLE.

L'administration municipale de Blénod n'a reculé devant aucun sacrifice pour procurer aux enfants de la commune l'inappréciable bienfait de l'instruction. En 1812, elle a acquis une partie des bâtiments de l'ancien Château occupé par l'Evêque, et les a fait disposer pour loger l'instituteur, les institutrices, et contenir, dans des salles séparées, les enfants des deux sexes. Cette opération lui a coûté, tant en achats qu'en réparations, vingt-un mille francs et plus.

Cependant le nombre des enfants ayant augmenté, et les salles d'école étant devenues insuffisantes, l'autorité communale ne s'est point reposée. Elle n'a point objecté de précédents sacrifices. Dans sa paternelle sollicitude, elle a voté la construction d'une nouvelle maison et d'un mobilier neuf pour l'école des garçons. Cette maison, bâtie sur pilotis en 1838, d'après les plans et les devis de M. Claude Robin, de Blénod, possède, outre une salle vaste et bien éclairée pour les classes, le logement de l'instituteur, les bureaux de la mairie, le corps-de-garde, et un emplacement pour recevoir les pompes à incendie. La caisse municipale y a dépensé une somme de vingt-cinq mille francs.

Les anciennes salles sont maintenant occupées par les petites filles qui, moins pressées et mieux divisées pour les classes, reçoivent l'instruction avec plus de facilité et plus de succès.

C'eût été peu, toutefois, pour le conseil municipal de Blénod, de se borner à fournir à l'enfance des salles d'école vastes et salubres, des tables, des bancs, des tableaux : considérant qu'il existe dans la Commune un grand nombre de familles pauvres, que le défaut de moyens pécuniaires pouvait ne pas permettre à tous les pères indistinctement d'envoyer leurs enfants aux écoles; désirant seconder la bonne volonté des uns et enlever toute espèce de prétexte à la négligence de quelques autres; voulant, par dessus tout, imiter la bienveillante sollicitude de l'évêque Drouas, qui avait fondé, à Blénod, des écoles dont les maîtres étaient entièrement à sa charge,—il a statué, à l'unanimité, que l'instruction primaire des enfants des deux sexes serait absolument gratuite; que la caisse communale fournirait le traitement de l'instituteur et celui des institutrices, et que, par conséquent, l'enfant du plus malheureux recevrait, aussi complétement que le fils du plus fortuné propriétaire, le bienfait de la première éducation.

Une telle résolution, de semblables sacrifices assurent à jamais au conseil municipal en général, et à chacun de ses membres en particulier, l'estime et la reconnaissance non-seulement des habitants de Blénod, mais encore de toutes les personnes qui prennent à l'instruction de l'enfance un véritable intérêt.

Nous ne devons pas omettre ici un trait de désintéressement qui prouve mieux que tous les raisonnements qu'on pourrait articuler, ce qu'inspire le zèle dont la Religion est à la fois le mobile et le principe : en le consignant dans ces pages, nous acquitterons une dette sacrée envers les estimables Religieuses qui l'ont accompli.

Le conseil municipal, ayant observé que les classes des petites filles étant fort nombreuses, les sœurs institutrices éprouvent plus de peines, plus de fatigues que dans une localité de moindre importance, voulut les dédommager autant qu'il était en son pouvoir, en portant à neuf cents francs le traitement des deux Sœurs. Mais ces dames, qui appartiennent à la congrégation de la Doctrine-chrétienne, se contentant de la modique somme marquée par les statuts de leur ordre, demandèrent immédiatement à leur supérieure, qui s'empressa de l'accorder, une compagne nouvelle, et répondirent à la générosité de messieurs les conseillers, en ouvrant une troisième classe sans aucune augmentation de frais (a).

Si Blénod possédait une salle d'asile pour les petits enfants, il n'aurait rien à envier aux grandes villes, sous le rapport du matériel de l'enseignement. Sans aucun doute, lorsque ses ressources le lui permettront, le conseil municipal couronnera tant de belles œuvres en faveur de la jeunesse, par la création, dans la Commune, d'un si précieux établissement.

ROUTE ROYALE DE NANCY A ORLÉANS, ENTRE TOUL ET VAUCOULEURS.

Depuis longtemps, les hommes éclairés de Blénod gémissaient sur l'isolement de ce bourg et sur son éloignement de toute voie de grande communication. C'est qu'en effet une telle situation

---

(a) Les deux religieuses qui ont donné à Blénod le bel exemple que nous rapportons, sont : sœur Mecthilde André et sœur Césaire Guyot.

ne pouvait que nuire singulièrement à la fortune des particuliers, en apportant au commerce d'insurmontables obstacles.

L'administration des ponts et chaussées ayant senti la nécessité de changer la direction de la route de Nancy à Orléans, entre Toul et Vaucouleurs, Blénod s'est agité; il a réclamé pour lui le passage de cette route, avec d'autant plus d'instances, qu'en le lui accordant, le Gouvernement favorisait non-seulement une commune mais une contrée tout entière, et fournissait au commerce un puissant moyen de développement. Un mémoire fut d'abord publié, des demandes furent d'abord adressées; il fallut attendre, on s'endormit. Cependant arriva l'heure du réveil: un second mémoire vint rappeler le premier, une commission d'enquête fut nommée, on imprima des objections, on imprima de solides réponses, on imprima les procès-verbaux de la commission. Pressée par le besoin de faciles communications avec les contrées voisines, la commmune de Blénod ajouta à la puissance de ses raisons la puissance de SOIXANTE-DOUZE MILLE FRANCS qu'elle offrit au Trésor, pour le dédommager des frais d'un court allongement de chemin; enfin, par une ordonnance datée de Fontainebleau, le 1er octobre 1839, le Roi déclara que le passage de la route royale, n° 60, entre Toul et Vaucouleurs, aurait lieu par le bourg de Blénod.

Quoi qu'il en soit de la disposition des lieux qui commande cette nouvelle direction de la route qui lie la Meurthe à la Meuse, du côté de Vaucouleurs; quoi qu'il en soit des droits de Blénod aux égards du Gouvernement qui, depuis 1819, lui

tient une somme de cent huit mille francs, provenant, en grande partie, de la vente de la superficie de la Voivre, sans que les plus vives réclamations de l'administration municipale aient pu le déterminer à un remboursement; quoi qu'il en soit
de la brillante discussion des membres de la commission d'enquête et de leur unanimité à se prononcer pour le passage par Blénod, puisqu'ils ont
voté, à la forte majorité de neuf voix contre deux, —
la Commune ne doit pas moins de reconnaissance
aux personnes honorables qui ont pris en main ses
intérêts vis-à-vis de l'administration supérieure; elle
doit surtout de vives actions de grâces à M. le
baron de Vincent, sous-préfet, et à M. Croissant,
député de l'arrondissement de Toul, qui, par leur
zèle empressé, ont montré toute leur sollicitude
pour sa prospérité et pour celle du pays.

BIENS COMMUNAUX.

FORÊTS.

La commune de Blénod possède, en forêts, une
superficie de 920 hectares. Sur cette quantité, elle
en a fait aménager, en coupes régulières, 690 hectares, dont le produit forme les portions affouagères que, moyennant une certaine redevance, elle
abandonne aux habitants qui peuvent ainsi se chauffer à peu de frais. Les 290 autres hectares forment le quart de réserve, régulièrement aménagé,
et dont une coupe se vend, chaque année, au profit
de la caisse municipale, pour couvrir une partie
des dépenses de son budget. Enfin 108 hectares,

nouvellement plantés, offriront, dans la suite, un ressource de plus.

S'il en faut croire la tradition du pays, les propriétés forestières de Blénod auraient été jadis bien plus considérables. Elles auraient embrassé, dans leurs limites, toute la partie qui s'étend depuis les bornes actuelles jusqu'aux rives des forêts de Vannes-le-Châtelet, et qui appartient à différents particuliers qui l'ont achetée de précédents possesseurs. On rapporte qu'un seigneur de Vannes, Jacques de Lignéville, gouverneur de Toul, s'empara par force de la portion des forêts que réclame Blénod sous prétexte d'indemnités à lui dues pour avoir protégé les habitants de ce bourg contre les ennemis qui, à chaque instant, ravageaient leurs terres et pillaient leurs biens. Ils n'est guère possible de dire de quel côté se trouvait la justice et le bon droit; dans tous les cas, l'enlèvement d'une partie de leurs forêts communales avait tellement exaspéré les Blénodois, qu'ils allaient, sans scrupule couper et enlever le bois dans leurs anciennes propriétés, sans s'occuper du tort qui en pouvait résulter au détriment des subséquents acquéreurs.

Ce fut pour les arrêter dans l'exécution de semblables œuvres de prétendue compensation, que l'on construisit, vers le milieu du 18e siècle, la ferme de Sèche-Fontaine où furent logés plusieurs gardes forestiers.

Cette ferme, démolie en 1814, ne resta debout qu'environ quatre-vingts ans.

Il est également indubitable qu'avant 1722, la commune de Blénod possédait par indivis, avec les communes de Brixey-aux-Chanoines, Sauvigny, Allamps et Barisey-la-Côte, une grande partie des

…rêts dites de St.-Amon. La portion de Blénod …'allait pas à moins de deux cents hectares. Il y eut …tige entre les communes ci-dessus dénommées et … conseil de l'Évêque de Toul, à l'occasion de ces …rêts ; le motif de la contestation, la décision de … maîtrise de Metz, ne sont point arrivés jusqu'à …ous : ce qu'il y a de moins douteux, c'est que …lénod a perdu la propriété de la portion des bois … St.-Amon dont auparavant il avait joui.

DÉFRICHEMENT DE LA FORÊT DE VOIVRE.

Une autre forêt, s'étendant dans la plaine, en-
…e Blénod, Crézilles et Bulligny, appartenait en-
…re à la première de ces communes. Elle a com-
…encé à s'effacer en 1834 pour disparaître tout
…ntière en 1840, le Gouvernement en ayant auto-
…sé le défrichement par ordonnance royale en
…ate du 27 septembre 1833.

La pensée qui a présidé à la demande en défri-
…nement d'une si belle forêt, a été inspirée par le
…ésir du bien public. La vigne enlevant chaque
…ur quelque parcelle de terre aux céréales, et l'au-
…rité municipale n'ayant aucun moyen d'arrêter
…et envahissement abusif et ruineux, les adminis-
…rateurs, afin de rendre à l'agriculture une
…urface de considérable étendue et de fournir aux
…abitants du bourg des terres qu'ils ensemen-
…eraient de divers grains ou qu'ils planteraient
…e légumes, ont essayé de résoudre un problème
…'économie domestique.

En partageant entre les chefs de famille, à titre
…e pâtis communaux, la surface de la forêt de Voi-
…re défrichée, moyennant une certaine rede-

vance annuelle que chacun verserait à la caiss[e] municipale, l'administration communale atteigna[it] un but doublement fécond en résultats. Elle pr[é]parait de précieuses ressources pour la nourritu[re] des habitants, elle ménageait un revenu fixe et p[é]riodique à son budget, revenu qui devait être utilis[é] pour le plus grand avantage des membres de [la] communauté. Elle statuait, en effet, que le produ[it] de la redevance qu'elle fixait à cinquante centim[es] par chaque are de terrain, serait employé :

1° Aux frais d'entretien du culte public ; l[es] droits de fabrique n'étant pas perçus dans [la] Commune.

2° Aux frais de l'instruction primaire de la je[u]nesse des deux sexes, afin de rendre l'enseign[e]ment gratuit pour tous les enfants de la paroiss[e] sans distinction.

3° A l'entretien annuel du presbytère et d[es] maisons d'école.

4° Aux dépenses occasionnées par la gar[de] nationale.

Quoi qu'il en soit donc des idées particulièr[es] émises sur le défrichement de la Voivre, quoi qu[e] en puisse être des conséquences éventuelles qu'[en] font dépendre certains esprits, on ne peut néa[n]moins que louer les motifs qui ont détermi[né] l'autorité locale à en poursuivre la demand[e] puisqu'ils ne sont autres que les avantages qu'el[le] a cru devoir en résulter pour la Commune to[ute] entière et que déjà l'on peut apprécier.

DE BLÉNOD-LES-TOUL. 117

INDICATIONS DIVERSES.

MINÉRALOGIE.

A trois mille mètres du bourg, du côté de l'ouest
aux environs du moulin de Onze-Fontaines, se
ouve une tourbière. M. Carcz, ancien imprimeur
Toul, la fit ouvrir, le 15 septembre 1827, et, pen-
ant quelque temps, exploiter pour son compte.
en avait, dit-on, préablement soumis à l'épreuve
t reconnu de bonne qualité le produit. Cette tour-
ière est abandonnée : peut-être la facilité de se
rocurer du bois de chauffage est-elle la cause
our laquelle les habitants de Blénod ne songent
as à en tirer parti.

Plus près du bourg, toujours à l'ouest, mais en
llant vers le sud, il existe une carrière de pierres
rises, d'où il est problable qu'on a extrait une par-
ie des tailles qui forment les piliers de l'église.
ongtemps abandonnée, quelques ouvriers, en
828, ont essayé d'en reprendre l'exploitation.
lais la difficulté du travail les a rebutés, ils ont
lélaissé l'œuvre, pensant qu'il serait moins dis-
endieux à Blénod d'amener, pour ses construc-
ions, les pierres d'Euville et de Crépey.

Une seconde carrière, au-dessus de la première
t plus loin, pourrait fournir de la pierre plate qui
erait utilement employée.

Enfin l'on prétend que, presque à l'entrée oc-
identale de Blénod, dans le flanc de la monta-
ne qui le ceint de ce côté, gisent les restes d'une
arrière qu'on appelle dans le pays, carrière de
pierre grainasse, avec laquelle a été construite,

en grande partie, l'église. La difficulté de l'exploitation a fait également abandonner cette carrière.

DÉTAILS GÉOLOGIQUES.

Les environs de Blénod, sans avoir, peut-être rien de bien extraordinaire, peuvent néanmoins ce semble, offrir quelque intérêt aux études du géologue. La terre est partout argileuse et forte, si ce n'est vers l'ouest que, par endroits, elle devient plus friable et graveleuse. Les montagnes évidemment de formation marine, sont une preuve frappante d'un bouleversement considérable occasionné par les eaux. Elles ne sont pas, comme beaucoup d'autres, formées d'un noyau de roche recouvert de terre à une hauteur plus ou moins épaisse : c'est un mélange confus d'argile et de pierres entassées sans ordre, plutôt par monceaux que par bancs; les pierres elles-mêmes, malgré les dimensions de plusieurs, ne sont que de véritables *poudings,* agglomérations de coquillages fossiles liés entre eux par *l'Oxford-claie* solidifié; elles sont d'une dureté remarquable et servent très-avantageusement pour les constructions.

Le sol, en outre, est couvert d'une prodigieuse quantité de coquillages lapidifiés. Les familles en sont peu nombreuses; les espèces passablement variées. Roulés dans une argile grossière, ces fossiles flattent peu le regard par la couleur. Il en est cependant, même en grande quantité, qui ne sont pas seulement de simples moules ou d'insignifiantes empreintes; ils ont le test, et tout ce qui peut servir à constater le genre, la famille, la variété.

Nous donnons ici, selon la faiblesse de nos connaissances géologiques, la nomenclature des fossiles qu'on rencontre le plus communément sur le territoire de Blénod ; nous pourrions ajouter, à un rayon de plus de seize kilomètres, car nous avons exploré le pays, afin de recueillir, pour en former un cabinet de localité, toutes les espèces de pétrifications que nous avons pu découvrir.

ucardes.	espèces très-variées et très-communes.
émicardes	plusieurs variétés.
rigonies.	variées et communes.
nodontes.	
ernes mytiloïdes.	
odioles.	
ocardes.	rares.
ectinites	nombreuses variétés.
holadomies.	assez communes.
ryphées	variées et de fortes dimensions.
uîtres simples	communes.
uîtres carinées	communes.
érébratules.	nombreuses variétés.
élices	plusieurs variétés.
vicules.	rares.
élanies.	plusieurs variétés.
elemnites.	avec pointes et alvéoles.
ncrinites	assez communes.
ursins avec leurs pointes, mais séparées. . .	plusieurs belles variétés.
urrilithes.	
mmonites	nombreuses et belles variétés.
autilles	plusieurs variétés.
érinées de la Meuse. . .	On ne les trouve qu'entre Uruffe et Gibeaumeix.
innées carrées	
réodes.	

On trouve assez communément, entre Blénod et Charmes-la-Côte, des morceaux qui affectent toutes les apparences extérieures d'ossements d'animaux. Il semble difficile de pouvoir les ranger, en masse, parmi les jeux et les bizarreries de l[a] nature, ainsi que l'a fait un géologue de réputation[.] Quand un objet se reproduit plusieurs fois, ave[c] les mêmes traits, avec les mêmes accidents, sou[s] les mêmes formes, il n'est guère possible de l[e] qualifier de *Ludus;* autrement, il faudrait dé[-] nommer ainsi tous les êtres de la création.

Qu'est-ce donc que ces pièces intéressantes e[t] qui excitent si puissamment l'attention de l'obser[-] vateur? Nous n'avons pas la prétention de les dé[-] terminer, non plus que plusieurs morceaux très curieux, trouvés aux environs de Blénod, et qu[e] nous avons soigneusement recueillis. Nous e[n] signalons simplement l'existence, afin de stimu[-] ler le zèle des savants et de contribuer à provoque[r] un examen attentif de matières trop peu connues et sur lesquelles, ceux mêmes qui les ont plu[s] spécialement étudiées, se montrent si peu d'ac[-] cord entre eux (*a*).

ANCIENNE ADMINISTRATION CIVILE DE BLÉNOD.

Depuis la réunion des Trois-Evêchés à l[a] France, jusqu'à l'époque du gouvernement répu[-] blicain, la commune de Blénod, soumise à l[a] juridiction de l'Evêque de Toul, même pour l[e] temporel, était administrée par un syndic roya[l,] un échevin, deux syndics ordinaires, un clerc d[e] ville et un appariteur.

Le syndic royal était nommé par les officiers d[e] la justice du comté de Toul; il exerçait, au nom du Roi, la police civile, faisait observer les ordo[n-]

(*a*) Voyez la note 12e.

ances, surveillait l'entretien des chemins et jugeait, en première instance, les anticipations faites par les individus sur les terrains d'autrui. La nomination du syndic royal était soumise à la sanction de la communauté.

L'échevin, nommé par le peuple, agissait au nom de l'Evêque, avec une autorité égale à celle du syndic royal.

Ces deux autorités s'étant plusieurs fois heurtées à l'occasion de la préséance qu'elles se disputaient mutuellement, il fut convenu, pour éviter à l'avenir toute espèce de conflits, que le syndic royal aurait le titre de maire de la Commune; l'échevin, celui de lieutenant du maire ou d'adjoint, et qu'ils partageraient entre eux les fonctions du pouvoir, de la même manière, à peu près, qu'elles sont partagées dans la nouvelle administration municipale.

Les syndics ordinaires, au nombre de deux, étaient élus par les habitants, pour un an, et ne pouvaient être réélus deux fois de suite. L'élection des syndics se faisait, chaque année, le jour de St. Sébastien, 20 janvier, sur la place publique où l'on allumait d'abord un grand feu pour chauffer les électeurs. Le syndic royal et les deux syndics ordinaires en exercice présidaient les élections.

Les fonctions des syndics ordinaires consistaient à administrer les revenus communaux qu'ils percevaient, à proposer les travaux à exécuter pour le compte de la Commune, à veiller à la conservation des ponts, des fontaines, des forêts communales, et à la distribution des affouages.

Le clerc de ville était inamovible. Il était dépositaire et gardien des archives de la communauté, il rédigeait les procès-verbaux signifiés par les gardes-champêtres, et les plaintes portées par les particuliers ; il travaillait à la répartition des impôts et signait les rôles de recouvrement.

Le sergent de ville ou appariteur faisait, comme aujourd'hui, les annonces publiques ; il remplissait, sous les ordres du maire, les fonctions d'huissier civil : ses actes étaient légalement valables.

Voici les noms de quelques syndics royaux de Blénod, et de quelques agents municipaux et maires qui leur ont succédé :

Dominique de Troussey.
Clément Tonnel, 1576.
Thiéry Tonnel, 1595.
Jean Gérard, 1607.
Vincent Vincent.
Henry Colonel, 1650.
Vincent Didelot.
Jean Jacob.
Claude Vincent.
Claudin Mathieu.
Claude Milot.
Jérôme Thouvenot.
Dominique Madot.
François Pry, 1683.
Jean Solette.
Mangin Cottenot, 1690.
Jean Regnard, 1705.
Noël Cottenot, 1708.
Nicolas Vuathelot.
Drouville, 1712.
Jacques Montignaut, 1714.
François Bouchon, 1720.
Renaud Bouchon, 1755.
Claude Mouilleron, 1758.
Philbert Gumette.
Claudin Joyeux.
Henriot.
Connette, 1776.
Roussel, 1785.

Noël Bled.
Jean Lacroix, 1787.
Thomas Aubry.
André Folette.
Honoré Delahalle.
Sébastien Bouchon.
Jeannot Bouchot.
Claude Jeannot.
Pierre Jeannot.
Guyon Odet.
Thiéry Montignaut.
D. Bouchon, 1788.
Poirson, 1789.
A. Bernage, agent municipal, 1795.
C. Joyeux, agent municipal, 1796.
Claude Vathelot, maire, 1805, le 10 prairial, an X.
Joseph Bouchon, 6 fructidor an XII (1805).
Jean Vathelot, maire depuis le 1er mai 1808 jusqu'au 1er mai 1813.
Joseph Robin, du 1er mai 1813 au 3 juillet 1839.
François Husson, notaire royal, du 3 juillet 1839 au 15 novembre 1842.
Georges-Gabriel-François Eury, maire actuel.

POLICE INTÉRIEURE.

La police locale avait à sa disposition douze hommes nommés d'abord *prud'hommes*, puis ensuite *arbalétriers* du nom de l'arme que primitivement ils portaient. Ils suppléaient à la gendarmerie dont ils faisaient l'office, ils formaient la garde-d'honneur de l'Évêque de Toul, quand il se trouvait à Blénod; ils veillaient au maintien du bon ordre et de la tranquillité publique, dans la commune. Ces prud'hommes, qui appartenaient aux familles les plus distinguées de la communauté, tenaient leur titre à grand honneur. Ils étaient exempts des corvées seigneuriales. Aux fêtes solennelles, ils assistaient en armes à l'office paroissial et aux processions du Saint-Sacrement. Ils subsistèrent jusqu'à la formation de la garde-nationale, qui devait les remplacer.

A l'imitation des Cadets-Dauphins de la ville de Toul, chaque année, le second dimanche après Pâque, les arbalétriers de Blénod se livraient à l'exercice du *Pas-de-Guet* ou *Pape-Gai*, appelé *Pogail* en patois. Cet exercice consistait à percer un oiseau figuré en bois et placé, par l'officier, à une distance convenue. Le vainqueur était ramené en triomphe, on le saluait, devant sa maison, d'une décharge de mousqueterie, qui se répétait devant la maison du syndic royal, puis devant celle du commandant de la compagnie; ensuite il était régalé aux dépens de ses frères d'armes; mais là se bornait le prix de son adresse : il ne paraît pas que la communauté ait jamais accordé, à Blénod, les priviléges dont jouissaient, à Toul, les Cadets vainqueurs dans cette sorte de lutte (a).

POLICE EXTÉRIEURE.

Les propriétés étaient inspectées par quatre gardes-champêtres, ordinairement choisis entre les nouveaux mariés, par le syndic royal, les syndics ordinaires et les notables de la communauté. Lorsque les vignes étaient en ban, on leur associait deux autres gardes d'un âge plus avancé. Ils prêtaient serment entre les mains du maire, remettaient au clerc de ville les procès-verbaux qu'ils pouvaient dresser, et cependant leurs fonctions étaient gratuites.

La surveillance des forêts était confiée d'abord aux gardes nommés par la maîtrise de Metz. A ces gardes, la communauté adjoignait quatre surveillants qu'elle choisissait dans une assemblée dite *la Fauté*. Les élus, qui prenaient la qualité de *petits-fortiers*, ne pouvaient refuser la charge à eux dévolue, bien qu'ils dussent l'exercer gratuitement.

Les petits-fortiers sortants étaient astreints au chauffage de la communauté, pendant la séance d'élection de leurs futurs successeurs. Ils fournissaient aussi le bois pour alimenter le feu qu'on allumait sous la voûte du Château, la nuit de Noël, pour éclairer le public et chauffer les arbalétriers investis de la police. Ils allaient, en outre, avec des lanternes, chercher dans sa maison, pour l'accom-

(a) Voyez la note 13e.

pagner à la messe de minuit, le syndic royal qu'après l'office ils reconduisaient de même.

Le jour de la fête de St. Eloi, leur patron, les petits-fortiers formaient entre eux un resal de froment qu'ils appelaient le *franc resal*. Ils vendaient ce froment, et, avec le produit de la vente, ils régalaient les laboureurs de la paroisse. Par compensation, ils prélevaient la onzième partie de la récolte du pré appelé *le Breuil*.

A ces coutumes, il faut en joindre une autre qui subsista aussi, dans la Commune, jusqu'à la Révolution.

Le 25 mars de chaque année, à l'heure de midi, les premiers syndics des quatre communes de Blénod, Bulligny, Allamps et Vannes, se rendaient à l'endroit nommé *La haute borne quadribanale*, accompagnés des gardes-forestiers, et des agents subalternes de la maîtrise. Des provisions de bouche étaient apportées en suffisance. Alors avait lieu un repas champêtre en signe de concorde et de bonne amitié; on y buvait à l'union des communes : cependant chaque individu se tenait sur le territoire de sa paroisse et devait s'abstenir de poser seulement le pied sur le sol forestier d'une des autres paroisses.

Peut-être n'est-il pas inutile d'observer en passant, que cette coutume ne prouverait pas trop mal que les forêts enclavées dans les bois communaux de Blénod, Vannes, Allamps et Bulligny, et devenues propriétés particulières, faisaient autrefois partie des domaines de ces communes. Ne semble-t-elle pas, du moins, confirmer le témoignage de la tradition que nous avons rapportée en parlant des propriétés forestières de Blénod ?

ADMINISTRATION DE LA JUSTICE.

PLAIDS-ANNAUX.

La justice correctionnelle se rendait à Blén[o] par le bailly de Toul, qui s'y transportait accon[pagné] de son greffier et d'un huissier. Chaq[ue] année, ce bailly faisait annoncer son arrivée da[ns] le bourg, quelques jours à l'avance, afin de don[ner] à chacun le temps de se préparer. Au jou[r] indiqué, l'audience était annoncée par le son d[es] cloches. Tous les intéressés se présentaient au Br[o]daine, lieu ordinaire de la réunion. Alors [le] greffier de la communauté déposait entre les main[s] du greffier du bailly le registre des procès-verbau[x] des délits et des contraventions à la loi, comm[is] pendant le cours de l'année. Le greffier appela[it] à comparaître les délinquants, à tour de rôle ; [le] bailly jugeait ensuite conformément aux ordon[nances], sans autres frais que ceux de l'amende im[posée], laquelle d'ailleurs se réduisait toujours [à] une faible somme.

Quant aux affaires criminelles, elles se jugeaien[t] à Toul, où les accusés étaient conduits par le[s] agents de la maréchaussée de cette ville.

Les causes étant épuisées et le bailly ayan[t] terminé les plaids-annaux, ce magistrat recevait le serment du syndic royal qu'il avait l[e] pouvoir de révoquer, sur les plaintes motivée[s] qu'auraient pu élever contre lui les habitants de l[a] communauté. Il entrait aussi dans ses attributions de fixer le jour d'ouverture des vendanges et de faire constater, par des experts étrangers à la Commune, l'état des vignes et la qualité de leurs fruits, pour déterminer la base sur laquelle reposerait la taxe du vin.

TAXE DU VIN.

Il sera peut-être agréable à plusieurs personnes de connaître quelle fut, pendant un assez long période du siècle dernier, la taxe du vin, dans le pays toulois : cette connaissance, jointe à celle de la qualité et de la quantité approximative, pourra donner matière à des rapprochements qui ne sont pas sans quelque intérêt. Nous consignerons donc ici le résultat de nos recherches sur cet objet. Afin d'être mieux compris, nous conserverons les dénominations anciennes, c'est-à-dire, pour la *mesure* : la *charge* de seize *pots*, valant quarante litres; pour les prix : les *livres* et les *sous* au cours de France. Cette manière de compter nous fournira d'ailleurs l'occasion d'expliquer la différence qui existait dans les valeurs numéraires entre la France et la Lorraine : l'argent, en Lorraine, portait un taux plus élevé que dans la France ; ainsi, un écu de six livres de France valait, en Lorraine et dans l'évêché de Toul, sept livres quinze sous ; ce qui était très-préjudiciable aux Lorrains et à leurs voisins de l'Evêché.

Voici, avec l'appréciation sommaire de la qualité et de la quantité des divers produits de la vigne, la taxe du meilleur vin rouge depuis l'an 1709 jusqu'en l'année 1780 :

1709. Point de vendange, les vignes ayant été abîmées par la gelée.
1710. Rien, par suite des effets des gelées de l'année précédente.

128 NOTICE HISTORIQUE ET STATISTIQUE

1711. 2ᵗᵗ 10ˢ la mesure. Bonne année.
1712. 1   10   Bon vin, bonne année.
1713. 7   10   ....
1714. 6   »»   Peu de vin, mais bon.
1715. 2   10   Année médiocre.
1716. 5   15   Peu de vin et de médiocre qualité.
1717. 3   »»   Vendange abondante : mais Blénod, Bulligny Mont-le-Vignoble et Charmes-la-Côte grêlé complétement, le 1ᵉʳ juillet.
1718. 2   »»   Vendange abondante et les raisins de grosseur extraordinaire.
1719. 1   15   Vendange plus abondante encore que la précédente ; on la commença le 12 septembre.
1720. 1   12   On ne savait plus où mettre les raisins.
1721. 5   10   Peu de vin.
1722. 3   »»   Vendange médiocre.
1723. 3   10   Les raisins furent grandement endommagés par les guêpes.
1724. »   »»   ....
1725. 6   »»   Mauvaise vendange en raison des pluies.
1726. 9   »»   Année de sécheresse.
1727. 3   5   Vendange abondante et de bonne qualité.
1728. 1   15   ....
1729. 1   15   ....
1730. 2   15   ....
1731. 3   10   Un tiers d'année.
1732. 4   10
1733. 4   10   *Vin bon : les vendanges ont commencé dans les premiers jours du mois d'août. Il y eut, cette année, une prodigieuse quantité de souris.
1734. 5   »»   ....
1735. 6   »»   ....
1736. 7   15   Année stérile : la gelée fit beaucoup de tort.
1737. 4   15   ....
1738. 6   »»   Année assez abondante.
1739. 3   »»   Très-abondante.
1740. 12 »»   le vieux : on ne vendangea pas ; le peu de vin qu'on fit était si mauvais qu'il fut nommé récabit.
1741. 10 »»   le vieux.
1742. 3   10   ....
1743. 2   10   Année abondante.
1744. 2   10   Idem.
1745. 6   »»   ....
1746. 5   10   ....
1747. 5   »»   ....

1748. 3# »»ſ Moyenne année, petit vin.
1749. 5 »» Bon vin.
1750. 5 10 *Idem.*
1751. 3 »» Très-médiocre pour la qualité.
1752. 4 »» Passable.
1753. 3 10 Bon vin et bonne année.
1754. 3 15 Terme moyen.
1755. 4 10 . . . .
1756. 2 15 Petit vin.
1757. 5 »» Une partie du ban de Blénod fut grêlée.
1758. 4 10 . . . .
1759. 3 15 . . . .
1760. 3 »» Année abondante.
1761. 3 »» Aussi abondante que l'année précédente.
1762. 2 10 Abondante.
1763. 2 15 Année moyenne, mauvais vin.
1764. 6 »» Moyenne année, bon vin.
1765. 3 10 Année passable, bon vin.
1766. 4 10 Bonne année et bon vin.
1767. 8 5 Petit vin.
1768. 6 10 Un peu meilleur que le précédent. Blénod fut maltraité par un orage, au mois de mai.
1769. 8 5 Assez bon vin.
1770. 9 10 Passable.
1771. 10 10 Assez bon.
1772. 3 »» Année abondante, moyenne qualité.
1773. 7 15 Bon vin.
1774. 5 »» *Idem.*
1775. 3 »» . . . .
1776. 4 10 . . . .
1777. 5 10 . . . .
1778. 5 15 . . . .
1779. 5 »» . . . .
1780. 3 10 . . . .

Il paraît que cette taxe du vin servait à déterminer le prix que les propriétaires devaient solder à leurs vignerons pour la façon des vignes. Ainsi, en 1758 que le vin se vendait 4# 10ſ, la façon d'un jour de vigne s'est payée 20#. En 1768, le vin s'étant vendu 6# 10ſ, la façon du jour a été de 23#. Enfin, en 1771, la façon du jour s'est élevée à 30#, parceque la charge de vin valait alors 10ᶠ 10ˢ

Il était d'ailleurs expressément défendu aux propriétaires de profiter de la taxe aux dépens de leurs vignerons. Ces derniers demeuraient libres de vendre plus cher. Les propriétaires qui, dans leurs comptes, auraient voulu soumettre leurs ouvriers à la taxe, devenaient passibles d'une amende envers le fisc, et de dommages et intérêts envers le vigneron qu'ils auraient lésé. Ces précautions étaient sages ; en mettant le cultivateur à l'abri des vexations de certains propriétaires trop avides et trop exigents, elles lui assuraient le salaire légitimement dû à ses longs et fatigants travaux.

SITUATION ANCIENNE DES HABITANTS DE BLÉNOD.

La situation des habitants de Blénod, soumis à l'administration temporelle des Evêques de Toul, se laisse facilement entrevoir, d'après l'exposé que nous avons fait de cette administration. A part les propriétés de l'Evêque, qui d'ailleurs étaient fort modestes à Blénod, puisque, en somme, il ne possédait pas, en nature de vignes, une superficie de plus de quatre hectares (environ 20 jours), le territoire appartenait en fond aux habitants de la communauté. En 1700, les anciens racontaient que, dans leur jeunesse, ils ne voyaient à Blénod aucun propriétaire étranger à la Commune ; ils affirmaient que les bourgeois de Toul ne possédaient pas, sur le ban de la châtellenie, une valeur de soixante ares.

Cependant peu à peu le vin de Blénod passa dans les caves des Toulois, plusieurs particuliers riches de la cité acquirent des quantités considérables de vignes, bientôt ils eurent, dans le bourg, des maisons de campagne, où ils établirent d'importants vendangeoirs; et, de propriétaires qu'ils étaient auparavant, les habitants de la paroisse se virent, en grand nombre, réduits à l'état de simples manouvriers.

Les malheurs de l'époque ne furent pas la cause unique d'un si triste changement. La manie, je dirais la fureur des procès, s'étant emparée d'un certain nombre de têtes, la communauté se trouva divisée : c'était à qui susciterait des embarras, ferait des frais à son voisin ; ces chicanes entraînaient à d'énormes dépens et les poursuivants et les poursuivis: pour se procurer de l'argent, il fallait emprunter, il fallait engager un bien que le mauvais succès des affaires ne permettait pas de dégager ensuite; de là les pertes, la gêne, la ruine enfin. Puisse le sentier *des plaideurs*, demeuré comme monument d'un déplorable travers, en le rappelant aux générations, les en détourner fortement à jamais!

Les habitants de Blénod payaient, à leur seigneur, peu d'impositions. Les charges qu'ils avaient à supporter étaient excessivement légères. En effet, tous les droits de l'Evêque, comme seigneur du lieu, consistaient à ne permettre les vendanges aux propriétaires de vignes que lorsque les siennes étaient terminées. Chaque famille ensuite devait concourir à la rentrée des raisins et à la confection des vins du seigneur, en fournissant comme corvéable un de ses membres qui encore ne rentrait pas chez lui les mains vides, l'Evêque accordant une indemnité de peine à chacun des travailleurs.

Avant la distribution des affouages, on prélevait, au profit de la maison épiscopale, dix-neuf voitures de bois de chauffage. Le quart de cette quantité de bois était conduit chez le seigneur voué, qui fut longtemps M. de Valori ; ce qui réduisait à moins de quinze voitures, la portion de l'Evêque. Les fagots étaient vendus au profit de la communauté. Les propriétaires de voitures et de chevaux rentraient gratuitement, au Château, la portion affouagère du seigneur; mais, problablement encore, ils recevaient, en monnaie, quelque dédommagement.

Les dîmes, prélevées par l'abbaye de Saint-Mansuy, dès longtemps réduites au douzième, n'atteignaient et ne pouvaient grever que les forts propriétaires ; les journaliers et les gens d'état n'y étaient point assujettis, si ce n'est dans une très minime proportion.

Le malaise, qu'à plusieurs époques, ressentirent les habitants de Blénod, aussi bien que les habitants des autres communes du Toulois, ne peut donc être attribué à l'énormité des charges non plus qu'à une mauvaise administration de la principale autorité. Il a eu son principe dans le malheur des temps, dans les événements politiques, dont les peuples subissent toujours les plus fâcheuses conséquences, et, répétons-le, pour Blénod en particulier, dans les penchants processifs de plusieurs de ses enfants. Croirait-on, en effet, si des témoins graves ne l'avaient écrit, qu'à une seule audience du tribunal de Toul, on appela, sans désemparer, jusqu'à vingt causes qu'avaient entre eux à débattre plus de quarante individus? Heureusement cette épidémie a cessé, et, nous l'espérons, pour ne plus reparaître. Nous engageons puissamment nos paroissiens, à prendre, contre son retour, autant de précautions au moins, que contre le choléra. Si, selon le proverbe, il suffit à un homme, pour se ruiner, de gagner de suite trois procès ; que sera-ce s'il vient à les perdre, comme il n'arrive que trop souvent aux chicaneurs ?

L'histoire de Lorraine, l'histoire de Toul, racontent les guerres sans cesse renaissantes que se firent entre eux les princes et les seigneurs qui se disputaient, à main armée, la possession de telle ou telle localité ; les prétentions, soit des ducs de Lorraine, soit des rois de France, soit des empereurs, sur notre pays dont les uns et les autres cherchaient alternativement, quelquefois simultanément, à tirer tout ce qu'ils pouvaient, en le frappant d'énormes contributions.

A ces motifs d'oppression et de ruine pour le pauvre peuple, il faut joindre les fréquentes incursions des partis ennemis dans les Trois-Evêchés. En vertu d'une convention faite entre les Allemands, les Hollandais et les Brandebourgeois, le parti de Torbach devait s'attacher exclusivement à désoler les Trois-Evêchés. Les partis de Landau et de Kayserlautern gardaient les routes, pillaient les passants et faisaient des prisonniers qu'ils ne rendaient ensuite que moyennant forte rançon (a).

Ainsi, en 1711, le Toulois fut-il tellement fatigué par ces ennemis que l'on nommait les *hussars,* que les habitants des lieux les plus considérables résolurent de repousser la force par la force et de s'affranchir, s'il était possible, de si désastreuses

(a) Voyez la note 14e.

contributions. Void, Punerot, Vicherey, Pagny-sur-Meuse, Blénod, se barricadèrent ; les chefs de famille s'étant procuré des armes, s'enrégimentèrent, défendirent leurs maisons et leurs propriétés, et, par leur attitude imposante, arrêtèrent les déprédations de leurs incommodes visiteurs.

La paix de Hollande, conclue en 1713, mit un terme à un état de choses si désolant, surtout pour les habitants des campagnes. Ce ne fut cependant encore qu'après bien des désordres commis, sur son passage, par l'armée d'Allemagne. Les étapes n'étant pas déterminées, les soldats se débandaient pour se répandre dans les villages qu'ils ravageaient sans pitié. Ils ne connaissaient aucun frein, à tel point qu'à Ochey, une femme, voulant les empêcher de tuer ses poules, fut impitoyablement massacrée.

Si les rapines et les vexations incessantes de hordes ennemies plongeaient dans la misère les populations des villes, des bourgs et des hameaux; si elles aigrissaient le caractère de nos ancêtres, en les poussant à une belliqueuse exaspération, en les rendant parfois cruels, elles les portaient aussi à des actes de courage dignes des soldats les plus aguerris. Un trait de bravoure arrivé jusqu'à nous en fournira une belle preuve.

Le Val-de-Passey d'une part, et, de l'autre, le village de Moutrot, servaient ordinairement de point de réunion aux soldats voleurs, lorsqu'ils avaient résolu de surprendre les gens de Blénod sans que ceux-ci pussent avoir le temps de fermer leurs habitations à petites fenêtres ferrées, de sonner la cloche du guet et de se replier vers le Châeau. Les éclaireurs du bourg, ayant été informés qu'un gros de cinquante hommes se tenait secrètement au Val-de-Passey, attendant que les habitants fussent répandus dans la campagne, pour venir, par les bois, fondre sur leurs maisons et y exercer le pillage, apportèrent en toute hâte cette nouvelle à leurs concitoyens effrayés. Aussitôt, un brave de la paroisse, le nommé Jean MARTIN, dit *Lafontaine*, conçoit la résolution de prévenir l'ennemi en l'attaquant dans son propre retranchement. Il demande douze hommes déterminés comme lui, leur fait prendre les tambours de la milice, se munit de chaînes et de cordes, puis, tandis que le reste des chefs de famille fait la garde dans Blénod, il se dirige, avec sa petite troupe, vers le Val-de-Passey, où, favorisé par les bois, les buissons, les haies, et surtout par les ténèbres de la nuit, il arrive heureusement sans être aperçu. Les soldats ennemis, ne se doutant de rien, se reposaient paisiblement dans une habitation à peu-près isolée, attendant en toute sécurité l'heure du départ et le signal d'un butin qu'ils croyaient assuré.

Sans perdre un seul instant, Jean Martin place à certaine distance les uns des autres ceux de ses hommes qui avaient les tambours, leur ordonne de battre la charge et de faire entendre, à force de poumons, les commandements qu'on adresse à une troupe marchant à l'assaut. Puis s'avançant avec ses autres compagnons, il pénètre dans le lieu où commençaient à s'agiter les ennemis éperdus, les somme de déposer les armes et de se constituer prisonniers, sous peine d'être brûlés vifs dans la maison même qu'ils occupent.

Saisis d'effroi, trompés par les bruits qui retentissent à leurs oreilles, ces soldats rendent les armes, sont garottés avec des cordes, attachés ensuite l'u[n] à l'autre avec les chaînes apportées par Jean Martin, puis amenés à Blénod aux roulements des tambours et immédiatement enfermés comme prisonnie[rs] dans une des tours du Château.

Ce coup de main hardi, exécuté en quelque[s] heures, avant le moment fixé par les ennemi[s] pour leur entreprise, sauva la commune de Bléno[d] d'un affreux pillage, peut-être même de l'incendie et rendit enfin la sécurité à ses habitants consternés.

Jean Martin, dont l'acte mortuaire figure dan[s] les archives de Blénod vers l'an 1700, est le che[f] de la famille de son nom qui habite aujou[r]d'hui la commune de Mont-le-Vignoble. Très probablement il est l'un des ancêtres de M. Martin, capitaine de cavalerie, chevalier de la Légio[n] d'Honneur, qui a naguère si vaillamment combattu contre les Arabes, sur les terres de l'Algérie.

La rareté, puis la fréquente altération des mo[n]naies, vinrent à leur tour prolonger la misère de[s] habitants de la Lorraine et des Evêchés.

En 1712, le peuple de Toul était forcé d'ache[-]ter l'argent de France à trois pour livre ; quoiqu[e] les pièces de vingt-huit sous de Lorraine fusse[nt] reçues dans le Toulois, au taux de vingt-sept sous, les agents du fisc ne les comptaient que pour ving[t-]quatre (*a*).

(*a*) Il fallait quatre liards pour un gros de Lorraine et six pou[r] un sou ; plus tard on réduisit cette petite monnaie : trois liar[ds] firent un gros; quatre liards, un sou. Ce fut vers 1712 que l'[on] cessa de compter l'argent par gros et par francs barrois. On employ[a] dans les Trois-Evêchés, la dénomination de livres, sous, denier[s.] Le franc barrois valait huit sous et demi.

En 1721, le 26 août, une ordonnance réduisit de nouveau à cinq liards les pièces de un sou et demi, et celles de cinq livres sept sous, à quatre livres seize sous. On avait même annoncé qu'elles descendraient à trois livres dix-sept sous. Cette nouvelle par malheur eut son accomplissement ; bien plus, par une autre ordonnance du dix décembre, elles furent abaissées à cinquante-un sous et demi.

En 1729, on prescrivit encore de nouvelles réductions. Le 28 décembre, les pièces de douze sous six deniers, déjà réduites à dix sous, ne valurent plus que neuf sous un liard. Cette diminution, opérée précisément à l'époque du paiement des subventions, jeta le peuple dans un embarras extrême, et augmenta de beaucoup sa détresse.

Enfin, en 1742, les édits qui obligeaient les Lorrains à donner à la France leurs écus de sept livres quinze sous, pour six livres, et l'autre monnaie à proportion, furent encore singulièrement nuisibles aux gens de l'Evêché. Ils étaient forcés de payer les deniers royaux suivant la taxe des Lorrains, qui la maintenaient envers leurs voisins, dans les affaires et dans le commerce.

A ces fâcheux résultats de la politique des princes, se joignirent, pour Blénod, les effets de deux inondations successives et ceux d'une extrême rareté des céréales. En 1740, après un hiver tellement rigoureux et long, qu'au mois de mai les oiseaux tombaient encore de froid et de faim, une inondation, du 16 octobre, vint causer d'affreux dégâts. Une seconde inondation compléta, le 20 décembre, les désastres que la première avait commencés. Des monceaux de ter[re] roulaient en avalanches du sommet des monts ravageant tout ce qu'ils rencontraient sur leur pa[s]sage. Dans l'intérieur de Blénod, près du presso[ir] dit de Saint-Médard, plus de dix maisons fure[nt] anéanties.

En 1749 enfin, le blé fut presque introuvabl[e] surtout pendant les mois de juin et de juillet. [La] famine fit éprouver durement ses rigueurs. L[es] plus aisés propriétaires se nourrissaient de pa[in] d'avoine : avec la meilleure volonté, ils ne pou[ ]vaient secourir ni les ouvriers, ni les pauvres; l[es] malheureux mangeaient de l'herbe.

Malgré tant de calamités consécutives, malgré [la] transition toujours bien douloureuse de l'état d[e] propriétaire à celui de manouvrier, les habitants d[e] Blénod pouvaient vivre, heureux encore, dans u[ne] honnête médiocrité. S'ils n'avaient pu voir, sa[ns] amertume, passer en des mains étrangères le patr[i]moine dont leurs ancêtres les avaient gratifiés, d[u] moins ils cultivaient comme fermiers; ils rece[ ]vaient, soit en nature, soit en argent, le prix de leur[s] travaux; ils avaient à supporter moins de frais d'e[n]tretien : entourés alors bien plus qu'aujourd'hui d[e] terres à blé, de champs où ils récoltaient d'abondant[s] légumes, certes, toute compensation faite, peut[-]être étaient-ils moins souvent en détresse qu'aupa[ ]ravant, et que ne le sont, par le temps qui court, un[e] foule de petits propriétaires qui, ne cultivant qu[e] leurs terrains à eux, plantant et replantant de l[a] vigne, nous dirions presque jusqu'au milieu de leur[s] habitations, ne peuvent subsister du produit d'in[ ]suffisantes récoltes.

CHANGEMENT DE SITUATION.

La première révolution, en s'emparant des biens du clergé et de ceux de la noblesse pour les vendre à vil prix à tous les amateurs, a presque anéanti la grande propriété, et, par ce seul fait, changé la situation financière d'une foule d'individus en donnant de nouvelles bases à la prospérité publique. Nous n'examinerons pas la question de savoir si le morcellement des vastes immeubles a été plus nuisible ou plus avantageux dans ses résultats. Nous n'entreprendrons pas même de faire la comparaison de la situation de nos ancêtres avec notre situation actuelle. Pour être exact, il faudrait entrer dans des détails que ne sauraient permettre les limites que nous nous sommes posées; car, on ne peut juger une époque par une autre époque, sans s'exposer à bien des injustices envers l'une ou envers l'autre. Nous observerons seulement, avant de nous replier sur nous-mêmes, que, tout en accaparant à notre profit ce qu'il y a de meilleur, de plus avantageux, de plus avancé, nous ne devons pas pour cela plaindre le sort de nos ancêtres. S'ils avaient moins de ressources, ils éprouvaient moins de besoins; s'ils possédaient moins de terres, s'ils voyaient moins de numéraire, ils vivaient avec une plus grande simplicité: ils se contentaient d'une nourriture frugale, substantielle et saine, de vêtements commodes et propres; ils ignoraient les raffinements de la sensualité, le luxe des habits, les prodigalités de la table, sources si fécondes de malheurs dans tous les genres ; ils faisaient honneur à leurs petites affaires, et, à part les circonstances indépendantes de leur position, circonstan[ces] exceptionnelles qui leur imposaient une gên[e] momentanée, ils ne se trouvaient pas si malheureu[x].

Aujourd'hui donc, et cette situation n'a rien d[e] neuf, puisqu'elle n'est qu'une sorte de restauration[,] un retour à ce qui se passait il y a trois siècles ; au[-]jourd'hui, chacun a sa modeste propriété, chacu[n] peut récolter pour soi le raisin de sa vigne, le blé[,] les légumes de son champ. Pourquoi cependant[,] pour ne parler ici que de Blénod, si ce bour[g] possède quelques personnes fortunées, pourquoi e[n] compte-t-il un si grand nombre d'autres qui, gé[-]missant sous le poids d'un malaise qui les accabl[e] d'autant plus qu'elles osent moins l'avouer, passen[t] la plus grande partie de leur vie dans un état [si] voisin de la misère ? Sans articuler une seule de[s] causes morales que nous pourrions indiquer, nou[s] signalerons la cause matérielle la plus grave[,] nous dirions presque la cause unique et contr[e] laquelle on ne saurait trop énergiquement s'éle[-]ver : LA TROP GRANDE QUANTITÉ DES VIGNES.

ABUS DANS LA PLANTATION DE LA VIGNE.

Il est bien vrai qu'autrefois la vigne était un[e] véritable richesse : il est bien vrai que la cultur[e] de la vigne apportait dans nos côtes l'abondance[,] le bien-être, de l'argent. A l'heure qu'il est, s[i] l'on excepte les gros propriétaires et les particu[-]liers qui tirent des ressources d'ailleurs, le vigne[-]ron, — et nous comprenons sous cette dénomina-tion, non-seulement le journalier qui, sans pro[-]priétés à lui, cultive pour les autres, mais encor[e] les propriétaires qui, avec une maison, n'ont rie[n] être chose que des vignes,—le vigneron est malheureux, et sa misère ne peut qu'augmenter dans une effrayante progression.

La raison de cette position si triste est aussi simple à déduire que facile à concevoir. Il fut un temps où les vignobles étaient en exclusive possession d'abreuver de vin les habitants des lieux arables et des autres pays de plaine. Alors, si le laboureur voulait du vin, ayant à lui chevaux et voitures, il venait chercher chez le vigneron, il le soldait en argent ou l'échangeait pour du grain. Toujours la vente était assurée, et cette vente n'offrait que des avantages : aussi, le vigneron pouvait-il réussir dans ses affaires, se dédommager de ses peines, et, après avoir payé les frais de culture de ses héritages, après avoir couvert les dépenses de sa maison, mettre en réserve quelques économies. Si le blé se vendait plus cher, il augmentait le prix du vin; il pouvait en quelque sorte dire au laboureur : *Si tu ne me nourris pas, tu n'auras pas à boire ou tu boiras de l'eau.* Les terrains plats d'ailleurs étaient ensemencés de diverses graines, plantés de nombreux légumes; ils venaient, par leurs produits, au secours du travailleur, quand la vigne ne l'avait pas ou l'avait mal récompensé.

Actuellement que les impôts sur les boissons sont considérables et pèsent d'un poids égal sur toutes les sortes de vins; actuellement que, en faisant disparaître la petite race des raisins pour lui substituer la grosse, (le verdunois ou *race de Liverdun*), l'appât de la quantité a beaucoup enlevé à la qualité des vins du Toulois, les consommateurs des villes préfèrent se procurer les produits du midi qu'ils modifient selon leur goût et qui, au total, leur reviennent moins cher que les liquides du pays.

Effrayés, à leur tour, des sommes qu'il faut acquitter au fisc pour le transport de quelques hectolitres d'un vin de peu de valeur, effrayés des frais de voyage, poussés peut-être encore par cet esprit d'égoïsme qui excite l'individu à se satisfaire lui-même et à se passer du secours de son voisin, les laboureurs ont supputé d'une autre manière. Ils ont planté en vignes plus de terrains qu'il ne leur en faut, afin de récolter, sur les lieux mêmes, du vin pour leur consommation. Partout on voit, partout on rencontre des vignes. Qu'arrive-t-il de là? Le laboureur, qui déjà trouve chez lui son pain, ses légumes, son lard, n'a plus que faire du vigneron pour se procurer du vin. Il en récolte dans ses propriétés : il en peut largement boire et vendre encore plus avantageusement peut-être qu'un vigneron qui ne possède que des ceps.

Celui-ci, au contraire, reste chez lui avec son vin, qu'il ne place pas, et sans le pain dont pourtant il ne peut se passer. Comment nourrir désormais, comment élever une famille? comment payer les impositions? En consacrant à la vigne les terres qu'autrefois il labourait, il a diminué ses ressources : il s'imaginait gagner beaucoup ; un mauvais calcul lui a fait tout perdre, et néanmoins il faut manger !

Force donc est au vigneron de recourir au laboureur. Il lui demande du blé et lui offre du vin en échange, puisqu'il n'a point d'espèces à compter. Mais le laboureur n'a plus besoin de vin ; il en a lui-même à vendre : il ne donnera pas son grain à un homme qui ne sait quand il pourra payer, bien il le portera à un taux plus élevé, mais toujours il voudra du numéraire. Le vigneron, qui n'en a pas, est obligé de contracter des emprunts : alors naissent pour lui de nouvelles charges : des rentes qu'il verra s'accumuler, des capitaux qu'il faudra tôt ou tard rembourser et qui amèneront infailliblement sa perte.

Si plusieurs années mauvaises se succèdent, il lui faut multiplier ses obligations ; il lui faut engager ses biens, son petit patrimoine, quelquefois son mobilier : la misère dès lors est à son comble. Qu'une année d'abondance survienne ensuite; la grande quantité de vin ne permet guère la hausse du prix ; le riche propriétaire, qui récolte déjà pour son compte une copieuse vendange, ou n'achète pas ou achète au taux le plus bas. Le spéculateur arrive à son tour, pour remplir en nombre de volumineux tonneaux, parce que le vigneron en détresse a besoin de vendre tout de suite, de vendre à tout prix; heureux quand, par le produit de sa récolte, il peut acquitter le montant de ses impositions, les rentes des capitaux qu'il a empruntés, rentes peut-être accumulées, le prix du pain qui a nourri sa famille! plus heureux s'il parvient à effacer ses dettes ! mais toujours sans avances, il lui faut recommencer bientôt de nouveaux emprunts, s'imposer de nouveaux sacrifices et consumer ainsi son existence dans la gêne, dans les privations, dans les angoisses d'une désolante pauvreté.

Puisque les laboureurs s'abreuvent, n'est-il pas juste aussi qu'en revanche les vignerons se nourrissent? ne leur est-il pas dès lors rigoureusement indispensable de trouver chez eux toutes les ressources dont ils peuvent avoir besoin? autrement, il sera donné de calculer et de déterminer le nombre d'années au bout desquelles la misère, pour eux, n'aura plus de bornes, et de fixer l'époque où, de nouveau, de riches exploiteurs, étrangers à la Commune, deviendront, à bon marché, les propriétaires d'une forte partie de son territoire.

C'est, ainsi que nous l'avons indiqué, cette pensée qui a préoccupé l'autorité municipale de Blénod, lorsqu'elle a sollicité le défrichement de la forêt de la Voivre. Elle n'a eu pour objet, dans cette importante démarche, que de venir en aide à la classe pauvre surtout, en lui offrant un moyen facile de se procurer des vivres à peu de frais.

Il serait par dessus tout à désirer qu'au lieu de transformer en vignes les meilleures terres de la plaine, qu'au lieu de détruire les prairies pour en faire des jardins potagers, on rendît aux céréales, aux prairies naturelles, aux prairies artificielles, tous les terrains où le soc de la charrue peut mordre sans trop de difficulté, et que les anciens de la Commune ont encore vus si heureusement cultivés. Alors, avec la superficie de la Voivre livrée à l'agriculture, Blénod aurait de quoi s'alimenter, sans pour cela cesser d'être un vignoble considérable; il donnerait du pain en suffisance à tous ses habitants, qui vivraient avec plus d'aisance et moins de dettes; il leur fournirait les moyens d'élever du gros et du menu bétail, et, par suite, de mieux fumer les terres et les vignes; il ramènerait ainsi, en peu de temps, ses enfants à un état de prospérité que le plus grand nombre n'a jamais connu.

Nous ne répondrions point au vœu des personnes honorables auxquelles nous avons communiqué nos pensées, si nous passions sous silence une autre cause matérielle du malaise qui se fait si vivement sentir dans un grand nombre de familles; nous voulons parler de l'énorme consommation de bière qui se fait par les vignerons. Ils ont, dans leurs caves, du vin qu'ils ne vendent pas, ils sont sans ressources, sans pain! n'est-il donc pas déplorable de les voir, le dimanche au moins, laisser leur vin dans les cercles, et porter dans les cabarets, pour quelques cruches de bière, le peu d'argent qu'ils ont pu gagner au prix de leurs fatigues et de leurs sueurs?

Si cet abus, contre lequel on ne saurait trop s'élever, était particulier à la commune dont nous nous occupons, peut-être l'aurions-nous tenu caché! malheureusement il est beaucoup trop répandu, et c'est pourquoi nous avons d'autant moins hésité à le signaler.

Les auberges sont nécessaires dans les campagnes aussi bien qu'au sein des villes. Il faut des établissements publics où les étrangers puissent être reçus, logés et convenablement traités Mais où donc sont les avantages que retire la société des tavernes et des cabarets? que produit la fréquentation de ces lieux? la démoralisation de la jeunesse, la ruine, le déshonneur des familles, et, souvent même, les attentats qui compromettent la sûreté des gouvernements (a)!

Il nous paraît superflu de parler ici des événements politiques dont les effets se sont étendus, sans distinction de lieux, à tout le pays, et rentrent par là même dans l'histoire générale de la nation.

(a) Voyez l'*Appendice* n° 7.

Nous rappellerons cependant, parce qu'elle a lourdement pesé sur Blénod, la double invasion des troupes alliées, en 1814 et 1815. A cette époque, si désastreuse pour la France, Blénod fut en quelque sorte pressuré. Les fréquents passages, les stations non moins fréquentes, dans le bourg, de régiments, presque toujours de cavalerie, ruinèrent les habitants, obligés de céder à toutes les exigences du soldat, sans compter les rations et les contingents régulièrement imposés par la force publique, contingents et rations que la commission des liquidations a évalués à la somme principale de onze mille neuf cent soixante-neuf francs, soixante-cinq centimes les particuliers devaient fournir le pain, le vin, l'eau-de-vie, la viande, non-seulement aux hommes logés militairement dans Blénod, mais encore à ceux qui étaient désignés pour les cantonnements voisins; ils étaient en outre contraints de satisfaire aux demandes, sans cesse renouvelées, de sabreurs avides qui, la plupart du temps, traitaient les habitants moins en citoyens et en propriétaires, qu'en débiteurs rigoureusement obligés.

D'après les inscriptions au registre des délibérations du conseil municipal, faites par M. Joseph Robin, maire à cette époque, on peut évaluer à près de six mille le nombre des hommes qui, pendant les deux invasions, ont logé et séjourné à Blénod, et à trois mille environ, le nombre des chevaux. Pendant la seule année 1815 il a été enlevé à la Commune près de sept cent quintaux métriques de foin, et mille hectolitres d'avoine.

Si l'on ajoute à ces fournitures les larcins publics ou particuliers faits aux propriétaires, les réquisitions d'hommes, de chars et de chevaux pour le transport des bagages, réquisitions qui laissèrent, pendant un temps, Blénod sans un seul cheval, sans une seule voiture; qui forcèrent plusieurs individus à marcher, les uns jusque Châlons, les autres jusque Paris d'où ils revinrent après s'être vu enlever chars, chevaux, harnais, tout ce qu'ils possédaient; si l'on y joint ensuite les vexations de tous les genres auxquelles se livrèrent plusieurs régiments, malgré la prudente fermeté de l'autorité municipale, on pourra se former une idée de tout ce que Blénod a souffert et perdu pendant la double visite de nos soi-disant alliés.

Les années 1816 et 1817 qui ont immédiatement suivi, ont achevé, par le prix excessivement élevé du pain et du grain, la ruine des familles nombreuses et peu aisées. Il leur a fallu beaucoup de temps pour se relever quelque peu, pour sortir de la détresse dans laquelle de trop longs malheurs les avaient plongées, et peut-être s'en trouve-t-il encore qui n'ont point réparé les maux amenés par les tristes circonstances que nous venons de relater sommairement.

ÉTAT SANITAIRE DES HABITANTS.

La position sociale de chaque individu exerçant sur sa santé une influence incontestable, c'est ici le lieu de nous occuper de l'état sanitaire des habitants de notre paroisse. Généralement, les habitants de Blénod sont bien constitués et jouissent des avantages d'une bonne santé. Il n'est pas rare de rencontrer, dans le bourg, des personnes d'un grand âge, fortes encore et conservant l'usage de leurs facultés. Il faut reconnaître cependant que la génération actuelle est moins robuste que celle qui l'a précédée, et nous devons craindre que cette diminution sensible des forces physiques ne se fasse remarquer davantage encore dans la génération qui suivra. Effectivement, outre les causes générales qui influent sur la France entière, c'est-à-dire, les changements introduits dans nos mœurs par le perfectionnement des arts, le luxe des vêtements, la délicatesse de la nourriture, la variété des boissons, il existe, à Blénod, un principe d'affaissement, honorable sans doute en lui-même, mais infiniment pernicieux à la santé : l'excès dans les travaux du corps.

En vain la nature, la religion, la raison, se réunissent pour crier aux chefs de famille qu'il faut à l'homme du repos ; que le Créateur, dès le commencement du monde, a sanctifié et consacré le septième jour : par le motif qu'il faut élever des enfants encore jeunes, éteindre des dettes, réaliser des économies, il en est un trop grand nombre qui s'obstinent à poursuivre jusqu'à bout et sans relâche de pénibles occupations, et qui obligent à les imiter une femme délicate, des enfants de quelques années.

Ces enfants aussi ne se développent que très tard et qu'imparfaitement; ils contractent des infirmités qui, d'abord inaperçues, se font sentir dans la suite avec douleur, deviennent incurables et devancent de beaucoup, pour les malheureux qui en sont victimes, les années de la caducité.

En joignant souvent au travail immodéré de

graves imprudences, et en ne prenant que fort peu de précautions, les mères de famille et les jeunes personnes s'exposent à mille misères, ou plutôt à une seule qui renferme toutes les autres et fait le tourment de leur vie.

Les adultes sont frappés d'intranspirations, de pleurésies, toujours dangereuses et quelquefois mortelles, par la négligence que l'on apporte à l'application de remèdes efficaces.

N'est-il pas vrai, cependant, que l'abus des forces du corps est aussi préjudiciable à la fortune que nuisible à la santé? A quels frais un chef de famille n'est-il pas entraîné par la maladie de sa femme ou de son enfant? Visites du médecin, remèdes, voyages, perte du temps! Et si lui-même, dompté par un mal qu'il a longtemps négligé de guérir, est obligé de garder le lit, quel surcroît de dépenses? Il perd avant tout le gain du travail qu'en santé l'eût accompli; il arrête les travaux de sa famille dont il réclame les soins incessants; il se voit dans l'alternative ou de laisser ses terrains incultes, ou de payer des ouvriers qui jamais ne le remplaceront. D'autre part, il a ébranlé sa santé, compromis son existence, perdu sans retour la meilleure partie de ses forces, abrégé le nombre de ses années. Heureux quand la mort ne le frappe pas, avant le temps, d'un dernier coup, et ne l'enlève pas à une famille dont il voulait améliorer le sort, et dont il n'a réussi qu'à préparer l'inévitable désastre? (*a*)

Ce que nous écrivons ici, ce ne sont pas des observations simplement spéculatives; par malheur, c'est de l'histoire. Combien de fois, après avoir

---

(*a*) Voyez la note 15e.

rempli la triste tâche de les préparer chrétiennement à la mort, n'avons-nous pas eu la douleur de recevoir les derniers soupirs d'hommes, de pères de famille dans la force de l'âge, qu'un travail trop opiniâtre avait prématurément tués ?

Du reste, Blénod, par sa position topographique, situé entre deux courans qui lui arrivent l'un à l'est, des rives de la Moselle, l'autre au couchant, des plaines de la Meuse, par le vallon de Quatre Vaux, jouit d'un air pur, constamment renouvelé, et par là se trouve préservé des fâcheux effets d'une atmosphère épaisse et malsaine. Il a peu souffert des maladies contagieuses qui, parfois, ont causé de si désolants ravages en certaines localités.

En 1359, une épidémie affreuse emporta la quatrième partie du peuple, dans le pays toulois. Blénod, sans doute, ne fut pas épargné.

En 1636, Blénod fut affligé d'une maladie contagieuse qui décima ses habitants.

En 1715, la petite vérole vint s'y établir et ne disparut que pour céder la place à une fièvre scarlatine maligne qui atteignit beaucoup de grandes personnes. Il est pourtant à observer que cette fièvre, qui, de Lagney où elle s'était déclarée d'abord, avait pénétré, par les villages intermédiaires, jusqu'à Foug où elle se déchaîna au point de forcer les principaux habitants à quitter leurs maisons pour se sauver ailleurs, fut, à Blénod, moins meurtrière.

En 1724, la petite vérole reparut et enleva beaucoup d'enfants. Les adultes, à leur tour, furent cruellement flagellés par une dyssenterie qui détermina la mort d'un grand nombre. On attribua généralement cette maladie aux variations de la température.

SCEL
DE HUGUES DES HAZARDS
DE BLÉNOD
Évêque de Toul.
Archiv. de l'Egl. de Toul, N.º 120.

CONTRE-SCEL.

En 1727, les chaleurs excessives de l'été ramenèrent le flux de sang, dont furent victimes quantité de personnes, surtout pendant les cinq derniers mois de l'année.

En 1736, un hiver, on ne peut plus malsain, occasionna plusieurs maladies qui moissonnèrent un nombre considérable d'adultes.

En 1742, le blé ayant été d'une rareté extrême, surtout pendant les mois de juin et de juillet, on ressentit les effets de la famine. Ainsi que nous l'avons indiqué, les plus aisés propriétaires furent réduits à se nourrir de pain d'avoine ; les pauvres mangèrent de l'herbe. Cette calamité fit naître encore des maladies auxquelles plusieurs succombèrent.

Depuis cette époque, il n'est plus question, pour Blénod, d'affligeante mortalité. Le choléra qui, en tant de lieux, a exercé de si terribles ravages, a passé là inaperçu, grâce sans doute, en partie du moins, à la vigilance de l'autorité, qui avait eu soin de prendre toutes les précautions sanitaires indiquées pour éloigner le fléau.

BIOGRAPHIE DES PERSONNAGES REMARQUABLES NÉS A BLÉNOD.

Hugues des Hazards. — Ainsi que nous l'avons plusieurs fois rappelé dans le cours de cette notice, l'ancienne ville de Blénod se glorifie d'avoir donné le jour à Hugues des Hazards, 72e Evêque de Toul, qui l'a gratifiée de la magnifique église que l'on admire dans son enceinte. Outre ce que nous savons de la vie de cet illustre Prélat, par l'épitaphe latine qu'on lit sur le monument qui décore sa tombe et dont, plus haut, nous avons donné la traduction; voici ce que dit, à son sujet, l'auteur de l'histoire de la ville et du diocèse de Toul : (a)

Hugues des Hazards, que le chapitre de l'église de Toul avait choisi pour être le coadjuteur de l'évêque Olry de Blâmont, fut élu de nouveau comme évêque titulaire par le même chapitre.

« Les capitulaires députèrent Didier de Birstrof,
» Jean de Luister et Jean d'Aluy, leurs confrères,
» pour donner avis de son élection à Hugues qui
» était absent. Le pape confirma l'élection et fit
» expédier les bulles, le 8 août 1506. Jean de Parisoti, archidiacre de Port, et Didier de Talard,
» prirent possession de l'Evêché.

» Le Prélat ayant reçu ses bulles, en donna avis
» au chapitre, aussi bien que du jour où il ferait son
» entrée. Il la fixa au 12 de septembre 1507; elle
» fut magnifique. Le prince Antoine, suivi de la plus
» grande partie de la noblesse de Lorraine, voulut
» faire honneur à cet évêque, en le conduisant lui-
» même jusque dans sa ville épiscopale. Le duc
» René avait dessein de se trouver à cette cérémo-
» nie, mais la maladie dont il fut attaqué la veille
» du départ de Hugues, l'empêcha de l'exécuter. (b)

» En 1508, Hugues retira, pour en faire présent
» à son église, les avocaties d'Autreville et d'Har-
» monville, qui avaient été engagées pour 1200 flo-
» rins du Rhin. Il mit en procès les commandeurs
» de l'ordre de St.-Jean, qui prétendaient que les
» curés dépendant de leurs maisons n'étaient pas
» obligés de prendre des institutions de l'évêque
» diocésain, et il obtint sentence contre eux. »

(a) Le père Benoît, pag. 600 et suiv.
(b) Voyez la note 16e.

Il introduisit la réforme dans les couvents des Cordeliers de Toul et de Neufchâteau; il rédigea et fit imprimer en 1515, pour son diocèse, un Rituel et des Statuts synodaux qui sont les plus anciens qui soient arrivés jusqu'à nous. En 1510 il fit imprimer, à Paris, un Bréviaire. L'exemplaire dont il se servait, imprimé sur vélin, doré sur tranches et armorié de ses armes, a été conservé à Blénod jusqu'à l'époque de la Révolution. Le temps n'en avait aucunement altéré la beauté. Dans ces jours de désastre, cette relique précieuse a disparu, et, malgré les informations que nous avons pu prendre, il nous a été impossible d'en découvrir la moindre trace (a).

Homme doué d'un tact exquis et d'un profond savoir, HUGUES fut commis, par le duc René II, roi de Sicile et de Jérusalem, pour traiter différentes affaires du comté de Provence avec l'empereur Maximilien Ier et avec le roi Charles VIII (b). Le même duc le députa ensuite avec l'abbé de Saint-Epvre, au pape Jules II, pour arranger le différend qui existait entre Jean de Marades et Olry de Blâmont, au sujet de l'Evêché de Toul. Dans toutes ces négociations, HUGUES justifia, par ses actes, la confiance qu'on lui avait accordée, et mérita l'estime et la bienveillance de toutes les personnes avec lesquelles il eût à traiter.

Rempli d'une pieuse vénération pour ses prédécesseurs sur le siége de Toul, inscrits par l'Eglise au catalogue des Saints, il ordonna, en 1511, à Christophe de Bouley, évêque de Christopolis, son suffragant, de faire la translation du corps de

---

(a) Voyez l'*Appendice* n° 6. — (b) Voyez la note 17°.

St.-Amon ; ce qui s'exécuta en présence des plus considérables du clergé et du peuple, avec une magnificence digne du prélat qui en faisait la dépense. Le Suffragant, dit le père Benoît, leva ces vénérables ossements de la châsse de bois où ils avaient été enfermés du temps d'Hériman, pour les mettre dans une châsse d'argent enrichie d'un grand nombre de lames d'or et de pierres précieuses, données par Hugues des Hazards. La mâchoire inférieure, qu'on avait séparée du corps, fut mise dans un buste de même richesse (a).

Il fit lui-même la translation des reliques de St.-Mansui. Hugues, dit encore le père Benoît, Hugues, qui ne le céda à aucun de ses prédécesseurs en vénération pour ce saint, fit travailler un riche et magnifique buste, où il enferma le précieux chef du premier pontife des Leuquois et quelques autres parties de ses ossements.

Il fit élever à son frère Olry un mausolée dans l'église cathédrale de Toul, près de la chapelle St.-Joseph. Au pied de ce monument de l'amour fraternel, fut déposé le cœur du pontife, son corps ayant été transporté à Blénod pour y dormir dans le tombeau que lui-même s'était fait préparer. La présence de ce cœur était indiquée par le distique suivant, gravé au-dessus du cénotaphe d'Olry des Hazards :

> In gremio sponsæ Cor præsulis usque quiescit :
> Mens teneat cœlum, te duce, summe Deus.

Ce qui signifie : « Le cœur du pontife repose sur le sein de son épouse : Dieu puissant, que, par toi dirigée, son âme arrive au ciel ! »

(a) Voyez la note 18e.

On peut voir encore, à la cathédrale de Toul, une pierre tumulaire de moyenne dimension, sur laquelle est gravé un cœur surmonté d'une mître, entourée d'une inscription totalement effacée, et d'une guirlande de fleurs surhaussée du bâton pastoral. Cette pierre marque l'endroit où, bien probablement, repose encore ce noble reste du prélat vénérable à la mémoire duquel ces lignes sont consacrées.

Plein de zèle et de dévouement pour ses compatriotes, Hugues, par acte en date du 24 mai 1516, permit aux habitants de Blénod de construire, dans l'intérieur du Château et autour des murailles de l'église, des loges et des maisonnettes, pour y déposer et conserver sûrement les produits de leurs récoltes, et les soustraire ainsi au pillage des ennemis (a).

On voit, par son testament (b), *fait et passé au Prieuré de Notre-Dame à Nancy, l'an de grâce de Notre-Seigneur* 1517, *le sixième jour du mois de juin,* qu'il dépensa en constructions publiques et en bonnes œuvres au profit de ses diocésains, tout le produit de son évêché, sans aucune réserve. Il ne laissa à ses héritiers que le simple patrimoine qu'il avait reçu de la succession de ses parents. Les dons et legs qu'il fit à sa mort, furent prélevés également *sur les gages et bienfaits des bons princes qui l'avaient eu longuement à leur service, et sur les biens acquis par ses labeurs et industrie;* de telle sorte qu'il rendit avec usure, à l'église de Toul, toutes les richesses que celle-ci lui avait présentées. Exemple admirable de désintéressement,

---

(a) Voyez l'*Appendice* n° 5.   (b) Voyez l'*Appendice* n° 3.

imité de ses prédécesseurs et que renouvelèrent pour le bonheur des Toulois, plusieurs des pontifes qui vinrent après lui (a).

Hugues des Hazards mourut à Toul, le 14 octobre 1517, âgé de 63 ans, la onzième année de son épiscopat. Son corps fut porté dans l'église de Blénod où il avait fait préparer sa sépulture; son cœur resta dans la cathédrale, comme nous l'avons indiqué ci-dessus. (b)

Le troisième jour du mois d'août 1734, un maçon, travaillant extérieurement aux réparations de l'église de Blénod, frappa sur une pierre qui lui parut mouvante et calcinée. Cette pierre ayant cédé au marteau de l'ouvrier, laissa, en tombant, une ouverture assez considérable pour permettre de contempler un spectacle aussi religieux que touchant. Le corps de l'évêque des Hazards, après deux cent dix-sept ans de sépulture, apparut aux regards des personnes présentes alors et de celles qui, en peu d'instants, accoururent de tous les quartiers de la paroisse. Une grande partie des chairs était conservée; les habits pontificaux qui le couvraient n'étaient que légèrement altérés. Bientôt, aux habitants de Blénod se joignirent les habitants des communes voisines, qui vinrent en foule se presser en présence de ces restes vénérables. On les plaça dans un double cercueil qu'on remit ensuite dans le tombeau voûté que le Prélat, en construisant l'église, s'était ménagé dans l'épaisseur du mur, du côté de l'Evangile. Depuis ce temps, les paroissiens de Blénod l'invoquent sous le titre de *Bon Père* des Hazards que, dans

(a) Voyez l'*Appendice* n° 8.   (b) Voyez la note 19°.

leur reconnaissance, ils lui ont décerné; les étrangers viennent prier à son tombeau, et plusieurs assurent avoir obtenu, par ses mérites, du soulagement dans de graves afflictions.

A l'occasion de cette espèce d'apothéose, on fit imprimer à Toul en un petit recueil de huit pages : 1° la traduction de l'épitaphe latine qui se trouve au devant du tombeau, suivie des traits les plus saillants de la vie du pontife; 2° un discours en vers, composé, sans doute, pour la cérémonie de la reconnaissance de ses restes mortels. Nous passons sous silence la première de ces pièces, inexacte quant à la traduction; mais nous nous faisons un devoir de placer ici la seconde, telle qu'elle est, avec ses incorrections de style et ses fautes grammaticales ou typographiques, comme un monument de la vénération de nos ancêtres pour un insigne bienfaiteur. Elle avait été mise en musique, et, comme un cantique, on la chantait à l'église, soit avant, soit après les offices particuliers de l'association des femmes.

DISCOURS

sur l'ouverture du tombeau de Messire Hugues Deshazards, Évêque et Comte de Toul, qui s'est faite dans l'Eglise de Blenod au mois d'Aoust de l'année 1734 (a).

In gremio sponsæ Cor præsulis usque quiescit.
Mens teneat cœlum te duce summe Deus.

Respectable Prélat dans ton sombre Tombeau,
De tes vertus reluit encore le flambeau,
Il est vrai tu n'est plus que cendre que poussiere,
Mais de ta pieté la mémoire est entiere,

(a) A Toul, de l'Imprimerie de Claude Vincent, Imprimeur et Libraire. *Avec permission.*

Que deux siécles entiers n'ont point pû effacer,
Que la posterité verra toûjours durer.
　　Ce Monument sacré, cette pompeuse Eglise,
Digne de tes travaux et de ton entreprise,
En est un témoignage évident et certain,
Saisi d'un saint respect qu'admire le Chrêtien,
Entrant pour adorer le vrai Dieu dans ce Temple ;
T'y fait voir aujourd'hui de nos Prélats l'exemple,
Où partout l'on entend les cantiques, les voix,
Exalter tes vertus, ton saint Nom à la fois,
Qui dureront autant, qu'on verra la lumiére,
Du Soleil éclairer le monde en sa carriere.
　　O mémorable tems, où régnoient dans les cœurs,
Ces saints embrasemens de ces zélés Pasteurs,
Qui par leurs grands travaux se préparoient d'avance,
Dans l'auguste Sion leurs justes récompenses,
Se bâtissoient au Ciel des Palais cyzelés,
De marteaux lumineux, et de coins étoilés
Dont la sainte cadence et le bruit harmonique,
Formoient à tous les coups un concert de musique,
Et faisoient retentir la cour des immortels,
Du nom de ces Prélats, zélés pour les Autels.
　　Illustre DESHAZARDS, tandis qu'à ces ouvrages,
L'Ouvrier par tes soins travailloit à tes gages,
Que par cent bras tendus tu faisois élever,
Sous la voute des Cieux ces pierres de Rocher,
Les Anges artisans d'éternelles structures,
Pour t'y placer un jour, prenoient d'autres mesures,
T'y formoient à leur tour pour prix de tes bienfaits,
Un céleste Palais à ne finir jamais.
　　C'est-là qu'environné d'une divine flamme,
Tu goutte des douceurs qui remplissent ton ame;
Sans trouble, sans obstacle à leurs tranquillités,
Sans interruption à leurs égalités.
　　C'est-là que ton esprit au-dessus de lui-même,
Ne contemple, ne voit que le seul Dieu qu'il aime,
Qui toûjours l'enflammant par ses impressions,
Ne réfere qu'à lui ses adorations.
　　Nul instant ne suspend le cours de tes délices,
Les jours et les momens sans nuit te sont propices,
Plongé dans la douceur d'un état si parfait,
Ton cœur pour autre objet n'y forme aucun souhait.
　　O céleste demeure, où les Saints et les Anges,
Ne cessent d'annoncer de leur Dieu tes loüanges,
Où mille doux transports enchantez et charmans,

De ces Etres divins occupent les instans.
 Lieux remplis des douceurs d'une sainte allégresse,
Sejour impénétrable aux soins, à la tristesse,
Dans le ravissement d'un sort délitieux,
Ou tu vois la grandeur du Monarque des Cieux.
 Oüi, c'est-là, DESHAZARDS, ton degré d'excellence,
De tes travaux mortels la juste récompense,
De son Eternité qu'à rappeller le prix,
A son objet sans fin l'esprit tombe surpris,
De ses tresors divins la source intarissable,
Quelle soit à jamais sans obstacle durable,
D'un jamais ravissant, qui toûjours réjoüit,
Qui toûjours recommence, et jamais ne finit.
 Non il n'est rien d'égal à la parfaite joïe,
Dans l'ame des Elûs que ce jamais déploye,
Seul souverain bonheur où l'on doit aspirer,
Dont l'on doit ici bas sans cesse s'occuper.
 Peuples qui joüissez du fruit de la ferveur,
Pour la gloire d'un Dieu qu'eût vôtre Fondateur,
Et qui pour avoir pris parmi vous la naissance,
Vous a marqué ce trait de sa magnificence.
 Tant que poura durer ce superbe Vaisseau,
Elevé par sa main, respectez son Tombeau,
Ces prétieux lambeaux y sont un témoignage,
De l'amour qu'il voulut vous marquer dans son âge,
Pouvoit-il rien de plus que ce Dépôt sacré,
Qu'à vos yeux a parû sous sa voute enfermé.
 Il est vrai qu'en son sein son Epouse a pour gage,
De son affection, son grand cœur en partage,
Pouvoit-il moins aussi lui témoigner d'ardeur,
Aux jours heureux qu'il fut son souverain Pasteur,
Autant est-il au Ciel vôtre Ange Tutelaire,
Qu'il vous fut ici-bas dans son tems debonnaire.
 Dans l'aimable sejour de la divinité,
Il y peut opérer votre felicité,
Rendez-lui chaque jour une action de grace,
Dans les Siécles prochains qui jamais ne s'efface,
Pour par lui parvenir à cette vision,
Qui des heureux esprits fait l'adoration.

En 1830, on a procédé à une nouvelle ouverture du tombeau, au milieu d'une affluence considérable de personnes, tant de Blénod que des communes environnantes. Le cercueil a été pompeusement porté à l'église où il est resté exposé, pendant plusieurs jours, à la vénération des fidèles. Après un service solennel et un discours prononcé par M. Joseph Robin, maire, la reconnaissance de la dépouille du pontife ayant été faite de nouveau, les anciens cercueils furent refermés, emboîtés dans un troisième cercueil en rosette hermétiquement scellé, et le tout replacé en cérémonie dans le lieu de la première sépulture.

L'anneau pastoral du Prélat, placé dans une petite boîte, a été renfermé avec ses ossements dans les cercueils.

Nous avons fait dégager l'avenue de l'entrée extérieure de la sépulture confiée à notre garde ; nous y avons peint une inscription et un trophée, afin de rendre ce lieu plus décent et de l'indiquer aux étrangers qui viennent visiter la paroisse.

Olry DES HAZARDS, frère aîné de l'Evêque de ce nom, était docteur en droit et chanoine de Toul. Il y mourut en 1487, âgé de 48 ans, après 22 ans de canonicat.

Claude DES HAZARDS, frère cadet de HUGUES et son maître d'hôtel, était archidiacre de Vosges et chanoine de Toul. Il décéda le 26 janvier 1536 et fut pareillement inhumé dans la cathédrale. On y voyait son épitaphe à côté du monument de son frère aîné Olry DES HAZARDS. Nous avons rapporté l'inscription gothique qui énumère, dans l'église de Blénod, les fondations pieuses de ce chanoine.

Martin DES HAZARDS, chanoine et chapelain de

a cathédrale de Toul, frère aussi des précédents, expira le 21 du mois d'août 1535. Une pierre tumulaire indique, maintenant encore, dans cette même cathédrale, l'endroit de sa sépulture.

Obriet ou Olriet DES HAZARDS, receveur et chapelain à Blénod, quatrième frère de l'Evêque de Toul, vivait encore en 1517. Nous ne le connaissons que par le testament de ce dernier, qui l'y désigne avec les qualités que nous lui attribuons ici, et lui assigne sur tous ses biens, indépendamment de sa part éventuelle dans le reliquat de sa succession, une somme de trois cents francs.

Georges DES HAZARDS, autre frère du prélat, remplissait à Toul les fonctions de bailli de l'Evêché. Selon le P. Benoît, ses fils furent avancés dans les charges par les princes de Lorraine, qui reportaient ainsi sur le Bailli et ses enfants une portion de l'estime affectueuse et bienveillante dont ils honoraient le Pontife. Nous n'avons découvert ni à Blénod, ni à Toul, aucune inscription, aucun document écrit ou traditionnel, qui pût fixer nos incertitudes sur l'époque précise de sa naissance ou de sa mort.

HUGUES DES HAZARDS ne faisant pas mention de lui dans son testament, et y donnant à un autre la qualité de bailli de l'Evêché, il en résulte naturellement que Georges l'avait précédé dans la tombe.

Obriet DES HAZARDS, neveu du Prélat, était doyen et chanoine de Metz, en 1517.

Hugues DES HAZARDS, très-probablement frère du précédent, réunissait, à la même époque, le titre de chanoine de Toul aux fonctions de curé de Blénod. Hugues et Obriet étaient sans doute fils du bailli Georges DES HAZARDS; car on ne voit pas que l'Evêque de Toul ait eu d'autres frères laïques. Ce pontife, qui les appelle lui-même ses *deux neveux*, leur légua, par testament, toute sa bibliothèque, plus une somme de deux cents francs, pour les aider à compléter leurs études et à parvenir au grade de docteurs en droit. L'expression familière, *notre Hugues DES HAZARDS*, sous laquelle il désigne le curé de Blénod, semble annoncer qu'il lui portait une affection toute spéciale (*a*).

Sans pouvoir affirmer que Hugues et Obriet soient nés à Blénod, ce qui nous paraît, du reste, assez vraisemblable, nous avons cru néanmoins devoir associer ici leurs noms à ceux de leur père et de leurs oncles, afin de grouper en un seul faisceau tous les membres de la famille DES HAZARDS; lesquels, d'ailleurs, comme l'indiquent assez les hautes fonctions civiles ou ecclésiastiques dont ils se virent honorés, furent tous hommes de science et de mérite.

Mansui CHENIN, prêtre, receveur épiscopal, naquit à Blénod où il mourut le 23 octobre 1586. Son corps repose dans l'église paroissiale, au pied de l'autel de la Ste-Vierge. Nous avons donné son épitaphe.

(*a*) Voyez, pour la justification de ces divers énoncés, l'*Appendice* n° 3, et les additions qui le terminent.

Nicolas DELAHALLE, né à Blénod, du notaire de ce lieu, était curé à Mont-le-vignoble en 1543.

Jean DELAHALLE, neveu du précédent, fut aussi curé de Mont ; il administrait cette paroisse en 1593.

François DELAHALLE, autre neveu de Nicolas Delahalle, succéda à son cousin dans la cure de Mont-le-vignoble, en 1600.

Didier BOUCHON avait épousé Françoise Millot, fille de Claude Millot, syndic royal de Blénod. Il fut lui-même tabellion de l'évêché et receveur épiscopal. La communauté le nomma plusieurs fois syndic. Il exerçait les fonctions de cette charge en 1636, année où la peste sévit avec tant de rigueur dans le pays. Pendant la durée du fléau, il visitait, il encourageait les malades, il ensevelissait les morts. A différentes époques, il fut député vers les chefs des partisans qui, ravageant la Lorraine et les Trois-Évêchés, se retiraient ensuite dans le Luxembourg, afin de traiter avec eux des rançons à fournir par la communauté de Blénod et de la préserver, par ce moyen, du retour de ces terribles hôtes.

Ayant perdu son épouse et quoique père de trois enfants, il fit ses études théologiques et reçut le sacerdoce. D'abord chapelain de Menne et de S^t.-Michel de Blénod, devint ensuite curé de Mont-le-Vignoble et de Gye, puis enfin de Blénod et Bulligny son annexe, jusqu'à sa mort qui arriva le 13 février 1686.

Les malheurs du temps ayant privé l'église

d'une grande partie de ses revenus, M. Bouchon acquitta gratuitement, pendant dix-huit années, les fondations à la charge de la fabrique
Par son testament, il fit remise de ses honoraires
l'église et lui légua 300 livres, pour acheter de
ornements. A l'exemple de l'évêque DES HAZARDS
il employa, en fondations pieuses et en bonne
œuvres, les revenus de sa place qui, alors, étaien
considérables. Il laissa un fonds pour aider à faire se
études un enfant de sa famille, à la seule conditio
qu'il porterait son nom. Une partie des biens don
le produit est affecté à cette bonne œuvre, a ét
conservée et se trouve en la jouissance d'un mem
bre de la famille Bouchon, mais qui n'habite pa
Blénod, et qui, dit-on, ne manque pas de fortu
ne. Il serait mieux que les descendants du donateu
qui sont domiciliés à Blénod et qui sont moins
l'aise, profitassent de cet avantage que leur assu
re le testament de M. Didier Bouchon et que leu
confirme un arrêt du parlement de Metz, daté d
mois de juin 1718.

M. Bouchon est inhumé dans l'avant-chœur d
l'église de Blénod, entre le sanctuaire et la tomb
la plus avancée des parents de Monseigneur DES H
ZARDS. Il avait fait, de son vivant, placer la pierr
tombale qui devait indiquer sa sépulture. Jusqu'
présent, elle est restée sans inscription. En en gra
vant une, nous espérons payer un tribut mérit
à la mémoire d'un de nos plus respectables pré
décesseurs.

Jean ROBIN, né à Blénod, fut chanoine de Saint
Dié. Il fonda, dans l'église de Blénod, la chapelle de Saint-Michel au pied de laquelle on l'in-

uma. Il mourut le 12 octobre 1625. En parlant
es monuments qui existent dans l'intérieur de l'é-
lise, nous avons reproduit l'épitaphe qui rappelle
a mémoire et les bonnes œuvres de ce prêtre
ertueux.

Claude CLAUDE, né à Blénod au mois d'août
676, était fils de Nicolas Claude et de Barbe
oyeux. Il fut élevé par son oncle, Louis Joyeux,
le Toul, premier curé de Marron et ensuite curé
le Chaligny. Après avoir fait sa philosophie à
strasbourg et sa théologie au séminaire de Toul,
l fut ordonné prêtre à Trèves, en 1700. D'abord
vicaire à Chavigny, il fut nommé à la cure de Blénod qu'il administra pendant cinq mois, jusqu'au
17 décembre 1703. On le transféra ensuite à la
cure de Domêvre-en-Haie, où il resta jusqu'au 16
septembre 1711 qu'il passa à la cure de Bagneux
où il mourut le 7 octobre 1750, âgé de 74 ans.
Il fut inhumé dans le chœur de l'église de Bagneux,
au pied du grand autel.

M. Claude a laissé un manuscrit assez volumineux des principaux événements qui se sont pas-
sés depuis sa naissance jusqu'à son décès, tant
dans sa famille, que dans la province de Lorraine
et des Trois-Evêchés. Ce manuscrit, en forme de
livre-journal, renferme des particularités intéressantes. Nous en avons fait usage, dans la composition de notre notice sur le bourg de Blénod.

Comme tous les bons prêtres, M. Claude fut en
butte aux traits des méchants qui essayèrent de le
noircir d'infâmes calomnies. Etant curé de Domè-
vre, il se vit accusé d'un crime affreux, par une malheureuse qu'il avait reprise de ses désordres pu-

blics et que des mauvais sujets poussèrent à se venger. L'affaire fut portée à l'officialité de Toul et au bailliage de Pont-à-Mousson. Le Révérend père Benoît, auteur de l'Histoire des Evêques de Toul, présenta devant le tribunal ecclésiastique la défense de M. Claude. L'innocence du pasteur fut prouvée claire comme le jour, par les témoignages les plus authentiques et les plus honorables; la malheureuse, qui avait formulé la calomnie, vint se rétracter, et M. Claude reçut, de M. Charles Claude de Laigle, vicaire général et official de Toul, les marques les plus flatteuses de bienveillance et d'intérêt. Cette circonstance, qui a longtemps et profondément affligé un ministre de la Religion fidèle à son devoir, est un exemple, ajouté à tant d'autres, des excès de malice et de scélératesse auxquels peut se porter une personne vicieuse, joignant, à la honte de l'inconduite, la stupidité de l'orgueil et la bassesse de la vengeance. Tant de sentiments si vils devraient, ce semble, arrêter les méchants qui, après tout, ne font que se rendre de plus en plus méprisables aux yeux mêmes de ceux qui paraissent applaudir à leur ignominie! Mais le propre de l'orgueil est d'aveugler ceux qu'il dirige, de leur faire envisager comme des actions remarquables et dignes des plus grands éloges les faits les plus odieux, qui les ravalent au dernier rang dans l'échelle de l'humanité.

Nicolas NOIRET fut chanoine de Toul, il vivait en 1620.

Claude PRY, licencié-ès-lois, fut chapelain

e la chapelle St.-Michel de Blénod, et curé
'Allamps.

Jacques VIVIEN, docteur en théologie, adminis-
a, comme curé, la paroisse de Crépey.

PRY, prêtre, fut supérieur de la maison de Mis-
on des Lazaristes, à Toul.

DE BARANGER, professeur de théologie au sémi-
aire de Toul, jouit du bénéfice de la chapelle
t.-Michel de Blénod.

Si, à une exception près, nous n'avons cité
ue des prêtres dans cette nomenclature bio-
raphique, c'est qu'en effet, depuis HUGUES DES
IAZARDS, l'église presque seule s'est chargée
es illustrations de Blénod. Les relations qui
xistaient entre les premiers dignitaires ecclésias-
iques du diocèse de Toul, et les habitants de ce
ourg dont l'Évêque était seigneur, facilitaient
ingulièrement les études aux jeunes gens, qui,
vec des dispositions heureuses, montraient de la
ocation à l'état sacerdotal (a).
La justice nous fait un devoir d'ajouter que la plu-
art des sujets que Blénod, dans la suite, a fournis
ux différentes administrations, ont dû, soit à un
asteur charitable, soit à quelque ecclésiastique dé-
oué, les premiers éléments des sciences qui sont
evenus le principe de leur élévation.
L'absence d'indispensables ressources, depuis
inquante ans, n'a plus guère permis aux parents peu fortunés de livrer, à des études longues

(a) Voyez la note 20e.

et toujours fort dispendieuses, des enfants dont ils pouvaient, d'ailleurs, espérer les services quotidiens. Si pourtant le sanctuaire, pour ce motif et pour d'autres encore, n'a plus remarqué, dans les rangs de ses lévites, des jeunes gens de Blénod, la médecine, l'armée, le génie civil, la mécanique, ont reçu les services et profité des connaissances de plusieurs. Nous pourrions, sans peine, citer des noms choisis parmi les contemporains ; mais il est des réserves dont un écrivain judicieux ne doit jamais s'affranchir, même dans un ouvrage de spécialité : comme le blâme, la louange a aussi ses écueils.

LISTE DES PRINCIPAUX CURÉS DE BLÉNOD, PAR ORDRE DE DATES, DEPUIS 1454 JUSQU'EN 1843.

Nous avons mis un soin particulier à recueillir les noms du plus grand nombre possible de nos prédécesseurs, et la date de leur administration. Nous avons été assez heureux pour remonter, presque sans interruption, depuis nos jours jusqu'à l'époque de la restauration de notre église. C'est pour nous une grande consolation d'avoir pu conserver à notre paroisse le souvenir des pasteurs qui, pendant plus de trois cents ans, ont travaillé à féconder dans son sein les germes de la foi catholique, dont les fruits font les délices des âmes appelées au bonheur de les goûter ; c'est d'ailleurs un devoir dont l'Apôtre recommande aux enfants de l'Eglise le fidèle accomplissement : « Souvenez-vous, » dit-il en parlant aux Hébreux, « souvenez-vous de ceux qui vous ont été préposés, qui vous ont annoncé la parole de Dieu, et méditant quelle été la fin de leur vie, imitez leur foi : *Mementote præpositorum vestrorum, qui vobis locuti sunt verbum Dei : quorum intuentes exitum conversationis, imitamini fidem.* »

Plusieurs d'entre ces ministres de Jésus-Christ ont pris naissance dans la paroisse même et par ce fait ont droit à un double souvenir, à une spéciale vénération.

Hugues Robin était curé de Blénod en 1454, année de la naissance de Hugues des Hazards. C'est par ce pasteur, sans doute, que fut conféré le baptême à l'enfant qui, devenu prêtre et pontife, a fait le bonheur et la gloire de son pays.

Hugues des Hazards, neveu et probablement filleul de l'évêque de ce nom, était curé de Blénod lors de la mort de son oncle, en 1517.

Jean Pelletier : l'époque de son administration pastorale n'est pas connue; toutefois, il n'a exercé le saint ministère à Blénod qu'après les deux précédents. Il fit don à la fabrique d'un jardin pour la cure, à la charge de faire célébrer, chaque année, deux services pour le repos de son âme.

Dominique de Troussey, natif de Blénod, chanoine de Brixey, doyen de l'archidiaconé de Toul, administrait la paroisse en 1575.

Claude Mengeot, qui a fait son testament en 1636, était curé titulaire dès 1617 ; il mourut vers la fin de 1639.

Nicolas POIREL a succédé immédiatement à Claude Mengeot. Par son testament, qui date du 12 mai 1649, il légua à la fabrique la maison de cure, pour fonder une messe en l'honneur du très-saint Sacrement, laquelle se chantait le premier jeudi de chaque mois. M. Poirel était né à Blénod.

Jean MADRÉ a pris possession de la paroisse, comme curé, le 19 mai 1649.

Didier BOUCHON, dont nous avons esquissé plus haut la biographie, était déjà curé de Blénod en 1670 : il y mourut le 13 février 1686.

Jean BOUCHON, vicaire du précédent, régit la paroisse jusqu'à la nomination du successeur. Il était aussi de Blénod.

DE LANDRIAN était installé en 1687.

Claude LALLEMENT, curé en 1691, est resté jusqu'en 1697.

Joseph HOCQUART n'exerça les fonctions pastorales à Blénod que pendant onze mois.

Jean MARCHAL gouverna la paroisse depuis 1698 jusqu'au 26 juillet 1703.

Claude CLAUDE, de Blénod, fut curé de ce bourg depuis le 26 juillet 1703 jusqu'au 17 décembre de la même année. Il avait été nommé par Mgr. de Bissy, évêque de Toul, qui se croyait en droit de pourvoir à cette cure, sur ce que l'abbé

e St.-Mansuy s'était démis de son abbaye, entre
es mains du roi ; mais M. de Vendôme ob-
erva qu'il n'avait mis son abbaye qu'en économat,
t qu'il conservait la jouissance des prérogatives
ttachées à sa charge, que par conséquent il se ré-
ervait la nomination à la cure de Blénod. M. Clau-
e n'étant point accepté par lui, fut obligé de
e retirer.

Antoine DE COURCELLES, depuis le 17 décembre
1703 jusqu'en 1722.

Joseph-Siméon ROBIN, natif de Blénod, était
ncore curé de cette paroisse le 15 mars 1729. Le
4 septembre 1730, il était installé comme curé
Réméréville.

Antoine DU CHAMOIS, né à Toul, avait pris pos-
ession de la cure de Blénod au mois d'août 1730;
l y resta jusqu'en 1753. Il est enterré dans l'avant-
hœur de l'Eglise, à côté de M. Didier Bouchon.

GRÉGEOIS, de Toul, docteur en Sorbonne, a été
uré depuis le mois de décembre 1753 jusqu'au
nois de juillet 1754.

Claude PAQUIS, de Blénod, a dirigé la paroisse
endant deux mois.

François-Léopold VOSGIEN, chanoine de Vau-
:ouleurs, docteur en Sorbonne, fut installé à Blénod vers la fin de septembre 1754; il y résida jusqu'à sa mort, arrivée le 11 septembre 1776; il avait
alors 52 ans.

M. Vosgien, dont la dépouille mortelle repose dans l'Église de Blénod, est l'auteur du Dictionnaire géographique qui porte son nom, qui a obtenu de si grands succès et qui a servi de base à tant de nouveaux dictionnaires du même genre. Les biographies modernes, omettant le nom du savant curé de Blénod, attribuent encore son *Dictionnaire géographique* à M. Ladvocat, de Vaucouleurs, curé de Domremy, puis professeur à la Sorbonne jusqu'au 29 décembre 1765, date de sa mort. Cependant M. Vosgien n'est pas un simple *prête-nom*; s'il n'est pas l'unique, au moins est-il incontestablement le principal auteur de l'abrégé de l'ouvrage géographique de La Martinière, abrégé, selon Feller, plus exact que le grand Dictionnaire, *avec lequel il n'a presque aucun rapport*. En effet, outre le talent reconnu de M. Vosgien, il existe des preuves matérielles qui doivent lui assurer une réputation dont il n'a eu jusqu'ici qu'une portion trop minime. Le père des Messieurs Bouchon, géomètres, de Blénod, qui a commencé ses études sous M. Vosgien, lui servait de copiste et travaillait sous sa dictée. Cette circonstance remarquable a été signalée par M. Bouchon lui-même, non-seulement à ses fils, mais encore à plusieurs personnes notables et dignes de foi, qui nous l'ont transmise et fidèlement rapportée. De plus, à l'époque de son décès, M. Vosgien possédait encore dans sa bibliothèque les manuscrits de son ouvrage; un habitant de Blénod, nommé Etienne Barbillon, mort depuis, les acheta, pour la somme de 9 francs, à la vente mobilière que firent les héritiers du curé; les descendants de l'acquéreur ne connaissant pas le prix qu'il fallait attacher à des feuilles de papier, couvertes, sans doute, de ratures et de surcharges, ne les ont point conservées.

Claude-Maurice Bénard est le successeur immédiat de M. Vosgien. Obligé de se cacher pendant la tempête révolutionnaire, il reparut à Blénod le 9 floréal an IX de la République, et y demeura jusqu'au 15 nivôse an XI (5 janvier 1803.) M. Bénard est mort curé de Ste.-Geneviève, près de Pont-à-Mousson.

Jacques Jurion n'est resté à Blénod que depuis le 20 janvier 1803 jusqu'au 20 mai de la même année.

Jean-Nicolas Belleau, curé de Bainville et Roville, prit possession de la cure de Blénod le 23 mai 1803; il y demeura jusqu'en 1817 qu'il devint aumônier d'un régiment. M. Belleau est décédé chanoine d'Evreux.

François Thiriot, né à Nancy, vint à Blénod en 1817, au mois de novembre; après vingt années de travaux dans cette paroisse, il en sortit le 18 mai 1837, pour aller se fixer à Leyr. C'est pendant son administration et par lui qu'ont été bénites, le 15 juillet 1827, les quatre cloches de l'église paroissiale.

Pierre-Etienne Guillaume, né à Toul, le 19 février 1803, vicaire à la paroisse Saint-Nicolas de Nancy du 8 septembre 1831 au 1er juin 1834, curé à Faulx pendant trois années, puis installé à

Blénod le 21 mai 1837. Daigne le Seigneur lui accorder les vertus dont il a besoin pour accomplir dignement la tâche qui lui est imposée ! *Illustra faciem tuam super servum tuum, Domine : salvum fac in misericordiâ tuâ!* (Ps. 30).

NOTES

ET

APPENDICES.

NOTES.

Parmi les notes et appendices ci-après, comme parmi les notes qui accompagnent l'*Eloge historique,* il en est plusieurs, sans doute, qui n'offriront pas à tous les lecteurs un égal intérêt, ou qui même paraîtront, à certains d'entre eux, tout à fait inutiles. Nous les prions donc, à cet égard, d'être assez équitables pour en rejeter la faute, si faute il y a, moins sur l'auteur que sur les impérieuses exigences de la Bibliographie, de l'Archéologie et de l'Histoire, auxquelles il a dû quelquefois céder.

Note 1re. — De ce qui est écrit du total (*page 62*).

Hugues, de Toul, postérieur à Hugues Métellés, aussi né à Toul vers l'an 1080, dans son Histoire des Lorrains, parle de l'origine de la ville de Toul en ces termes :

« Le duc des Rémois Friscembault devint le quatrième roi des Belges. Friscembault mourut sur le trône des Belges l'an 639. Son fils Friscembault II lui succéda. Ce jeune prince, excité par les Rémois qui voulaient absolument venger la mort de Rémus leur ancien roi, résolut d'attaquer les Romains avec le secours des Tréviriens et des Sénonais. Numa Pompilius, second roi des Romains, était mort, et Tullus Hostilius, qui avait été élu en sa place, l'an 671 avant notre ère, régnait depuis cette époque et soutenait contre les Latins une guerre qui avait duré cinq ans. Ce prince ayant été instruit du dessein formé contre les Romains, prit conseil de son sénat, et fit demander par des députés, au roi des Belges, un sauf-conduit et une trève de trois ans. Il le priait en même temps d'attendre de plus amples explications pour mettre à exécution ses projets. Cette demande parut juste au roi des Belges, qui l'accorda après avoir pris conseil des grands de son royaume. Alors Tullus Hostilius

» se rendit dans la Gaule avec un grand nombre d'hommes sages
» de sa nation, et voulut d'abord discuter avec les Tréviriens les
» motifs allégués pour lui faire la guerre. Ceux-ci lui défendirent
» d'approcher de leur ville avec sa troupe, mais ils l'engagèrent
» à choisir à une certaine distance un endroit pour y placer son
» armée, après quoi il pourrait s'avancer avec peu de personnes
» pour traiter des objets en question. Les Romains s'établirent au
» pied d'une montagne sur les bords de la Moselle, dans un vallon
» qui s'appelait Leucus, où ils fondèrent une ville à laquelle ils
» donnèrent le nom de Toul que portait leur roi.....» (*Extrait de l'Histoire des Lorrains, etc.*, commentée par M. de Fortia d'Urban.)

Si les différentes origines données aux vieux Leuquois par les auteurs ne sont point exactes, si elles sont d'autant plus obscures qu'elles remontent plus avant dans la nuit des siècles, elles prouvent au moins, d'une manière incontestable, que le peuple du Toulois est très-ancien, soit qu'il descende des Belges, soit qu'il ait les Romains pour aïeux, et que la plupart des localités qui arrondissent la cité mère sont aussi très-antiques.

Note 2°. — M. de Champorcin (*page* 68).

Monseigneur de Champorcin, dernier Evêque de Toul, s'appelait non pas *Xavier* tout court, mais bien Etienne-François-Xavier des Michels de Champorcin. Né au château de Champorcin, diocèse de Digne, en 1721, sacré évêque de Senez le 18 août 1771, transféré et intronisé à Toul le 19 septembre 1774, il mourut à Gagny, près le Rincy, à trois lieues de Paris, le 19 juillet 1807, âgé de quatre-vingt six ans. Il avait émigré pendant la tourmente de la Révolution. A son retour en France, Napoléon lui fit offrir un canonicat à Saint-Denis; la surdité qui affligeait le Pontife ne lui permit pas d'accepter : il préféra se retirer près d'une sœur qui lui restait et terminer sa carrière dans l'obscurité.

Note 3°. — Le Bredaine (*page* 69).

Le *Bredaine* est une salle qui existe encore au-dessus de la voûte de la porte du Château. C'est dans cette salle que se rendaient les officiers de l'Evêque, pour recevoir les plaintes des particuliers et administrer la justice.

Note 4°. — L'Oratoire (*page* 69).

L'Evêque avait, dans son Château, un oratoire particulier. Cet oratoire était placé derrière le chœur de l'église et un peu sur le côté. La maison qui remplace ce lieu de recueillement porte encore le nom de *l'Oratoire*.

Note 5°. — Quatre-Vaux (*page* 72).

Quatre-Vaux, situé, ainsi que nous l'avons indiqué, dans les bois entre Toul, Blénod et Vaucouleurs, est nommé indifféremment en latin *Gadior* ou *Quatuor-Valles*. Là, jadis, de même qu'à Tusey, Sauvoy, Villeroy et Morlay, il y avait apparemment, dit Dom Calmet, une Maison royale pour la chasse, l'endroit étant très-propre pour cet exercice, puisqu'il est entre quatre vallées, qui aboutissent l'une à l'autre au milieu de vastes forêts. Plusieurs assemblées princières eurent lieu à *Quatre-Vaux* (a). C'est là que fut sanctionnée, par acte authentique, entre Albert Ier, empereur d'Allemagne, et Philippe-le-Bel, roi de France, l'union conjugale de la princesse Blanche, sœur de ce dernier, avec Rodolphe, fils d'Albert. Nous croyons utile de citer ici les passages les plus importants de la *Notice de Lorraine* sur cet incident historique.

« L'empereur Albert eut diverses entrevues avec le roi Philippe-le-Bel; mais la plus fameuse est celle qu'ils eurent en 1299. Les deux monarques se donnèrent rendez-vous à Vaucouleurs, sur les confins des deux empires. Ferri, duc de Lorraine, en sa qualité de *Marchis*, alla au devant d'Albert et le conduisit à travers ses états jusqu'à Toul, où l'évêque Jean de Sierck eut l'honneur de le recevoir. Philippe-le-Bel s'était avancé jusqu'à Foug, à une lieue de Toul; et Albert en ayant été informé, lui envoya aussitôt Viefuld, archevêque de Cologne, pour lui faire compliment. L'entrevue des

---

(a) A l'exemple de maints autres princes allemands et français, qui tinrent plusieurs assemblées à Vaucouleurs, pays limitrophe entre la Lorraine, le royaume de France et l'Empire, le roi saint Louis, qui se rendit dans cette ville en 1238, pour y traiter de ses affaires et renouveler ses alliances avec l'empereur Frideric II, ne vint-il pas, lui aussi, visiter la Maison royale de *Quatre-Vaux*, séparée de Vaucouleurs par le court espace de deux lieues seulement? Cette conjecture nous paraît assez vraisemblable.

deux monarques se fit dans une prairie, située entre Toul et Vaucouleurs, en un lieu au milieu des bois, nommé les *Quatre-Vaux*, à cause de quatre vallons qui s'y réunissent.

« Les deux rois renouvelèrent les anciennes alliances entre les deux empires d'Allemagne et de France; et Philippe accorda sa sœur, la princesse Blanche, en mariage à Rodolphe, fils d'Albert, roi des romains. Le mariage fut conclu au même endroit le jour de la Conception de la Vierge, huitième décembre. Dans cette même assemblée, Albert renonça au droit que l'Empire prétendait sur le royaume d'Arles que le roi Adolphe de Nassau avait répété à la France, et Philippe-le-Bel renonça aux prétentions qu'il avait sur la Lorraine et l'Alsace. (D. CALMET, *Notice de la Lorraine*, Tom. II, colonn. 721 - 22.)

D'après le Père Benoît et Dom Calmet, le traité de ratification de ce mariage commence ainsi : *Albertus Dei gratiâ Romanorum rex semper augustus*, etc., et finit par ces mots : *Actum et Datum nobis et Francorum rege præsentibus apud* QUATUOR-VALLES, *die Martis octavâ mensis decembris, anno Domini 1299, indict. XIII, regni verò nostri anno secundo.* — La chronique australe appelle ce lieu GADIOR : *Albertus rex Romanorum et rex Franciæ Philippus cum magnâ pompâ militum apud* GADIOR, *id est,* QUATUOR-VALLES, *amicabiliter convenerunt, ubi prædictus rex Franciæ sororem suam Dominam Blancam filio regis Romanorum Rudolpho copulavit in uxorem, in die Conceptionis B. Mariæ. Hæc facta sunt suprà dicto in confinio regnorum regis Romanorum et regis Franciæ, in prato infrà* TOL *et* GADIOR. (Benoît, p. 85.)

Guillaume de Nangis, dont le témoignage est invoqué par l'abbé de Senones, sous la rubrique de l'année 1299, assure que, du consentement des princes et des prélats du royaume d'Allemagne, les deux rois convinrent que le royaume de France qui jusqu'alors avait eu pour limites de ce côté-là la rivière de la Meuse, s'étendrait dans la suite jusqu'au Rhin. On cite plusieurs auteurs qui avancent la même chose. Mais quantité d'autres disent qu'on résolut de mettre les bornes des deux empires à la Meuse, et que *l'on planta même, par les ordres des deux princes, des BORNES D'AIRAIN bien avant dans terre au ·Val de* LORE, *ou au vallon des* QUATRE-VAUX, *entre Vaucouleurs et Toul; que sur l'un des côtés de ces bornes était gravée l'aigle impériale, et sur l'autre les fleurs de lys, qui sont les armes de France* (a).

« Dans un mémoire manuscrit, composé pour montrer que le Barrois est fief d'empire, on avance que Henry II, roi de France, fit arracher plusieurs de ces bornes, et qu'il les faisait payer à poids d'or à

(a) Annales de St. Denis, 1298.

eux qui lui en apportaient quelques-unes durant les guerres qu'il
eut avec l'empereur Charles V. Plusieurs vieillards témoignent encore aujourd'hui, dit le mémoire dont nous tirons ce détail, qu'ils
ont ouï dire à leurs pères, qu'ils en ont vu en divers endroits des
frontières : et il est constant que M. Dufresnel, Gouverneur de
Clermont, en avait une, qui avait été trouvée dans la forêt de
Clermont, et qu'il conserva longtemps par curiosité.

» En 1386, au mois de mars, Jean d'Arcies, conseillier du roy
et bailly de Vitry, fit des informations sur les bornes du royaume
de France, et il trouva par la déposition des témoins que dans
l'entrevue des deux rois dont on a parlé, on mit des *bornes d'airain* dans la Rivière de Meuse devers Vaucouleurs, Saint-Mihiel
et Verdun. En 1390, on fit encore de semblables informations, et
les témoins déposèrent qu'on avait mis des *bornes d'airain* entre
Toul et Vaucouleurs. Quelques-uns avancèrent même qu'ils les
avaient vues. En 1539, M. Cappel, dans le plaidoyer qu'il fit au
conseil du roi, en présence des princes, avança la même chose, et
que le comte de Bar assista à cette entrevue. Enfin on fit de nouvelles informations sur le même sujet le 14 may 1561. »

(D. CALMET, *ibid.* colonnes 729-30-31.)

M. NOËL, avocat et notaire honoraire à Nancy, dont nous
aurons occasion de citer plus d'une fois l'obligeance à notre égard,
possède dans sa curieuse bibliothèque, riche surtout en pièces
manuscrites, un plaidoyer écrit et prononcé en 1534 pour les
Chanoines de Toul, contre le Procureur général du roy, dans le
but de combattre les prétentions de la France sur une portion du
territoire appartenant au Chapitre de temps immémorial.

A ce plaidoyer est annexé un plan de la Meuse, depuis sa
source jusqu'à son embouchure, avec celui des villes, bourgs,
hameaux, seigneuries qui l'avoisinent, « pour monstrer que notoi-
» rement de tout temps, ce qui est *in notorio facti permanentis*,
» ladite riuiere de Meuse qui n'est flume (a) nauigable, ne faict
» aucune separation des monarchies imperiale et royale comme l'ont
» voulu dire MM. les gens du roy absolute limite. » etc.... Or,
entre autres arguments développés au nom du Chapitre, on trouve
celui-ci, qui justifie complétement les assertions du docte Béné-
dictin sur le fait même de la plantation de bornes ou limites :
« Et audit lieu de Vaudinière y auoit anciennement une *borne
» d'airain* où à present ung lieu appellé yssue du royaulme etc.... »

Ces *bornes d'airain*, destinées, comme on le voit, à servir
de limites séparatives entre divers Etats, étaient, sans nul doute,
de forte dimension, celles surtout qui, plantées dans le lit même

---

(a) *Flume*, pour Fleuve, du latin *flumen*.

de la Meuse, devaient naturellement, pour atteindre le but proposé, dépasser en hauteur le niveau ordinaire des eaux. Il y a dans ce mode de démarcations territoriales, adopté par nos vieux Francs, quelque chose qui rappelle la force et la puissance de l'ancienne domination romaine.

Nous avions espéré que la confection de la nouvelle route de Toul à Vaucouleurs par Blénod, *Quatre-Vaux* et Rigny-la-Salle, révèlerait peut-être l'existence de quelques-unes de ces *bornes d'airain*, enfouies depuis des siècles dans les profondeurs du sol, ou du moins étalerait aux yeux de l'archéologue quelques vestiges des demeures royales anéanties; mais le nivellement du trajet, dans le vallon de Quatre-Vaux, s'étant opéré plutôt par remblais que par tranchées, on conçoit dès lors qu'il n'ait amené jusqu'ici aucune découverte importante.

Quel que puisse être, du reste, le résultat ultérieur des travaux nécessités par cette grande voie de communication, il nous aura été donné du moins de payer un dernier tribut historique au passé de *Quatre-Vaux*, dont la physionomie présente n'éveille pas même un souvenir; et le voyageur, indigène ou étranger, à qui le hasard aura mis ces lignes sous les yeux, y trouvera une preuve nouvelle de l'instabilité des choses humaines, et, ne voyant plus aujourd'hui qu'un moulin chétif sur l'emplacement d'un antique palais, il s'écriera tristement avec nous : *Sic transit gloria mundi;* ainsi passe et s'évanouit la splendeur du monde !

Note 6ᵉ. — Inscription latine (*page* 77).

Nous avons placé Hugues des Hazards le 72ᵉ Evêque de Toul, d'après plusieurs Catalogues imprimés à la fin des rituels du Diocèse; mais, bien que telle soit l'opinion dominante aujourd'hui, nous ne sommes pas néanmoins positivement assurés qu'il ait tenu ce rang. Peut-être même serait-il fort difficile de déterminer d'une manière indubitable et catégorique, à combien de Pontifes Hugues a succédé sur le siége de l'antique Eglise des Leuquois. Plusieurs nécrologes et en particulier le nécrologe pontifical de M. de Laigle, l'inscrivent comme le 75ᵉ; d'autres, ainsi que l'inscription qui décore le portail de l'Eglise de Blénod, le mettent le 67ᵉ. Cette dernière opinion, qui paraît avoir été généralement admise du temps de Hugues des Hazards, nous semble cependant la moins sûre. Ce n'est pas ici le lieu de discuter ce point de chronologie : il est d'ailleurs d'assez peu d'importance pour nous, puisque nous avons la date précise de la naissance, celle de la mort et la durée de l'épiscopat de notre illustre Prélat.

NOTE 7°. — La variété des ornements (*page* 81).

Une analogie trop frappante existe entre le tombeau de Hugues des Hazards et le mausolée du duc René II de Lorraine, qui se voit dans l'église des Cordeliers, à Nancy, pour qu'on ne soit pas autorisé à attribuer au même ciseau ces deux remarquables monuments. Le plan, dans son idée principale, est le même; la distribution ne diffère guère; à la richesse près, qui brille plus vivement dans le tombeau du Prince, les détails se reproduisent presque identiques dans celui de l'Evêque et présentent des traits d'une ressemblance parfaite.

Nous n'oserions dire que la main de Ligier Richier se soit promenée sur ces deux morceaux d'un admirable travail; mais nous accuserait-on de témérité, si nous avancions que le souffle de son génie s'y est fait sentir, qu'il a fécondé la pensée du sculpteur, son contemporain, qui en gratifia la Lorraine, que peut-être de sa propre bouche, ils ont reçu des applaudissements et qu'il les a consacrés par une éclatante approbation?

Nous ne faisons ici que hasarder, bien timidement, une simple conjecture; nous souhaitons, de la manière la plus vive, qu'un tel rapprochement puisse éveiller la sagacité des hommes de l'art, et contribuer à tirer de l'oubli le nom d'un artiste qui ne peut que figurer avec honneur dans les Annales de notre pays.

NOTE 8°. — Un petit monument à deux colonnes (*page* 88).

Mutilé à l'époque de la Révolution, ce monument, d'une sculpture délicate et achevée, qui rappelle le style *Renaissance*, avait perdu l'inscription qu'auparavant il encadrait: conservée par un des membres de la famille Robin, cette inscription nous fut remise en 1840, avec autant d'empressement que de politesse; nous l'avons replacée en son lieu, après avoir restitué au monument les colonnettes qui l'ornaient et l'avoir surhaussé de la croix en marbre qui en fait le couronnement.

L'écusson vide, qu'entourent au bas de ce souvenir funèbre deux guirlandes de fleurs, était rempli par une tête de mort, que le fanatique marteau des sans-culottes n'a pas épargnée. En l'effaçant tout à fait, nous avons enlevé un objet qui faisait mal à voir, nous avons fait disparaître une ruine.

Note 9e. — L'éclat de ses vertus (*page* 96).

On lit dans la chapelle de Saint-Euchaire, bâtie près de Pompey, au lieu appelé les Tombes, une inscription latine que les caractères avec lesquels elle est formée font remonter au 13e siècle, et dont voici la traduction : De l'illustre et catholique famille de Bacchius et de Lientrude, sont sortis les nobles et saints personnages dont les noms sont écrits ci-dessous, savoir : saint Euchaire, saint Elophe, sainte Libaire, sainte Suzanne, sainte Menne, sainte Ide et sainte Gontrude. Puissions-nous, par leurs dignes suffrages et leurs glorieux mérites, leur être associés dans les cieux! Ces bienheureux furent immolés par le glaive de Julien.

Note 10e.—Une quantité de pain qu'il avait déterminée (*page* 104).

Pour acquitter, envers l'insigne bienfaiteur de la paroisse, la dette de la reconnaissance, malgré l'anéantissement de sa fondation, messieurs les curés de Blénod ont toujours célébré, chaque année, avec toute la solennité possible, le lundi qui suit immédiatement le 14 octobre, l'anniversaire de la mort de Hugues des Hazards.

Annoncée par les cloches sonnant à grande volée, la cérémonie funèbre commence la veille, par le chant des vêpres des Morts ; elle se continue, le lendemain, par les vigiles, la messe solennelle, et se termine par les obsèques pendant lesquelles le clergé va répandre l'eau sainte sur la cendre de l'Evêque bienfaisant. La population, en grand deuil, se joint à son pasteur et vient, avec un empressement remarquable, prendre part à cet acte de haute piété.

Nous avons en notre possession une copie de l'acte authentique par lequel Hugues des Hazards a acquis, moyennant une somme de mille francs payée à la ville de Toul, une rente annuelle de trente francs, pour solder les frais du service qu'il avait fondé dans l'église paroissiale de Blénod. Cette copie a été transcrite et collationnée le 12e février 1688, sur l'original, qui portait la date du pénultième jour de janvier 1513. (Voyez, ci-après, l'*Appendice* n° 4.)

A l'imitation du *Bon-Père*, qui leur avait légué en mourant de si nobles exemples, un grand nombre de personnes de Blénod, ainsi que nous l'avons dit dans le cours de cet ouvrage, avaient doté la paroisse de pieuses fondations, malheureusement anéanties sous le régime révolutionnaire. Parmi celles dont le souvenir est arrivé jusqu'à nous, nous croyons devoir encore mentionner la suivante :

Par acte passé devant M⁰ Aubry, tabellion, garde-notes de l'Évêché et Comté de Toul, résidant au bourg de Blénod, et accepté par Monsieur Antoine Chamois, prêtre, promoteur rural, curé de Blénod, le 18 décembre 1735, Claudette Gand, veuve de Nicolas Martin, vivant laboureur à Blénod, a offert et légué à la fabrique de Blénod, six cent dix-neuf livres tournois, au cours de Paris, « pour fonder en l'Eglise de Blénod douze Messes hautes du très-saint Sacrement de l'autel, avec exposition et Bénédiction du très-saint Sacrement, pour y être dittes et célébrées à perpétuité, une tous les deuxième jeudi de chaque mois, avec les cérémonies, prières et sonneries accoutumées. »

Expédition de cet acte sur parchemin est conservée aux archives de la paroisse de Blénod.

Suivant les notes restées aux archives de la paroisse et signées *Benoist*, dans le courant de l'an 1787, il appert que la grande communication qui, de Blénod, rejoint, en traversant Gye, l'ancienne voie romaine, et dont nous faisons mention à la page 106, a été payée, en partie, avec les fonds de la charité de Blénod, alors en dépôt chez M⁰ Conrard, notaire à Toul.

Il nous a paru convenable de ne pas laisser dans l'oubli cette circonstance, qui révèle l'enlèvement aux pauvres d'une somme nette de *cent louis*.

NOTE 11ᵉ. — La prospérité de l'État (*page* 106).

Comme nous, assurément, nos ancêtres étaient loin de la perfection, puisque la perfection n'habite qu'en Dieu seul ; ils avaient leurs défauts et leurs faiblesses, comme nous avons nos faiblesses et nos défauts ; mais ils possédaient au fond cet esprit de foi qui, après des fautes graves, après un temps plus ou moins long d'erreur, éveillait en eux le remords, et les ramenait à la vertu. Chez nous, au contraire, l'oubli des plus saints devoirs est passé à l'état de permanence ; la conscience n'entend plus, elle étouffe la voix du remords ; la pensée de Dieu n'est que transitoire ; la crainte de ses jugements est nulle. Si les convenances, le caprice ou la curiosité invitent à quelque acte religieux, le cœur y demeure étranger, n'en tire aucun profit spirituel et conserve, au sein de la famille, au milieu des objets les plus chers, cette sécheresse de sentiments qui est pire que la mort. Entre eux et nous la différence est immense, et pourtant facile à saisir.

Note 12ᵉ. — Si peu d'accord entre eux (*page* 120).

Si grande que soit la réserve avec laquelle nous avons traité la géologie de Blénod, il est très-probable, il est même certain qu'aux yeux des savants, nous aurons écrit plus d'une hérésie sur la matière. Nous leur en demandons sincèrement pardon nous leur confessons notre ignorance d'une science qui d'ailleurs est encore au berceau. Nous ajouterons même que les démentis réciproques que nous avons entendu se donner des géologues réputés de première force, nous ont fait croire un peu à l'arbitraire qui existe dans les différentes nomenclatures des fossiles, et nous ont poussé, peut-être, à quelque témérité. Dans tous les cas le mal ne sera pas grand; nous laissons volontiers à chacun la latitude de donner tel nom qu'il lui plaira, aux fossiles qui forment notre modeste cabinet, comme à tous les fossiles qui se rencontrent soit à la surface soit dans les entrailles de la terre. Nous offrons, par avance, nos remercîments sincères aux personnes généreuses qui auront la bonté de redresser nos errements.

Un géologue fort distingué, M. Jammes, capitaine au 52ᵉ de ligne, qui a eu le loisir d'étudier les terrains de nos contrées, lorsqu'il se trouvait en garnison à Toul, et auquel nous avons soumis notre humble essai ainsi que les réflexions précédentes, a bien voulu répondre à notre appel en nous communiquant la note suivante sur les stratifications du sol à Blénod et aux environs.

» Le *Coral-Rag* des Anglais, calcaire corallique de Brongniart, constitue le terrain de la commune de Blénod; sa puissance est considérable et on peut l'évaluer à une centaine de mètres d'épaisseur, et même davantage. En effet, le bourg de Blénod est à peu près à 250 mètres au-dessus du niveau de la mer, et la côte qui le sépare du village de Mont-le-Vignoble a 398 mètres de hauteur absolue. L'espace compris entre ces deux points appartient au *Coral-Rag* ou à ses calcaires subordonnés. Mais il est difficile de pouvoir distinguer la séparation de ce terrain d'avec l'assise de l'argile d'Oxford qui lui est immédiatement inférieure, à cause des terrains d'alluvion et d'éboulement qui recouvrent le vallon à une assez grande épaisseur. On ne commence à voir le terrain de l'*Oxford-Clay* qu'aux environs de Crésilles et à une très-petite différence de niveau. Le *Coral-Rag* suit une direction générale u nord au sud : au nord, il constitue les hauteurs de Charmes et Domgermain, et, de l'autre côté du val de l'Ingressin, celles de Bruley, etc.; au sud, il forme les côtes de Bulligny, Allamps, Maulxures, etc.

» La hauteur du sol, au sud de Blénod, dans le grand bois et à l'est de la Chapelle de Sainte-Menne, s'élève jusqu'à 423 mètres.

» Ce terrain est très-abondant en fossiles, et quelques-uns d'entre eux sont d'une parfaite conservation, notamment la *terebratula ventricosa* que l'on trouve sur le plateau au nord de Blénod. La *Gryphœa gigantea* y est nombreuse ; il n'en est pas de même des ammonites, qui s'y montrent rarement.

» Les polypiers, les radiaires et les amclides y sont abondants. Pour le détail des espèces, on peut s'en rapporter à la liste imprimée dans le texte, sauf quelques modifications.)

» Nous ne diviserons pas le groupe du *Coral-Rag* en plusieurs sous-groupes, comme ont cru devoir le faire quelques géologues de la contrée. Ce procédé ne sert qu'à entraver les progrès de la science, qui ne s'accroît et ne prospère que par les simplifications. D'ailleurs, dans le terrain qui nous occupe, les stratifications ne sont pas assez distinctes pour qu'on puisse les séparer rationnellement. »

NOTE 13e. — Cette sorte de lutte (*page* 124).

A Toul, celui qui avait percé l'oiseau, 1° recevait une médaille en or, portant cette inscription : *La ville de Toul reconnaissante;* 2° obtenait l'exemption de logement militaire, exemption qui était plus ou moins étendue, selon le nombre de fois que le vainqueur avait percé le coq. Ainsi, la première fois, l'exemption durait un an ; la deuxième fois, deux ans ; la troisième fois, elle durait autant que la vie du vainqueur, qui était en outre affranchi de toute contribution.

(*M. l'abbé Morel, Notice sur la Cathédrale de Toul,* p. 54.)

Dans une copie manuscrite, extraite du registre de l'Hôtel de Ville de Toul, communément appelé le *Livre jaune*, nous avons trouvé, sous la rubrique des *Droits appartenant à la mairie de Toul*, la mention suivante d'une ancienne servitude à laquelle était assujettie la communauté de Blénod :

« Item, le Maire de Blenod, assisté de douze arquebusiers, est tenu par chaquun an le jour de la saint Mansuy qu'est la foire à Toul venir trouver ledit Maire de Toul, et s'en vont avec le sergent de Tombel en la Prairie de saint Mansuy faire cryer par son sergent la foire au nom du Seigneur Eveque, et sont tenus lesdits de Blenod garder ladite foire jusques aux vepres, toutes les rentes qui se payent se partagent par moitié scavoir la moitié pour ledit Maire de Toul, et l'autre moitié pour les officiers du S. Abbé dudit saint Mansuy, et est tenu ledit Maire de Toul de donner auxdits de Blenod deux francs. »

(*Bibliot.* de M. NOËL, notaire honoraire à Nancy.)

NOTE 14e. — Une forte rançon (*page* 133).

Les Partisans de la Hollande, sous la conduite d'un nommé De Rosiers, et ceux du Brandebourg, à la tête desquels marcha Lejeune, s'étant réunis en 1709, vinrent entre cinq et six heures du soir, au temps de la fenaison, à Jaillon et à Francheville, qu'il incendièrent. S'étant saisis du sieur Henry, curé de Francheville ils l'emmenèrent prisonnier dans la forêt de Punerelle, aux environs de Pont-à-Mousson. M. Claude, de Blénod, alors curé Domêvre-en-Haie, ayant eu connaissance de cet incident, partit en toute hâte, paya la rançon de son infortuné confrère, et le ramena dans sa paroisse.

NOTE 15e. — L'inévitable désastre (*page* 149).

La continuité déraisonnable du travail est préjudiciable au travail même et à son objet. Un homme, si courageux qu'on le suppose, quand il ne prend pas son repos selon que le lui indiquent la nature et la religion, finit par se lasser; il perd le goût qu'auparavant il avait à s'occuper, son ouvrage lui pèse davantage, il le commence plus tard, il le quitte plus tôt, il le confectionne avec moins d'ardeur, il ne l'achève pas. Cet ouvrage, par conséquent demeure imparfait. S'il est question de la culture, la terre, superficiellement remuée, ne produit pas ce que, mieux travaillée, elle aurait pu rendre; la récolte se fait maigre, il n'y a d'augmentation qu'en découragement. Les connaisseurs assurent, qu'à la seule inspection des terrains, il est facile de distinguer le champ du propriétaire intelligent et chrétien, de celui du cultivateur qui travaille en tout temps, sans respect pour aucune loi.

NOTE 16ᵉ. Intronisation de HUGUES DES HAZARDS sur le siége de Toul (page 152).

» L'an 1506, dit la *Chronique de Lorraine*, deux nobles et honorables personnes chanoines de S. George, par la grâce de Dieu, [l']un fut EVESQUE DE TOUL, *lequel estoit de Blénot natif*, et (l'autre) suffragant, du Pont-à-Mousson estoit natif ; les Abbez et [le]s autres qui Presbtres vouloient estre au lieu de Nancy, en [E]glise de S. George leurs ordres et toutes dignitez ils prenoient. [Le]s petits Clercs y estoient tonsurez. » (D. CALMET, *Hist. de [Lo]rraine*, tom. 7ᵉ. *Preuves*, fol. cxij.)

A peine monté sur l'antique siége de St. Gérard, HUGUES DES [H]AZARDS inaugura ses fonctions épiscopales en Lorraine par des [ac]tes de la plus haute importance. Immédiatement après la mort [de] René II, arrivée en 1508, il présida les diverses assemblées des [tr]ois-Etats, composés de la noblesse, du clergé et du peuple, et [pr]it part à leurs délibérations; il proclama le prince Antoine hé[rit]ier de la couronne ducale, assista à sa prise de possession et [re]çut, à Nancy ainsi que dans la Cathédrale de Toul, son serment [so]lennel de bien et loyalement gouverner ses sujets et sa province. [(V]oyez, pour plus de détails, l'*Appendice* nᵒ 9, à la fin du volume.)

Sous l'épiscopat, et sans doute aussi sous la bienveillante pro[te]ction de HUGUES DES HAZARDS, ami des sciences et des [let]tres, et le Mécène intelligent de ceux qui les cultivaient, *(a)* [fleu]rissait le célèbre Pérégrin, ou le Voyageur, natif d'Angers, et [ch]anoine de Toul, auteur d'un Commentaire inédit sur la géo[gr]aphie de Ptolomée, et d'un Traité de la Perspective, imprimé [po]ur la première fois en 1505, à Toul, où il mourut le 1ᵉʳ février [15]23.

Dans un extrait des mémoires manuscrits de Louis Machon, [ar]chidiacre de Port et chanoine de Toul, dont parle le P. Benoît, [pa]ge 605, lequel, à ce qu'il paraît, avait le projet d'écrire l'his[to]ire de cette dernière ville, nous avons trouvé sur Pérégrin la [no]te suivante, que nous reproduisons textuellement :

« En l'an 1509, Pérégrin, *aliàs Viator*, chanoine de la cathé[dr]ale de Toul, fit imprimer à Toul, un livre de la Perspective [av]ec les figures, en latin et en françois, lequel livre j'ay auprès de

---

(a) Symphorien Champier lui donne ces honorables épithètes : *[v]irorum doctorum observantissimus et amantissimus* Voyez, à cet [ég]ard, les citations latines de l'*Appendice* Nᵒ 9).

moy; ce Péregrin avoit été secrétaire du Roy Louis XI*e*. par l'espace de six ans, et a fait un éloge en l'honneur de ce Roy, de l'an 1484, écrit à la main, dedans une grande feuille de parchemin, lequel j'ay aussi....................

» Ce même Péregrin a commencé les cartes de Ptolomée, qu'il laissa écrites de sa main dans le Thrésor de l'Eglise cathédrale de Toul, en un grand volume in-folio, qui est le véritable original ; je ne crois pas que ce livre soit imprimé, quoyqu'il le mérite bien. Il finit son ouvrage par ces rimes et par cette Epigramme :

Memoriale monimentum,
In Christi nomine,
Fœnum cum spinis et vento rejicere,
Almæ virtuti operam dare,
Hodiè et cràs et semper benefacere,
Confidere in Domino quàm in homine.

Epigramma termini.

In libro vitæ conversum scribe, Redemptor,
Deque Peregrino faciat tua gratia civem.

avec une grande coquille enluminée de bleu au-dessous.

» Ce livre étoit ferré comme une porte de ville, avec une grosse serrure qui fermoit à clef. Je l'achetay de M*rs* du Chapitre, avec tous leurs autres livres, qu'ils furent contraints de vendre, tant à cause des malheurs des temps qu'à cause qu'ils se perdoient tous, les chanoines les prenans et se les appropriant ; je payai de cette Bibliothèque six cents francs. J'envoyay ce Ptolomée avec quelques autres manuscrits, à Mgr. Pierre Seguier, chancelier de France, auquel j'avois de très-particulières obligations qu'y faudra spécifier icy, avec un éloge à la mémoire de ce brave et généreux Seigneur. »

(*Bibliothèque de M.* Noël, *notaire honoraire à Nancy,* Carton contenant plusieurs pièces relatives à la ville et au diocèse de Toul.)

Le Traité de Péregrin sur la perspective a été publié sous ce titre : De artificiali perspectiva Viator. — *Impressum Tull. anno catholicæ veritatis quingentesimo quinto supra millesimum. Solerti opera Petri Jaçobi presbyteri incolæ pagi sancti Nicholai.*

Cet ouvrage, qui forme un volume petit in-folio avec figures de perspective gravées en bois au simple trait, a été réimprimé à Toul par le même Pierre Jacobi, en 1509 et 1521. Il est aujourd'hui presque introuvable. — On peut, au surplus, consulter l'intéresnte description qu'en donne, d'après l'exemplaire de la bibliothèque de l'Arsenal, M. BEAUPRÉ, à qui nous devons ce renseignement bibliographique, dans ses *Recherches sur les commencements les progrès de la typographie en Lorraine et dans les Trois-Evêés*, dont il continue en ce moment la publication.

Voici l'épitaphe de Jean Péregrin ou Pélegrin, comme l'appelle . Calmet, telle que nous l'a conservée le P. Benoît dans son *istoire de la ville et du diocèse de Toul*, page 605. Louis Ma- ion, dans l'extrait que nous publions de ses mémoires, rapporte e cette inscription tumulaire était placée dans la Cathédrale de oul, à côté d'une porte qui conduisait au cloître, près de la tour .-Etienne, vulgairement nommée le *Gros-Clocher*.

Venerabili D. Ioanni Peregrino olim viatori Andegavo, hujus clesiæ canonico, regio quondam secretario, perspectivæ artis acussimo indagatori, doctriná et moribus perspicuo, virginumque rtutum fulgore clarissimo. Robertus Ioannetus etiam canonicus, scipulus benefactori suo posuit, 1523. *Prima februarii.*

« A la mémoire de vénérable maître Jean Péregrin, originaire e l'Anjou, Chanoine de cette Eglise, jadis secrétaire royal, très-bile investigateur de l'art de la perspective, qui se distin- ia par la profondeur de sa science, la pureté de ses mœurs, l'eclat des vertus virginales qu'on vit briller en lui. Robert annet, son élève, aussi Chanoine, a fait ériger ce monument à n bienfaiteur, le premier jour de février 1523. »

Ce docte Chanoine avait, au rapport de D. Calmet, composé et it graver sur une lame de cuivre, qui se voyait près du tombeau e St. Mansuy, premier Evêque de Toul, les vers suivants :

« Ici dessous fut mis gésir en terre
» S. Mansui, disciple de S. Pierre,
» Qui suscita par dévote priere
» Le fils du Roi noyé en la riviere,
» Et la Cité et le Pays convertit
» En un seul Dieu, Pere, Fils et S. Esprit,
» Lequel veüille garder notre saison,
» Nos ames, corps, biens, labeurs et maisons,
» Et nous mener par bonne et longue vie
» Au vrai salut et liesse infinie. Amen. »

Ioannes Peregrinus viator posuit an. 1512.

La date de cette inscription témoigne évidemment qu'elle fut omposée à l'occasion de la translation des reliques de St. Man- uy, cérémonie que présida HUGUES DES HAZARDS en personne, ainsi que nous l'avons rapporté, d'après le Père Benoît, à la page 59 de notre Notice.

Le tombeau en pierre où le premier Evêque de Toul est représenté de grandeur naturelle, en habits pontificaux, ayant à ses pieds l'enfant qu'il avait jadis miraculeusement sauvé des flots, fut confectionné, sans aucun doute, par les ordres de Hugues, qui déjà avait réédifié en grande partie le monastère de St. Mansuy, dont il était resté abbé commandataire. Ce monument d'ailleurs, qu'on voit encore aujourd'hui dans un caveau de l'ancienne abbaye, et dont M. Désiré Thiéry a donné le dessin dans son Histoire de Toul, offre tant de ressemblance avec le mausolée de Blénod, qu'en révélant le ciseau d'un même artiste, il autorise et change presque en certitude notre conjecture, déjà fortifiée par la haute vénération que professait Hugues des Hazards envers son illustre prédécesseur St. Mansuy.

Note 17e. — Affaires du comté de Provence (*page* 153).

A l'instigation de Palamèdes Forbin, seigneur de Solcère, René Ier, par testament, institua son héritier particulier au comté de Provence, Louis XI et ses successeurs rois de France. René II, se fondant sur les anciens statuts de Provence qui ne permettaient pas qu'il pût être disposé du comté par le Prince régnant en faveur d'un Prince étranger, soutenait de nul effet la donation testamentaire de son aïeul maternel, et revendiquait la possession de la province en litige, comme un légitime héritage.

(Pasquier, *Recherches de la France.*)

Note 18e. Assistance de Hugues des Hazards aux cérémonies religieuses (*page* 154).

Sincèrement dévoué à sa haute mission, et convaincu qu'en sa qualité de chef spirituel, le premier pasteur doit partout et toujours, autant qu'il est en lui, donner par l'édification l'exemple à son troupeau, Hugues des Hazards se faisait un honneur et un devoir de présider les grandes solennités religieuses non-seulement à Toul, dans le siège même de son épiscopat, mais quelquefois aussi en d'autres cités de sa juridiction, et notamment à Nancy, capitale des Etats lorrains et résidence habituelle des Princes.

Voici ce qu'on lit, à ce sujet, dans la *Chronique de Lorraine*, sous l'année 1512 :

« L'an 1512. Le jour du Sainct Sacrement une notable Procession fut faicte à Nancy : trois Evesques y estoient pourtans Mytre ; Monsieur de Toul (a) pourtoit *Corpus Domini*, Monsieur le souffragant après (b), et Monsieur de Sainct Epvre (c). Le Duc Anthoine et toute sa Noblesse, accompagnié de plusieurs Comtes, Barons, Chevaliers et Escuyers, Bourgeois et Bourgeoises, ladicte Procession plaisante estoit. »

Note 19e. Mort de Hugues des Hazards (*page* 156).

L'année qui précéda la mort de Hugues des Hazards fut signalée par une sécheresse extraordinaire et par d'excessives chaleurs qui engendrèrent une grande mortalité à Toul et dans les pays voisins. Les malheurs publics qui en furent l'inévitable résultat, fournirent sans doute au *Bon Père* une dernière occasion de déployer sa charité sur la terre envers ses nombreux enfants, avant d'aller en recevoir au ciel l'immortelle récompense.

La *Chronique de Lorraine* s'exprime, à cet égard, dans les termes suivants :

« L'Esté de l'an 1516, depuis avril jusques en octobre, fut si hault, que on eut les foings en juing, les bleds en juillet, et les vins au commencement de septembre : mais peu y eut de bled et vins, tous les foings furent bons, par lesdictes grandes chaleurs, en plusieurs lieux cheute la fouldre ; spécialement tout le ban de Verney fut gastez, et en plusieurs aultres lieux, et y eut *grande mortalitez* en plusieurs lieux, *principalement à Toul :* Dieu par sa saincte grâce veuille avoir pitié et mercy des trespassez.

» Ledit esté fut si sec que jamais on ne vit les ripvières si courtes, car jamais ne veit-on vendre tant de poissons en esté comme on feit en cestuy, car tous les vendredy, sabmedy et jeusnes en en avait à bon marchié, et eut on trouvez à Nancy, quatre ou cinq que chers que cherettes toutes chargiées de poissons, et se vendoit à bon prix. Les ponts des ripvières estoient bien aysez à refaire audit estez. L'hyver fut fort pluvieux, dont les eaues furent toujours grandes. (Dom Calmet, *ibid.* col. cxlvij. Texte comparé avec la chronique manuscrite de M. l'abbé Marchal, signée Parisot, *Margulier à Haillecourt, l'an* 1604).

(a) Hugues des Hazards, évêque et comte de Toul.
(b) Nicolas de Ligny, Dominicain.
(c) Guillaume Gauthier, abbé de St.-Epvre de Toul.

Note 20°. Vocation à l'état sacerdotal (*page* 167.)

Une espèce de *factum* ou mémoire inachevé, retrouvé dans des liasses de papiers par M. Colin, ancien libraire à Nancy, qui nous en a donné avis et communication, constate l'existence d'un clerc, natif de Blénod, nommé François Drouin de la Bussière. Ce clerc, né le 2 juin 1681, ainsi que nous l'avons vérifié sur l'ancien registre des actes de naissance déposé à la mairie de la Commune, était fils de Claude Drouin de la Bussière. Dans le *factum* dont nous venons de parler, qui se compose de trois pages in-folio et semble écrit en entier de sa propre main, François Drouin expose que : après avoir reçu la tonsure en 1695, des mains de Monseigneur de Bissy, puis étudié la théologie à Toulouse en 1706, il fit, en 1709, ses études de droit à Paris où il obtint le grade de licencié, et passa enfin un an au séminaire de Toul, en 1723 et 1725. Les *quatre moindres*, ou ordres mineurs, lui furent donnés en 1723 par Monseigneur Bégon, alors évêque de Toul. Il raconte en outre que, s'étant présenté en 1725, et plusieurs fois depuis, pour être admis au sous-diaconat, ce prélat différa son admission, voulant, disait-il, l'éprouver ; et qu'après avoir eu recours au Métropolitain de Trèves et à la congrégation des Evêques réguliers de Rome, il obtint de cette dernière un bref où l'évêque de Toul était prié de faire connaître les causes de refus des saints ordres à l'égard du suppliant. Drouin de la Bussière ajoute qu'il a notifié ce décret à M. Bégon, en 1729, et qu'il est, de plus, muni de certificats de bonne vie et mœurs, à lui délivrés par les maires et gens de justice de Blénod, ainsi que par un vicaire dudit lieu, et légalisés par le curé qui était alors M. Joseph-Siméon Robin. Là finit le document en question. Quel fut le résultat de ces dernières démarches tentées auprès de Monseigneur Bégon ? Quel était le véritable motif de la persistance de ce pieux pontife à refuser au suppliant les ordres sacrés ? Et que devint finalement ce François Drouin de la Bussière ? nous ne saurions le dire ; et si nous avons jugé à propos de le mentionner dans cet ouvrage, sans savoir au juste si le blâme ou la louange doit s'attacher à son nom, c'est à la fois pour confirmer ce que nous avons dit du grand nombre de jeunes gens de Blénod qui, jadis, s'adonnaient aux fortes études, et pour fournir aux investigateurs quelques détails historiques touchant un mystérieux personnage, sur lequel viendront peut-être un jour, à nous-même ou à d'autres, des renseignements ultérieurs plus complets.

APPENDICES.

APPENDICE N° 1.

Malgré la solidité avec laquelle fut construite l'église de Blénod, elle a exigé, à différentes époques, de fortes réparations, principalement aux voûtes. La plus importante a eu lieu en 1734, d'après la visite faite par le frère Nicolas Pierson, célèbre architecte de l'ordre des Prémontrés, et le devis qu'il dressa. Des crampons de fer furent mis de chaque côté des nervures des arcs doublaux et des ogives, à l'endroit des jointures ouvertes. Pour donner aux gros murs plus de solidité, on plaça des *cours d'assises* en pierres de taille, à un pied au-dessous du sol jusqu'à la hauteur du socle qui forme la base des pilastres adossés à ces murs.

L'adjudication de ces travaux fut laissée au sieur Charles Oger, tailleur de pierres à Gibaumeix, pour une somme de neuf cent trente livres tournois, argent au cours de Paris.

Quarante ans après cette importante opération, c'est-à-dire en 1777, l'intérieur de l'église fut badigeonné par Jean-Baptiste Sally, qui reçut pour salaire 395 livres 5 sous.

Enfin, dans les années qui précédèrent la Révolution, des dépenses considérables furent faites par la Commune pour réparer la couverture de l'église d'un bout à l'autre. Les ardoises et les planches qui les supportaient furent en grande partie renouvelées.

Depuis cette époque, le monument a été entretenu, autant que l'ont permis les ressources de la caisse municipale; mais les charges de la Commune d'une part, et, de l'autre, les pertes de fonds qu'elle a essuyées, ont empêché l'administration, malgré toute sa bonne volonté, de faire ce qui était nécessaire, en sorte qu'aujourd'hui, les réparations à effectuer sont considérables et se montrent, chaque jour, plus urgentes.

L'intérieur de l'église est devenu plus élégant et plus majestueux qu'autrefois il n'était.

Un Christ, de grandeur naturelle, suspendu à la voûte par une forte chaîne, et soutenu, à la base, par une poutre lancée d'une corniche à l'autre des piliers en avant du sanctuaire, coupait en deux la grande nef et, avec le lutrin, dont les accessoires lui servaient comme de soubassement, présentait à la vue un aspect désagréable. En plaçant aux fonts baptismaux ce crucifix, en disposant pour le chœur deux stalles parallèles, nous avons rendu à l'édifice son harmonie et, par là même, sa primitive beauté.

La tribune de l'orgue, soutenue par quatre montants grossièrement travaillés, débordait le tambour à plus d'un mètre de hauteur, et s'avançant à peu de distance des piliers, rendait l'entrée de l'église sombre, maussade, et rompait le coup d'œil. En ne formant qu'un tout de ces deux pièces, en appuyant contre les montants qui supportent la tribune, la menuiserie du tambour, menuiserie fort bien confectionnée et qui date de 1758, nous avons consolidé l'une et l'autre, nous avons dégagé l'entrée de l'église, et ménagé, à celui qui visite l'édifice, la satisfaction d'en saisir, tout d'abord, l'ensemble intérieur.

En assurant à la fabrique de l'église, sur le produit de la Voivre, un revenu fixe et annuel, le conseil municipal nous permet d'espérer que, dans peu d'années, il nous sera donné de rendre à notre église, si non la richesse, au moins la décence et la propreté qui, depuis sa fondation, l'ont fait constamment distinguer entre toutes les paroisses du diocèse.

Nous avons parlé, à la page 94, d'une statue de la Ste. Vierge, envoyée de Toul à la paroisse de Blénod. Cette statue a deux mètres de hauteur. La Vierge tient entre ses bras l'Enfant Jésus, soutenant d'une main le globe du monde. Toutes les draperies ont été dorées au burin. Cependant ce morceau de sculpture a peu de grâces. Il est, en général, trop massif; la figure de Marie, celle de son divin Fils, sont sans expression, sans délicatesse de traits; l'ouvrier, songeant, sans doute, que son ouvrage était destiné à n'être vu que de loin, semble, en conséquence, n'avoir visé qu'à l'effet.

De chaque côté de cette Vierge, posée sur un piédestal de soixante centimètres de hauteur, sont placées, chacune sur un socle de même élévation, deux statues anciennes, conservées comme monument d'art. Elles sont en pierre, et nous avons cru les devoir bronzer, pour faire disparaître les mauvaises couleurs dont auparavant on les avait bariolées. L'une d'elles représente saint Médard, patron de la paroisse; il est assis dans une espèce de fauteuil, ayant la main droite élevée, comme pour bénir, et tenant de la gauche sa crosse épiscopale. Il est revêtu de la chappe et porte la mitre. Cette statue, qui est antérieure à l'église, a de hauteur un mètre quinze centimètres.

L'autre statue, de même hauteur que la précédente, figure un personnage debout, tenant entre ses mains un livre ouvert. Il porte sur sa tête une tiare, et cependant il ne soutient, de son bras, qu'une crosse épiscopale. Au bas, est gravé, en lettres gothiques, profondément incrustées, le nom suivant qui nous paraît être plutôt celui du sculpteur que celui du personnage représenté: C. Coulin.

On voit, sur l'autel de St.-Nicolas, une statue de ce saint, en pierre blanche et de moyenne proportion; la sculpture, quoique moderne, en est bonne; un œil exercé pourrait bien y retrouver quelque chose de l'habile ciseau de nos fameux sculpteurs lorrains, les Bagard ou les Adam. Les petits enfants qui jouent dans la cuve, aux pieds de l'Evêque de Myre, sont surtout remarquables par la beauté des formes, la naïveté de l'expression, et la grâce naturelle des mouvements et des poses. Il est fâcheux qu'on ait refait en bois les mains du principal personnage.

Ainsi que nous l'avons fait observer, pages 79 et 80, les légendes et inscriptions qui ornaient jadis les vitraux de l'église, dont elles indiquaient les sujets avec la date de leur confection, le nom des divers donateurs qui en avaient fait hommage, et probablement aussi celui des artistes qui les avaient exécutés sous leurs ordres, ont presque entièrement disparu, mutilées par l'injure du temps ou de la main des hommes. On n'en retrouve plus que quelques rares vestiges. Sur le grand vitrail, au-dessus de l'autel Saint-Nicolas, on lit encore cette mention: LA CONFRÉRIE ST.-NICOLAS A DONNÉ CESTE VERIERE... Sur un autre on découvre quelques fragments d'un hymne à la sainte Vierge; ailleurs, les armes de HUGUES DES HAZARDS, surmontées de sa devise et supportées par deux ours, etc....

APPENDICE N° 2.

ÉPITAPHE LATINE DE HUGUES DES HAZARDS,

COLLATIONNÉE SUR LE TEXTE ORIGINAL.

HUGO, vetustâ quidem ac honestâ gente HAZARDA, Blenodii ortus, ab ineunte ætate, inibi, primis litterarum elementis initiatus, indè Tulli, Metis ac Divione, optimis grammatices rudimentis imbutus, senas perrexit, septennioque, parentum impensis, juris utriusque censuræ operam dedit. Qui post laudabiles ejus lucubrationes doctorali insignitus laureâ, Romam se contulit, Advocatique fungens

officio, ab illustrissimo Siculorum Rege Renato secundo, Lotho
ringiæ ac Barri Duce accersitus, in divi Georgii Nanceiensis præ
positum evehitur. Hunc enim divinis humanisque dotibus clarum
deque republicâ benè meritum, præfatus Rex Præsidem Lothorin
giæ instituit ac sui caput consilii designavit, cujus singulari pru
dentiâ, fide et industriâ ergà principes et potentatus plerisqu
in legationibus usus est. Vacante autem Metensis Basilicæ decanatu
canonici eumdemque sibi decanum unanimiter præfecerunt : subin
dè Olrico de Albomonte Tullensi Episcopo vitâ functo, canonic
unâ eâdemque voce, tanquam divino quodam afflati numine, eum
dem (licet absentem) in pastorem suum elegerunt. Quem piè re
verendus Papa Julius secundus mox confirmavit, cœnobiumqu
divi Mansueti etiam tunc vacans, eidem perpetuò commendavit
Quibus sedibus, æquè, piè et prudenter et justè præfuit, quasqu
majoribus anni feriis (licet arduis reipublicæ negotiis intentus
suâ laudabili decorare præsentiâ rarò deserere visus est.

Quocircà, illustrissimus Dux Antonius memorati regis Renat
filius et hæres (post fata genitoris) ipsum Antistitem non minor
benevolentiâ complexus, innumeris propèmodum honoribus affecit
Itaque, magnifico hoc divi Medardi templo, arce et palatio fundi
tùs extructis et sacratâ beati Mansueti æde per medium ferm
reparatâ, pluribusque constructis, refectis atque dotatis sacellis
necnon plerisque in locis pontibus renovatis, item fontibus e
vivariis ad usum populi et reliquorum animantium è pedibu
montium per loca subterranea in urbes et vicos provectis, suum
obitum in majore, ac divi Gengulphi Tullensis basilicis in ho
etiam beati Medardi templo, quotannis solemniter non mediocr
quidem sumptu instituit celebrari. Denique xiiii die mensis Octobr
anni m.ccccxvij; suæ verò ætatis lxiii, episcopatûs autem xi anno
non absque ingenti omnium luctu vitâ excessit, sepultusque es
solemni hominum pompâ, in hoc sanctissimo Medardi Sacro, quo
natalis memor soli vivens, felici successu construi curaverat. Orat
pro eo.

APPENDICE N° 3.

TESTAMENT DE HUGUES DES HAZARDS,

ÉVÊQUE ET COMTE DE TOUL.

Au nom de la glorieuse et indivise Trinité, Père, Fils et Saint
Esprit, un seul Dieu en trois personnes. Amen.

HUGUES DES HAZARDS, par la grâce de Dieu et du St.-Siége apos tolique, Evêque, Comte de Toul, à tous présens et à venir, Salut : Savoir faisons que nous réduisant à mémoire que toutes choses procréées en ce monde ont à prendre fin et que la loi divine et de nature y a établi, pour tous les hommes, de payer tôt ou tard le tribut de la mort, et qu'il n'y a rien de plus certain que cela, quoique rien ne soit moins connu que l'heure et quand sera. À cette cause, étant, Dieu merci, sain d'entendement et de notre personne, désirant disposer des biens que Dieu nous a prêtés en ce monde, et afin que, prévenu de mort et décédant de ce siècle, non pas intestat, nos biens soient avisés en certain de notre fait, avons fait et ordonné, faisons et ordonnons par toutes les meilleures voies, formes et manières que plus pouvons et devons notre testament, ordonnance et dernière volonté, comme s'ensuit :

1° Pour ce qu'il a plu à Dieu notre Créateur, de sa grande et infinie bonté, clémence et miséricorde, nous avoir appelé à la sainte foi catholique et régénéré du saint sacrement de baptême, dont son saint nom soit à toujours loué et regratié, protestons expressément dès maintenant et pour l'avenir à toujours vouloir subsister et demeurer en icelle foi catholique, sans jamais dévier en quelque chose, et si, par aucuns accidens de maladie ou autrement, même par la tentation du diable qui ne cherche que la perdition des âmes, nous tombions dans aucun divisement de la sainte foi catholique, ce ne sera de notre vouloir ni consentement. Rendons à Dieu notre pauvre âme, quand son plaisir sera, quelle part soit notre corps, lui suppliant qu'il lui plaise la recevoir comme sa pauvre créature en son saint royaume de paradis, même en vertu et par les mérites de la très-glorieuse passion de son bénigne fils, notre rédempteur Jésus, et par l'aspersion de son très-précieux sang; priant aussi sa très-sainte et glorieuse Mère qu'elle soit notre avocate et s'intéresse pour nous ; également toutes les hiérarchies angéliques, et principalement notre bon ange gardien que Dieu, de sa bénigne piété, nous a député pour notre garde.

Et après, élisons la sépulture de notre corps en l'église paroissiale de Blénod, au dextre côté du grand autel, en la sépulture que nous avons fait faire, à cause que nous avons fait faire et construire icelle église, et que nos progéniteurs y sont inhumés.

Item, voulons et ordonnons nos dettes être payées et nos torts amendés dont il apparaîtra duement, ainsi que par raison et bonne équité sera trouvé que nous y sommes tenu.

Item, voulons qu'à nos funérailles, services, trentaine, anniversaire, et au moins pour les pauvres, soit honorablement faite, selon la qualité et dignité de notre état, distribution manuelle, égale en l'église cathédrale de Toul et de Metz, en l'abbaye de Saint-Mansui, en l'église collégiale de Saint-Gengoult, dont nous fûmes chanoine en notre jeune âge, en l'église et prieuré de St.-Georges de Nancy, même en ladite église paroissiale de Blénod, à la dévotion de nos exécuteurs ci-après dénommés. A quoi voulons être dépensé jusqu'à la somme de quinze cents francs, y compris les robes et habillemens de deuil pour l'accompagnement de notre corps, du lieu où rendrons notre âme à Dieu, jusqu'à celui de notre sépulture.

Item, voulons que notre obit soit fait en ladite église Saint-Georges de Nancy, à tel jour que nous décèderons de ce monde, ou au plus prochain jour que bonnement faire se pourra, savoir : le soir, vigiles solennelles, et le lendemain, une messe haute de *Requiem*, avec les obsèques ; pour la fondation duquel obit, donnons et taxons à ladite église la somme de cent cinquante francs, pour une fois, à employer en l'acquest de sept francs et demi de rente, qui se distribueront par chacun an, comme il est accoutumé, et sur lesquels prendront, le marguillier de l'église, deux sols, le servant, deux sols, et les enfants de chœur, deux sols entre eux.

Item, donnons et léguons à ladite église St.-Georges de Nancy, la somme de cent cinquante francs, pour une fois, c'est à savoir : les cent, pour employer à la fabrique d'icelle église et les cinquante, pour distribuer aux prévost, chanoines, vicaires et autres officiers et serviteurs de ladite église, qui seront présens au service et desquels ils feront comme devant est dit.

Item, voulons et ordonnons que l'obit qu'avons fondé en notre église de Toul, soit fait et entretenu annuellement, à toujours. Pour lequel avons acquis la rente annuelle de cent trente francs sur la cité de Toul, selon le contenu des lettres sur ce faites, et dont les vénérables nos frères et chapitre de ladite église se sont chargés, en prenant, pour l'entretenir, les rentes dudit acquêt que leur avons délivré.

Item, voulons et ordonnons que notre autre obit qu'avons fondé, avec pareille somme, en ladicte église de Blénod, soit aussi fait et entretenu à toujours, selon la forme et le montant des rentes pour ce affecté.

Item, donnons à ladicte église de Blénod, notre coupe de Cassidoine, une châsse en argent avec le couvercle d'icelle, qui est de même, pour servir de ciboire à mettre et reposer le très-précieux Corps dominical en ladite église.

Item, voulons et ordonnons que toutes nos robes de soie et de camelot, avec tous autres draps de soie que pourrons avoir au jour de notre trépas, soient donnés à ladite église de Blénod, pour faire des chasubles et autres ornemens et paremens à la décoration d'icelle église, sans réserver les fourrures et doublures de nos dites robes, que voulons y être comprises.

Item, donnons et léguons à notre frère Olriet des Hazards, receveur et chapelain audit Blénod, la somme de trois cents francs sur tous nos biens, sans rien diminuer de sa part du partage qui se fera entre lui et nos autres héritiers ci-après dénommés, du reliquat de nosdits biens, icelui notre testament accompli.

Semblablement, donnons et léguons à notre sœur Mengeotte des Hazards, avant que partage se fasse dudit reliquat de nos biens, la somme de deux cents francs, et au surplus voulons qu'elle ait et prenne sa part audit reliquat comme l'un de nos autres héritiers, ainsi comme dit est de notre dit frère.

Item, donnons et léguons tous nos livres à nos deux neveux, à savoir: notre Hugues des Hazards, chanoine de Toul, et Olriet des Hazards, doyen et chanoine de Metz; plus, la somme de deux cents francs, afin qu'ils puissent mieux entretenir leurs études et parvenir au degré de docteurs en droit.

Item, donnons et léguons à nos neveu et nièce, George et Margot, enfants de notre devant dite sœur Mengeotte, la somme de quatre-vingts francs, à savoir: à chacun d'eux, quarante francs. Item, donnons à Thomas-Husson des Hazards, au nommé Jean de Rouvue, de Uruffes, et à Millot Husson, dudit Uruffes, à chacun quarante francs. Item, donnons aux enfants de Jean Vivien Robin, de Blénod, la somme de quarante francs pour distribuer entre eux. Item, donnons aux enfants de la veuve, sœur dudit Jean, qui fut mariée à Jean Mangin, de Toul, aussi quarante francs; item, donnons aux enfants de la veuve, sœur dudit Jean Vivien, qui fut mariée à Jean Lelièvre, dudit Blénod, quarante francs; item, donnons aux enfants de la veuve, sœur dudit Jean Vivien, qui fut mariée à Jean Mangin, quarante francs; item, donnons à Thomas Jacquemin, de Blénod, la somme de quarante francs, le tout pour une fois, afin qu'ils prient Dieu pour nous.

Item, donnons à Messire Martin des Hazards, chanoine de notre Eglise de Toul, la somme de quarante francs, afin qu'il soit curieux et tienne la main à nos funérailles et à l'exécution de ce présent notre testament. Item, donnons à Maître Claude des Hazards, archidiacre de Vosges et chanoine de Toul, notre maître d'hôtel, la somme de cent francs et un de nos mulets ou chevaux qu'il voudra choisir; item, donnons à M. Thomas Lelièvre, gouverneur de notre prieuré de Nancy, la somme de quarante francs; item à M. Jean Forget, notre chapelain et secrétaire, la somme de quarante francs.

Item, à Sébastien Prevôt, notre serviteur, la somme de quarante francs; item, à Dieudonné Ursin, de Gye, notre serviteur domestique, la somme de vingt-cinq francs; item, à David, du Neuf-châtel, notre page, cinquante francs et un de nos chevaux au choix de nos exécuteurs; item, à Georges Michel, notre serviteur, dix francs;

item, à Nicolas Hierozand, notre palefrenier, dix francs ; item, à Jean Tolly, notre muletier, dix francs, et aux deux garçons de cuisine et de table la somme de dix francs, le tout pour une fois, afin que les susdits prient Dieu pour le remède de nos péchés et pour le salut de notre âme. Et tous ces présents que nous faisons à nosdits serviteurs voulons avoir et sortir leur effet envers ceux qui seront à notre service à l'heure de notre trépas et non autrement et entendons que ceux qui seront hors, n'auront aucune chose.

Item et par dessus nous instituons et faisons nos héritiers ledit Olriet des Hazards, notre frère, ladite Mengeotte, notre sœur, notre neveu Me Hugues des Hazards, chanoine de Toul et curé de Blénod, les enfans de nos frère et sœur Idette et Jeanne, au reliquat et restant de nosdits biens meubles qui resteront après ce présent testament accompli ; voulons iceux reliquaux et biens meubles restans être divisés en cinq portions égales pour être distribués entre nosdits héritiers qui sont cinq, c'est à savoir : à notredit frère Olriet, une portion, la seconde à notre sœur Mengeotte, la troisième audit Maître Hugues, la quatrième aux enfans de feu Idette, et la cinquième aux enfans de ladite Jeanne ; lesquels instituons nos héritiers et leur laissons nosdits biens et aumônes afin qu'ils prient pour nous.

Lesquels biens et pareillement ceux que donnons et léguons à iceux nos héritiers et autres nos parens ci-devant nommés, déclarons être tenus et acquis de nos labeurs et industrie, même des gages et bienfaits des bons princes qui nous ont eu longuement à leur service ; et que tout bien compté yceux biens, comme dit est, acquis par nos labeurs, industrie et services montent, et valent plus que ne font iceux et le reliquat que laissons à nos parens et héritiers ; ce que faisons aussi à titre d'aumônes et que disons être charité bien ordonnée, étant faite à pauvres parens.

Quant aux biens venus de l'Eglise, nous les avons tous laissés et dépensés en bâtiments, édifices et réparations des Eglises et manoirs de nos bénéfices comme il appert évidemment............
A l'égard de nos biens immeubles et héritages paternels et maternels, collatéraux et acquêts, voulons qu'ils aillent leur train selon les coutumes du pays et lieu où ils sont situés et assis et que non autrement il en soit disposé.

Item, élisons et députons pour exécuteurs du présent notre testament, ordonnance et dernière volonté, notre devantdit frère Olriet des Hazards, révérend père en Dieu, Monseigneur Christophe Collet, Evêque de Christopolis, suffragant de notre Evêché, Henry Tillon, seigneur de Vauvillier, grand-maître d'hôtel de Monseigneur le duc de Haussonville, bailly de notre Evêché, M. Claude Lesens, notre vicaire, et ledit Messire Hugues des Hazards,

APPENDICES.

es-mains desquels laissons tous nosdits biens meubles et héritages pour, par iceux exécuteurs, tous ensemble ou par deux ou trois d'entre eux, en cas et défaut que les autres n'y pourroient vaquer ou n'y voudroient entendre, parfaire et accomplir e contenu d'icelui et le mettre à entière exécution.

Pour les vacations et peines d'iceux nos exécuteurs, donnons à un chacun de ceux qui prendront cette charge et qui s'emploieront à ladite exécution la somme de cinquante francs.

Lequel présent notre testament, ordonnance et dernière volonté, voulons qu'il soit valable et sortisse son plein effet, comme testament solennel et immutatif, pur et simple ordonnance, codicile ou donation pour cause de mort ou autrement ainsi que mieux être pourra. N'entendons, ne voulons quelqu'autre testament et ordonnance, qu'ayant fait par ci-devant, avoir lieu, ni sortie, ni effet. Ainsi les révoquons, cassons, annulons, protestant néanmoins de pouvoir ajouter, diminuer et changer le contenu ci-dessus, en tout ou en partie, en faire un tout nouveau, toutes et quantes fois il nous plaira ou bon nous semblera, jusqu'à notre trépas, soit par codicile ou autrement. Et en cas que aucuns de nos parens, prochains, à venir ou hoirs voudroient quereller ou empêcher ou contrevenir par quelque manière que ce fût à l'encontre de ce présent notre testament, privons et voulons être privés ceux ou celles qui se feroient des effets de notre succession, ou des dons et legs contenus dans cedit testament : voulons qu'ils ne touchent que la somme de cinq sols pour une fois seulement. En témoignage de toutes et chacunes des choses ci-dessus, pour la plus grande stabilité d'icelles voulons à icelui présent notre testament et ordonnance, signé de notre main, être mis et suspendu notre scel armé de nos armes avec celui de notre Cour de Toul, ensemble les subscriptions publiques de nos chers et bien aimés François de Laître et Jean Jacoby, notaires jurés, par devant lesquels et les témoins ci-après nommés avons fait repasser notre dit présent testament, lequel voulons et ordonnons qu'après notre trépas, le plus tôt que commodément faire se pourra, soit publié solennellement en notre Eglise de Toul et de Blénod devant tous ceux qui voudront s'y trouver. Fait et passé en notredit prieuré de Notre-Dame de Nancy, diocèse de Toul, l'an de Notre-Seigneur 1517. Indiction 5e, le 6e jour du mois de juin, l'an 4e de notre Pontificat et sous celui du Très-Saint Père en J.-C. et Seigneur Léon X, pape.

Présentes vénérables et discrètes personnes : M. Nicolas Millet, trésorier de l'Eglise collégiale de Saint-Georges, dudit Nancy ; Henry Coscot, Thomas Arnould, Jean Barbazan, Nicolas Millet Martin, dudit prieuré de Notre-Dame de Nancy, demeurant audit lieu ; Jean Simon, chapelain de Fresne, au diocèse de Metz, prêtre, et M. Nicolas Vauthier, conseiller et secrétaire de Monseigneur le Duc de Calabre, de Lorraine et Barrois, demeurant audit Nancy, témoins sur ce appelés et spécialement requis.

Signé : H. DES HAZARDS.

Au bas de la copie du testament on lit :

Pour copie, extrait collationné sur l'original, en parchemin, sain et entier, signé dudit seigneur Evêque, avec deux sceaux à double queue pendante, l'un desquels sceaux est sur cire rouge et l'autre sur cire verte, se concordant de mot à mot, témoin mon seing mis à Toul le 18e jour du mois d'avril 1627, après midi.

La signature est omise.

Les épitaphes de quelques uns des frères du prélat, par lui mentionnés dans son testament, trouvent ici leur place naturelle.

La Révolution ayant fait disparaître entièrement le mausolée que HUGUES avait fait élever, dans la Cathédrale de Toul, à OLRY DES HAZARDS, son *frère aîné*, nous croyons convenable de donner l'inscription que nous a conservée le père Benoit, dans son histoire, page 603.

Olrico HAZARD *de Blenodio utriusque juris eximio doctori, canonico Tullensi.* HUGO *LXVII. hujus sedis episcopus fratri majori natu benè merito posuit, anno* MCCCCVII.

Ab anno salutis MCCCC 87. Can. XXII. vixit annos XLVIII.

« HUGUES, 67e (*a*) Evêque de ce siége, a fait élever ce monument, l'an 1507, à son digne et respectable frère aîné, OLRY DES HAZARDS, de Blénod, célèbre docteur en l'un et l'autre droit, chanoine de Toul. »

C'est au-dessus de ce monument qu'on lisait le distique rapporté dans le cours de cet ouvrage, et qui indique que le cœur de HUGUES, selon ses dernières volontés, repose dans sa Cathédrale.

L'épitaphe de Claude DES HAZARDS, dont l'inscription par nous citée rappelle les fondations pieuses, n'existe également plus. En voici néanmoins le texte, d'après le père Benoit, *Ibid*.

» Cy gist, feu vénérable Seigneur, maître Claude DES HAZARDS,

---

(*a*) Voyez ce que nous disons sur ce chiffre d'ordre, dans la note 6e, page 182, et dans la note finale du dernier *Appendice*.

adis maître d'hôtel de feu bonne mémoire Hugues des Hazards, évêque de Toul, Archidiacre de Vôges et Chanoine de Céans, qui trépassa le 26ᵉ jour de janvier 1536. »

Cette épitaphe confirme ce que nous avons avancé, page 87, en rapportant l'inscription consacrée, dans l'Eglise de Blénod, à perpétuer le souvenir et les bonnes œuvres du personnage qu'elle désigne; à savoir : que ses restes mortels reposent dans la Cathédrale de Toul, et non dans l'Eglise de son lieu natal. Elle peut aussi prouver que M. Grille de Beuzelin n'a pas consulté, pour son travail, les ouvrages de localité qui auraient pu l'instruire et lui donner l'exacte vérité.

L'épitaphe de Martin des Hazards, telle qu'on la lit encore sur la pierre tombale couchée dans la Cathédrale de Toul, à côté de celle qui indique la place du cœur de Hugues, est ainsi conçue:

» Cy gist maistre Martin des Hazards, jadis Chanoine et Chapellain en ceste Eglise, qui trépassa le 21 du mois d'aoult 1535. »

Varia mortis alea.

Nous avons dit, pages 89 et 90, que chaque jour, dans la chapelle du cimetière, on célébrait « pour les défunts de la paroisse,
» une messe, après laquelle le chapelain faisait le tour du cime-
» tière en répandant l'eau bénite sur les sépulcres et en récitant
» les prières des morts. » Voici la copie d'une inscription qui paraît avoir existé dans la chapelle de saint Georges. Elle rappelle la fondation et le nom des fondateurs. Cette copie, très-ancienne, est entre les mains d'un de nos paroissiens qui a bien voulu nous la communiquer :

« Feu vénérable maître Claude Deshazard, jadis archidiacre de
» Vosges et chanoine de Toul, natif de cette ville (de Blénod), a
» légué perpétuellement à la fabrique de l'église de cette dite ville,
» plusieurs maisons, héritages et autres biens, à charge par les
» châtelliers de ladite église, être tenus de payer à toujoursmais
» des deniers venans de la recepte d'icelle fabrique, au prêtre qui
» dira chacun jour, la messe matutinale en ceste chapelle desjà
» fondée par feu Monseigneur Hugues Deshazards, jadis Evêque
» de Toul, huit deniers coursables qui font pour chacun an quinze
» francs et demy, moyennant quoi le prêtre, après que laditte
» messe sera parachevée et l'évangile St.-Jean ditte, et après qu'il
» aura ôté la chasuble, sans devêtir les autres ornements, sera tenu
» de commencer et commencera les sept pseaumes pénitentiaux,

» s'en ira les disant et faisant procession par le cimetière, asper-
» geant avec l'eau benite, et après, en ceste chapelle, dira les
» prières des morts avec les quatre oraisons, à sçavoir : *Inclina*,
» *Domine, aurem tuam — Deus in cujus miseratione* (a) — *Deus*
» *veniæ largitor — fidelium Deus omnium*. De plus, sont tenus
» lesdits châtelliers payer par chacun an, deux francs, à celuy qui,
» pendant le long de l'année, aidera à dire ladite messe matu-
» tinale et portera, avec ledit prêtre, l'eau bénite par le cimetière.
» Ledit Claude DESHAZARD trespassa le 26ᵉ janvier 1536.
» Priez pour lui. »

Observation essentielle.

La tombe sur laquelle sont gravées les épithaphes des chefs de la famille DES HAZARDS, épitaphes que nous donnons à la page 84, se trouve au milieu de la grande nef et par conséquent très-exposée au frottement des pieds. Malgré la hauteur et la profondeur des lettres, qui sont gothiques, le temps et les clous des souliers les pourraient effacer. Afin donc d'en faciliter la lecture, et lorsque besoin sera, le renfoncement, nous avons eu soin de les reproduire textuellement, ligne par ligne, lettre par lettre, avec les abréviations et la ponctuation.

L'entretien et la conservation de ces inscriptions tumulaires sont un hommage d'autant plus légitimement dû à la mémoire du vénérable Pontife auquel Blénod a donné le jour, qu'elles rappellent le souvenir et les noms d'*Olriet* DES HAZARDS et de *Jehanne Vivienne*, ses aïeux, décédés en 1460, ainsi que ceux de *Millet* DES HAZARDS et d'*Ydette* ROBIN ses progéniteurs, morts en 1484.

Des recherches faites par un de nos amis dans un carton de la bibliothèque lorraine de M. NOEL, déjà cité plus haut, lui ont fait découvrir deux individus du nom de *Hazards*, auparavant ignorés, lesquels étaient probablement fils du bailli George DES HAZARDS, l'un des frères de l'Évêque. L'époque de leur existence et les fonctions publiques dont ils furent plusieurs fois investis, semblent confirmer cette supposition qu'autorise, d'autre part, le témoignage du père Benoît qui, en parlant de HUGUES DES HAZARDS, dans son Histoire de Toul, page 601, ajoute ces mots : « Les ducs de

---

(a) Cette seconde oraison que les nouveaux livres liturgiques ne renferment pas, se trouve dans le *Manuale Sacerdotum* imprimé en 1559, folio xci, verso.

...orraine avancèrent dans les charges ses neveux, fils de George ...es Hazards, bailli de l'évêché. »

Ce n'est ici, du reste, qu'une simple conjecture; car le Pontife ...e nommant dans son testament ni *Pierre*, ni *Millot*, il se pourrait, ... la rigueur, qu'ils n'eussent été que¹ ses parents collatéraux à un ...egré plus ou moins éloigné. Quoi qu'il en soit, ils étaient membres ...e la famille DES HAZARDS, et, à ce titre, ils ont droit ici à une ...ention spéciale.

En ce temps-là, l'administration intérieure de la ville de Toul ...e composait, outre les *Echevins*, de dix *Justiciers*, ainsi appelés ...arceque, de concert avec le Maître Echevin, ils rendaient la ...ustice dans les causes civiles et criminelles; de cinq *Enquéreurs*, ...hargés de la police et de l'instruction des affaires; enfin de dix *Bannerets*, ainsi nommés, parce qu'originairement ils avaient le ...roit de *bannière* à la guerre; on désignait encore sous cette ...ualification les officiers d'Eglise et les Juges des justices sei-...neuriales. Cette triple hiérarchie de pouvoirs était soumise à ...ne élection annuelle.

Or, sous la rubrique de l'année 1515, Millot HAZARD figure ...armi les cinq Enquéreurs. (*Rolle des Enquéreurs de la cité de Toul*, depuis l'an 1496 jusques en 1634. Copie collationnée. — Bibliot. NOEL).

En 1522, Pierrot (Pierre) HAZARD et Millot HAZARD sont ...ésignés parmi les dix Bannerets.

En 1524, Pierre HAZARD compte au nombre des dix Justiciers, ...t Millot HAZARD parmi les dix Bannerets.

Au bas du manuscrit sur lequel ont été recueillies ces notes, on ...it : « Extrait du greffe et Archives de l'hôtel commun de la ville ... de Toul. Extrait par Thouvenin, assesseur de l'hôtel de ville ... de Toul, le 18 novembre 1764. L'original est entre les mains ... de monsieur de Bayon. » (*Ibid.*)

Quant aux charges ou emplois que mentionne vaguement le P. Benoît comme ayant été donnés par les Princes lorrains aux fils du ...ailli George des Hazards, nous ne saurions être plus explicites ...que cet auteur, en l'absence de pièces justificatives ou de documents historiques qui seuls pourraient aujourd'hui nous instruire ... cet égard. Les renseignements qu'offriraient des indications de ...ette nature auraient cela d'avantageux, qu'ils aideraient peut-être ... suivre, de génération en génération, les traces de la famille DES HAZARDS, jusqu'à l'époque précise où elle disparut entière-...ent. Toujours est-il que cette ancienne et honorable lignée, dès ...ongtemps éteinte, n'a plus aujourd'hui, dans le pays, aucun des-...endant direct qui en perpétue le nom et le souvenir.

Deux propriétaires de Blénod se prétendent, chacun en particulier, possesseurs de la maison où naquit l'évêque DES HAZARDS. On sent qu'il est aujourd'hui fort difficile d'éclaircir ce point historique. Cependant, on est conduit naturellement à conclure pour la maison qui se trouve en face du presbytère. Outre l'emplacement d'une chambre à feu, dont la cheminée, depuis longtemps inutile, a été conservée comme souvenir, ainsi qu'un vieux châssis de fenêtre, que les propriétaires successifs de la maison n'ont point voulu remplacer, tenant par tradition que cette cheminée est celle de la chambre où vint au monde HUGUES DES HAZARDS, et le châssis celui de la fenêtre par laquelle alors y pénétrait la lumière ; un beau morceau de sculpture antique, ayant de largeur un mètre soixante-six centimètres, sur un mètre de hauteur, incrusté dans la muraille, annoncerait assez l'indication de la maison paternelle du Pontife, dont nous aimons à nous occuper.

Ce morceau forme, en effet, deux encadrements égaux, dans chacun desquels, environné de festons et de courbes, est un personnage, ayant des ailes, mais se tenant à genoux, et priant. Ces encadrements se terminent chacun par un trèfle, dans l'espace supérieur duquel est sculpté, avec ses armes, l'écusson de l'Evêque, surmonté de trois feuilles d'orties aussi en trèfle.

C'est ici le lieu de dire un mot du *Sceau* de notre Pontife, et d'une *médaille* frappée sous son épiscopat, à son nom, et à ses armes.

Nous regrettions la perte du sceau de HUGUES DES HAZARDS, et notre ouvrage s'imprimait lorsqu'une heureuse circonstance nous a mis en possession de ce monument précieux. Nous le devons à l'obligeance de M. Morel, vicaire de la Cathédrale de Toul, qui a pu former la collection des sceaux de tous les Evêques de Toul, depuis le commencement du douzième siècle. Désirant en faire un des principaux ornements de notre petit travail, nous en donnons, sur une planche à part, l'exacte copie.

Le personnage qu'il représente, à genoux, les mains jointes, soutenant la palme du martyre, est probablement le patron de la cathédrale de Toul, saint Étienne, à qui le bras sortant de la nue montre le ciel où il recevra la récompense de sa foi et de sa charité.

Dans le tome V de la nouvelle *Histoire de Lorraine*, au supplément n° LXV, col. XC. D. Calmet donne la description d'une médaille ou jeton en argent de HUGUES DES HAZARDS, qu'il avait entre les mains et dont la planche 3 du volume ci-dessus indiqué offre la gravure.

Au *droit*, au milieu d'un cercle pointillé, ce jeton présente, dans un cartouche gothique échancré, les armes de l'Evêque, qui sont,

omme on sait, une croix cantonnée de quatre dés, par allusion à
on nom DES HAZARDS, le tout supporté par une crosse épiscopale,
vec cette légende à l'entour : H. EPS. TULLEN. (HUGO EPISCOPUS
ULLENSIS) ; au *revers*, dans un cercle aussi grainé, est figurée une
anderolle flottante, chargée de la devise MODERATA DURANT, avec
ette autre légende extérieure : BIEN CALCULEZ. — Ce jeton étant
xtrêmement rare, nous l'avons fait graver sur buis, d'après le
essin qu'en a publié D. Calmet, afin d'en conserver le souvenir
ux numismates lorrains et spécialement aux habitants de Blé-
od, patrie de HUGUES DES HAZARDS. En voici donc le module
t l'exacte configuration :

DROIT   REVERS

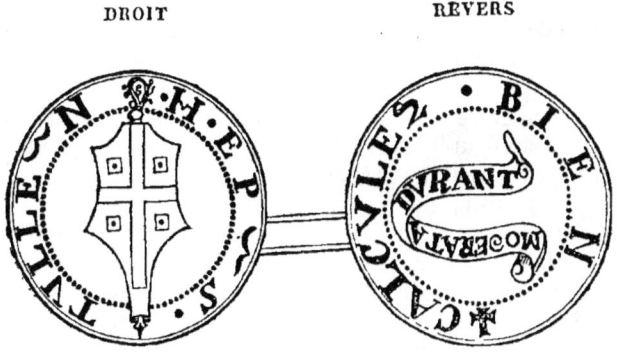

Toussaint de Hocedy, successeur de HUGUES DES HAZARDS, est
e dernier évêque de Toul qui paraisse, dit M. Mory d'Elvange,
voir usé du droit de frapper monnaie.

Nous terminerons cet appendice en rectifiant une double er-
eur, par nous involontairement commise dans la reproduction
extuelle que nous avons faite du diplôme de HUGUES DES HAZARDS
oncernant l'érection d'une croix en l'église Saint-Epvre de Nancy,
l'après une copie qu'avait eu l'obligeance de nous communiquer
1. le docteur Simonin, père.

Une lecture plus attentive du texte original, soumis par un de
los amis à l'expérience paléographique de M. Justin Lamoureux,
uge à Nancy, nous a fait reconnaître premièrement, qu'au lieu
lu mot *immunitatibus*, placé au commencement de la ligne 41e,
age 52, il fallait mettre *injunctis*; ce qui, du reste, en régula-
isant la construction latine, ne change rien au sens général de la
raduction française.

En second lieu, dans la signature *in extenso*, apposée au bas
le ce diplôme, et dont nous avons donné le *fac simile*, nous

avions cru voir d'abord un autographe de la main même de HUGUES DES HAZARDS ; mais, à l'aide d'une inspection plus minutieuse, nous nous sommes convaincu de notre méprise. Cette signature n'est point celle de l'Evêque, mais d'un de ses neveux ou de ses frères, attaché à sa personne et agissant par son ordre et en son nom, comme l'indique la formule d'usage dont elle est accompagnée. Ainsi, les mots abrégés qui la suivent et que nous lisions : *Episcopus, Comes Tullensis*, ne sont autres que ceux-ci *De mandato Domini*, « par mandement de Monseigneur. » Quant au nom propre qui les précède, est-ce celui de Claude DES HAZARDS, chanoine, maître d'hôtel et frère du Prélat, ou bien celui de l'homonyme de ce dernier, de Hugues DES HAZARDS son neveu, qui était en même temps alors curé de Blénod et chanoine de Toul ? Il nous serait difficile de trancher nettement la question ; toutefois, si, d'une part, la résidence habituelle de Claude, auprès de l'évêque, semble faire incliner la balance en sa faveur, d'un autre côté, la lettre majuscule **H**, que paraît décrire le double trait figuré en avant du nom patronymique, porte à croire qu'elle est l'initiale du prénom de Hugues.

Toujours est-il, du reste, que l'*Approbo*, avec le paraphe abrégé qui l'accoste, est écrit de la main même de l'Evêque, et dès lors le *fac simile* que nous en publions conserve, sous ce rapport, toute sa valeur autographique et tout l'intérêt que doivent naturellement y attacher les amateurs en général, et, en particulier, les habitants de Toul et de Blénod.

APPENDICE N° 4.

CESSION ET TRANSPORT D'UNE RENTE ANNUELLE DE TRENTE FRANCS PAR HUGUES DES HAZARDS, EN FAVEUR DE LA COMMUNAUTÉ DE BLÉNOD, A L'EFFET D'ASSURER LA FONDATION D'UN SERVICE ANNIVERSAIRE DANS L'ÉGLISE PAROISSIALE, POUR LE REPOS DE SON AME.

Nous allons reproduire ici l'expédition que nous avons entre les mains des deux contrats qui constatent la donation faite par HUGUES DES HAZARDS dans le but ci-dessus indiqué, et que nous avons rappelée sommairement dans la note 10e, page 184.

« Nous les Maistre Escheuin, Justice, Enquereurs, Maistre de

…anneretz et Université de la Cité de Toul, faisons sçavoir et con-
essant à Tous ceux qui ces présentes lettres verront et oyront,
…ue Nous assemblez aujourd'huy datte de ces présentes en l'hostel
…ommun de laditte Cité, traitans des négoces et affaires au proffit
…t utilité d'Icelle, par bon advis, meure et longue délibération
…ur ce eüe entre nous et le conseil de laditte Cité et Université d'Icelle,
…uons vendu, cedez et transporté, et par la teneur de ces présentes
…ettres vendons, cédons et transportons pour touioursmais en per-
…étuité sans réclamer, à Reuerend Pere en Dieu très honoré Sei-
…neur Monseigneur Hugues des Hazards par la grace de Dieu et
…u saint siége apostolique Euêque de Toul pour luy ses hoirs ou
…yans cause, la somme de Trente francs de rente annuelle et per-
…étuelle, c'est à sçauoir douze gros monnoye coursable en nostre
…itte cité et ez duchez de Bar et de Lorraine comptez pour chacun
…ranc, à prendre, avoir, lever et recevoir par chacun an sur Nous et
…aditte Cité à un seul payement, c'est à sçauoir à Pasques commu-
…iant dont le premier terme et payement sera et commencera au
…our de Pasques communiant que l'on dira l'an mil cinq cents et
…uinze, et ainsy d'an en an et de terme en terme à touioursmais
…t perpétuellement, et est fait ce present vendage, cession et trans-
…ort audit Seigneur Hugues sesdits hoirs et ayans cause pour le
…rix et la somme de mil frans de laditte monnoye que nous en
…uons eu et receu reellement et de fait dudit Seigneur Hugues, à
…ous comptez, desbourcez et deslivrez auant la confection de
…es présentes lettres, mise, conuertie et employée au rachapt du
…este de soixante frans que laditte Cité deuoit aux venerables Doyen
…t Chapître de l'Eglise de Liuerdun, montant ledit reste à quatre
…ens frans dont laditte Cité estoit tenüe payer par chacun an quatre
…rans trois gros et demy et en après n'en payera que trois frans et
…u pardessus employée au rachapt de vingt-cinq frans que noble
…omme Jean Boisleaüe à présent Preuost de Foug leuoit par chacun
…n sur ladite Cité….. de cinq cens frans dont nous nous en
…vons….. tenons payez, bien contans demeurez et satisfaits en
…aisant pacte et convention expres de n'en jamais en demander
…ucune chose, poursuitte ne reclamer, connessans le prix estre
…uste et raisonnable pour ledit vendage. Promettans…., et l'obli-
…ation des biens de laditte Cité et Université d'Icelle meubles et
…mmeubles présens et advenir partout où ils soient, ou pourront
…stre trouvez, en payer audit Seigneur Hugues, sesdits succes-
…eurs ou ayans cause pour tousioursmais la dite censine de trente
…rans de laditte monnoye à ce lieu de Toul en la forme et au terme
…omme dessus, etc. »

Le restant dudit contract de Constitution ne peut estre leu,
pour estre le parchemin cassé, rompu et usé de pouriture et par
quelques lignes subséquentes l'on connait que ce sont les formes

ordinaires que l'on insère aux obligations et contracts de pareill[e] nature et par la dernière ligne est escrit que ces présentes furen[t] faites, passées et accordées en l'hostel commun de laditte Cité l'a[n] de grace Nostre Seigneur mil cinq cens treize le premier décem[-] bre, signé en bas *De Mole* et *Le Sane* avec paraphes.

Et plus bas est escrit permis de mettre à execution le présen[t] contract de Constitution sauf l'opposition au cas de laquelle ser[a] baillé jour aux parties, à Toul le 14e octobre 1648. Signé *Favie[r]* lieutenant général et scellez du scel Royal.

S'ensuit le transport faict à l'Eglise de Blénod par ledit Seigneu[r] Hugues des Hazards des trente frans de rente annuelle porté[s] au contract cy-dessus.

« Nous Hugues des Hazards, par la grâce de Dieu et du sain[t] siége apostolique Euêque et Comte de Toul, administrateur per[-] pétuel du Monastère monsieur saint Mansuy près ledit Toul, faison[s] sçavoir à tous Comme pour nostre obit et anniversaire chacun a[n] en l'Eglise parochialle de Blénod en laquelle receumes le sain[t] sacrement de baptême, qu'avons fait édifier de tout point et e[n] laquelle entendons estre inhumé pour le remède et salut de nostr[e] ame, de nos père, mère, parents et bienfaicteurs, ayons acquest[é] la rente et cense annuelle et perpétuelle de trente frans monnoi[e] coursable, des honorables nos chers et bien amez les Maistr[e] Escheuin, Justice, Gouverneurs et Université de laditte Cité d[e] Toul, moyennant le prix et somme de Mil frans que leur avon[s] payé et desliuré de nos propres deniers et qu'ils ont receus e[t] convertis en..... proffit, utilité et bien commun de laditte Cité, ainsi qu'il appert clairement par les lettres dud. acquest ausquelle[s] ces présentes sont annéxées; Ainsi est-il que Nous Hugues Euêqu[e] devantdit aujourd'huy datte de cetty pour les causes et raison[s] devant dittes, de nostre propre mouvement plain gré et franch[e] volonté, aussi de certain propos et advis, meure et bonne délibé[-] ration sur ce eüc, avons donné, cédé, quitté et transporté et pa[r] la teneur de ces présentes donnons, cédons, quittons et transpor[-] tons pour tousiours et en perpétuité, aux Maire, Justice, Bannerets[,] Chastelliers et Communauté dudit Blénod ledit acquest de trente frans de rente et cense annuelle et perpétuelle, ensemble tout l[e] droit, action, raison et poursuitte qu'auons, pouuons et deuons auoir, nous compète doit competer et appartenir en Icelle rente e[t] cense pour, de la part d'Iceux et par les mains des deux Chastellier[s] d'Icelle Eglise percevoir et lever Icelle rente annuelle, et cense annuellement desdits honorables, jouir et user plainement et paisiblement comme eussions faits, pour aussi en cas de rachapt[,]

Icelle rente reprendre et receuoir lesdits mil frans, les remployer
[en] autres censes et rente Et auons fait ce présent transport ausd-
its Maire, Justice, Bannerets, Chastelliers et Communauté, moyennant qu'ils nous feront dire et célébrer un obit et anniversaire
[ch]acun an, à tel jour du mois qu'aurons décédé de ce siècle, si
[fai]re se peut bonnement ou du moins le plus prochain jour en-
[s]uiuant celui de nostre décés que faire se pourra en la manière
[qu]e s'ensuit, c'est à sçauoir une haute Messe de *Requiem* à Diacre
[et] sousdiacre auec les Obsèques accoustumées et les Vigilles du
[jo]ur précédent. Et pour ce faire lesdits Maire et Justice, Chastel-
[li]ers Bannerets et Communauté feront distribuer par un desdits
[Ch]astelliers desdits Trente frans le jour dudit Obit, au Curé dudit
[Bl]énod la somme de deux frans, aux gens d'église qui assisteront
[au]x Vigilles et Messe, deux frans, aux enfans de l'Escole affin
[qu]'ils prient Dieu pour nous, et qu'ils soient auxdittes vigilles et
[m]esse, un frans, au Magister de l'Escolle, six gros, pour la cire
[et] luminaire..... »

Le restant du dict contract de Cession ne peut estre leu pour
[es]tre le parchemin cassé, rompu et usé de pouriture et par la
[de]rnière ligne est escrit que ces présentes furent faites et oc-
[tr]oyées l'an de grace Nostre Seigneur mil cinq cent et treize le
[t]ultième jour du mois de Janvier, signé au bas : H. DES
[H]AZARDS, et scellées de cire rouge à queüe pendante avec les
[ar]moiries dudit Seigneur DES HAZARDS.

Et au dos de chacun desdits deux contracts est escrit.

L'an xvj^e quarante-huit le quatorzième Octobre, la présente a
[é]té signiffiée et d'icelle baillé copie aux Maistre Eschevin et
[E]schevins de cette ville parlant à Me Jean du Pasquier procureur
[s]indicque de cette ville parlant à sa personne, signé G. *Contault*,
[av]ec paraphe.

Pour copie conforme et collaõnnée aux originaux en parchemin
[à] faits rendus aux Chastelliers de l'église de Blénod par les tabel-
[li]ons g̃naux en Lorraine et de l'Esuéchez et comté de Toul, rési-
[da]nt à Blénod et Mont-le-vignoble soussignés. Fait à Blénod ce
[do]uziesme febvrier mil six cent quatre-vingt huit.

Signé DESLOGES et J. TEUIN, avec paraphe.

APPENDICE N° 5.

CONCESSION

FAITE PAR L'ÉVÊQUE DES HAZARDS AUX MANANTS ET HABITANTS DE LA VILLE DE BLÉNOD, D'UN EMPLACEMENT SITUÉ DANS L'INTÉRIEUR DU CHATEAU DE LADITE VILLE, POUR Y CONSTRUIRE DES LOGES.

« HUGUES DES HAZARDS, par la grâce de Dieu et du saint Siége apostolique, Evêque, comte de Toul, à tous ceux qui ces présentes lettres verront et oiront, salut en Notre-Seigneur.

» Comme par l'impétuosité des guerres qui ont troublé le pays en part de ça, les places des villes et châteaux de Liverdun et de Brixey appartenant à notre Evêché ont été abattus, ruinés et démolis, lesquels, pour le présent, ne pourrions commodément réparer ne remettre sus, sans débats et questions des princes voisins, à l'occasion de quoi n'avons à présent, hors de notre cité de Toul, lieu, place ne domicile en notre dit Evêché là où en temps de pestilence, autres troubles et inconvéniens qui pourroient subvenir, Nous ni nos successeurs Evêques, puissions bonnement et assurément nous retirer, même ni un lieu pour, en temps de nécessité, conserver et mettre garde-chartes, prisonniers et autres choses semblables comme l'on avoit fait, auparavant les démolitions de nosdites places et quand elles étoient en leur état, ce que toutefois est bien requis et de grande nécessité à nous et à nos dits successeurs, pour à quoi pourvoir, considérant et regardant que si la place et château de notre ville de Blénod, lequel par vétusté tomboit en ruines de tous côtés, étoit réparé et réédifié, vu qu'il est assez proche de notre cité de Toul, il serait fort propre et convenable pour s'y retirer, pour obvier aux inconvéniens et subvenir aux nécessités ci-dessus déclarées et que cette chose retourneroit grandement aux biens, profit, utilité et augmentation de notre dit Evêché, de Nous et de nosdits successeurs.

» Nous, pour ces causes et autres raisons justes et raisonnables, à ce Nous mouvans, avons délibéré et proposé de faire amplifier, bâtir et réédifier de tout nouveau notredit château de Blénod et pour ce que cet édifice et bâtiment étoit pressant, de grande et extrême dépense, en tant que de fait, avions déjà payé et exposé grande somme de deniers tant en la construction et édifice de l'Eglise paroissiale dudit Blénod qu'avons fait construire et ériger de bas en haut, dans notredit château, comme aussi en plusieurs

tres bâtiments par nous faits en notre monastère de St.-Mansui
en plusieurs autres lieux, avons prié et requis nos bien-aimés
bjects les manans, habitans et communauté dudit Blénod, nous
uloir aider en cette presse et autres choses appartenans à cette
aire, ce que finalement ils nous ont volontiers accordé; même
r spécial, de fournir à leurs propres dépens toute la chaux, la
ève et le sablon qui y sera nécessaire.

» Savoir faisons que Nous, ayant égard à leur bon vouloir et pour
s récompenser; par bonne et véritable délibération sur ce, élue
ec les gens de notre conseil; avons octroyé, concédé, et par la
neur des présentes, concédons et octroyons auxdits manans,
ibitans et communauté de notredite ville de Blénod, présens
à venir, puissance et autorité, licence et faculté qu'ils puissent,
ix et leurs hoirs, faire édifier et bâtir loges et maisonnettes dans
itredit château, au coin et joindant les grosses murailles
icelui. Le lieu se pourra étendre après le corps de maisons
t'avons délibéré y faire pour Nous et nos successeurs avec les
aces convenables y appartenantes, afin de soulager nosdits
ibjects, mettre et conserver leurs biens en leurs loges et maison-
ittes, quand l'opportunité le requerrera selon l'exigence et dispo-
tion du temps. Et sans que iceux manans, habitans, et commu-
auté soient, à nul jour, pour ce, tenus ni obligés d'en payer à Nous
à nos successeurs Evêques, rentes ni aucune redevance. Ainsi
ulons et entendons qu'ils les tiennent, aient et possèdent en
ute liberté, franches et quittes de toute servitude et qu'ils en
issent franchement disposer, comme de leur propre héritage
tout ainsi qu'ils feroient et pourroient faire de leurs autres
aisons situées et assises en notredite ville de Blénod.

Sauf toutefois et excepté qu'ils ne pourront ni ne devront charger,
liger ne hypothéquer lesdites loges et maisonnettes d'aucune ser-
tude ou charge, soit à l'Eglise ou ailleurs, pour cause quel-
nque que ce soit; aussi que personne ne les pourra tenir ou pos-
der s'il n'est nommément manant, habitant, et résidant actuelle-
ent audit Blénod, en outre, que personne n'en puisse avoir et
sséder si non une ou deux au plus, et s'il advenoit que aucun des
ts habitans par échoir ou par quelque autre titre ait eu ou obtenu
us de deux loges, en ce cas, nous voulons et ordonnons que les
its habitans soient tenus de vuider de leurs mains le surplus des
tes deux loges à qui bon leur semblera, toutefois manant et ha-
itant de notre dite ville de Blénod, et ce, dans le temps et espace d'un
; et en cas que autrement se feroit, voulons et entendons que la
ose soit dès adoncques acquise à ladite communauté pour la ven-
re et assigner à un autre manant et résident audit Blénod qui n'en
rait point, au profit d'icelle communauté, pour l'entretien de l'E-
lise. Et partant que l'étendue du lieu et place où l'on pourra édifier

les dites loges ne suffiroit pour en assigner à chacun desdits habitans pour avoir place suffisante à y édifier une loge ou maisonnette, ou qu'il y pourra avoir de pauvres habitans qui n'auront puissance d'y édifier, nous voulons et ordonnons que tout l'emplacement où devront être édifiées lesdites loges soit départi également et assigné aux petits comme aux grands, aux pauvres comme aux riches. Et si chacune portion n'est suffisante pour édifier une loge, ceux qui n'auront puissance pour l'édification de leur loge, seront tenus de vuider leurs mains de leur portion, par cession, donation ou vendage à ceux desdits habitans qui voudront et pourront faire édifier lesdites loges, et ce dans l'an incontinent après et en suivant la dite division; sur peine d'en être déchus et privés pour toujours. De laquelle portion lesdits habitans et communauté ne pourront disposer que comme dessus est dit.

Et afin que ce présent notre don et octroy et concession et toutes les choses dessus, soient et demeurent à toujours fermes et stables, avons ces présentes signé de notre main, fait mettre et appendre notre scel, et avons prié et requis nos vénérables frères, les doyen et chapitre de notre Eglise de Toul, toutes ycelles choses vouloir confirmer et agréer pour plus grande corroboration d'icelles; lesquelles furent faites et données l'an de grâce de Notre Seigneur mil cinq cent seize, le vingt-quatrième jour du mois de Mai.

Signé : HUGUES DES HAZARDS.

Au bas de la copie de cet acte de donation des loges du château de Blénod aux habitants de ladite ville, on lit :

Copie tirée sur l'original au bas duquel est signé : HUGUES DES HAZARDS, avec paraphe, avec le scel en cire rouge à queue pendante. Collationnée par le Tabellion soussigné le 17e jour du mois de juin 1616. Signé *H. Colomb*, avec paraphe.

Copie conforme et collationnée à celle signée dudit Colomb qui est en parchemin; rendue par le notaire royal à Toul, soussigné, ce 9e juin 1674. Signé *Picard*, avec paraphe.

Collationnée à celle signée comme dessus et s'y conforme de mot à mot. Rendue par les notaires royaux à Toul, y résident, soussignés, le 27e octobre 1733. Signé . *J. Chevalier* et *Demange* avec paraphe.

Contrôlé à Toul le 27 octobre 1733, reçu 6 sols. Signé : *Chunaux*.

Nous avons retrouvé dans les papiers de la Fabrique la délibération suivante, postérieure de deux siècles à la mort de HUGUES DES HAZARDS, et qui atteste de la vigilance avec laquelle l'adminisation de la communauté veillait à l'exécution des volontés de Evêque bienfaiteur.

» Cejourd'hui vingt-neuf novembre mil sept cent trente-trois. es Maire, Sindics, habitans et Communautés de Blénod assemblés la manière accoutumée pour délibérer des affaires communes. Monsieur le Curé et les Chatelliers, Marguilliers de la paroisse udit lieu ont représenté que depuis peu ils ont récupéré des titres, papiers et enseignemens concernant les biens, rentes et droits ppartenant à l'Eglise paroissiale St. Médard dudit lieu, et ntr'autres les lettres patentes accordées par feu Monseigneur HUGUES DES HAZARDS vivant Evêque de Toul à la Communauté et glise du dit lieu le 24 may 1516, confirmées par Monseigneur Toussaint Hocedy le 12 juin 1551, portant concession et licence uxd. de Blénod faire bâtir loges et maisonnettes dans l'enclos e la forteresse du château dudit Blénod, à condition que personne n'en puisse avoir ny posséder aucunes s'il n'est habitant ésidant audit Blénod, et autrement que cela se feroit que la loge eroit acquise à ladite Communauté et vendue à un habitant dudit eu au profit de l'Eglise, etc. Ladite Eglise et Communauté ayant oui des priviléges susdits ainsi qu'il paraît par plusieurs actes udiciaires et pardevant Notaires, et par les articles de recette es comptes de laditte Eglise, le tout communiqué à laditte Communauté, et quant à présent il se trouve une quantité de Difforains qui possèdent et occupent partie desdittes loges au préjudice et ans le consentement d'icelle Communauté et Eglise, à quoy est écessaire de pourvoir, que par la recette des anciens comptes, itres, papiers et autres enseignemens il conste qu'il appartient à 'Eglise deux jours et demy et plus de meix en la *Courbe Roye* et ux environs ban dud. Blénod en plusieurs pièces, dont l'Eglise e jouït d'aucune, mais que c'est Albert L'Epine qui s'en est mparé, qu'on peut luy faire abandonner a ladite Eglise.

» Surquoi la matière mise en délibération. Vu les pièces plus ssentielles esnoncées cy-devant il a été arresté d'un consentement unanime : 1° Qu'à la diligence et requeste des Marguilliers, hatelliers, et de leurs successeurs Chatelliers à la jonction des abitants s'il est nécessaire, les forains qui possèdent des loges ans le château de Blénod seront assignés aux fins de veoir dire que lesdittes loges demeureront réunies à la Communauté pour n être disposé au proffit de la Fabrique.

» 2° Que les particuliers habitans de Blénod qui possèdent uelques-unes des loges à titre de cens seront pareillement assignés aux fins de payer les arrérages des cens et rentes en conformité des conventions faites avec les Chatelliers ou des anciens omptes.

» Et 3° Enfin qu'Albert L'Epine sera appelé aux fins de se desister et d'abandonner à la fabrique le terrain dont il s'est emparé situé au ban dud. Blénod à la *Courbe Roye* sous la haye le Houart au carré de la Voipure contenant environ deux jours et demy aboutissant du côté de l'occident sur le grand chemin entre les veuve et héritiers Jacques Montignault représentant Mansuy Gérard au midy d'une part et ceux de Médard Liégeois représentant Cottenot d'autre.

» A l'effet de quoy ils donnent pouvoir aux Chatelliers modernes et à leurs successeurs Chatelliers de former ledittes demandes, constituer procureur plaider, appeler et de faire les diligences poursuites et avances nécessaires sous promesse d'indemnité de la part de l'Eglise.

» Signé : F. Bouchon, Maire, C. Fery, Mansuy Claude, C. Robin, J. Brocourt, E. Montignault, N. Saleur, Henry Disse, Claude Girardin, Nicolas Pasquis, J, E. Mourot, J. Barbillon, J. Defoul, Aubry, tabellion. »

» Le Conseil soussigné qui a veu les titres et documens sur le fondement desquels a été dressé la délibération ci-dessus est d'avis que les habitans de Blénod et les Marguilliers de l'Eglise du même lieu sont bien fondés dans les demandes qu'ils se proposent de former. A Toul le 12 Décembre 1733. Signé : Humbert. »

APPENDICE N° 6.

LIVRES LITURGIQUES A L'USAGE DU DIOCÈSE DE TOUL, PUBLIÉS SOUS L'ÉPISCOPAT DE HUGUES DES HAZARDS.

Pour compléter les indications sommaires que nous avons données dans l'Éloge historique de Hugues des Hazards, page 126, et dans la Notice, page 155, nous allons reproduire par ordre de dates la série des ouvrages liturgiques imprimés en latin ou en français pour le diocèse de Toul, par les soins de ce pontife, ou pendant le cours de son administration. M. Beaupré, juge à Nancy, dont nous avons déjà cité le nom dans les notes de cet ouvrage, et qui, ainsi que nous l'avons dit, travaille avec une louable persévérance à l'histoire de la typographie, dans nos contrées, a bien voulu nous aider, par d'exactes indications bibliographiques, à compléter cette nomenclature,

APPENDICES. 219

NOMENCLATURE DES LIVRES LITURGIQUES A L'USAGE DE L'ÉGLISE DE TOUL,
PUBLIÉS SOUS L'ÉPISCOPAT DE HUGUES DES HAZARDS.

Missale *ad consuetudinem insignis ecclesiæ Tullensis nuper una cum dictæ ecclesiæ institutis consuetudinibusque climatissime impressum additis plurimis commoditatibus quæ in cæteris desiderantur. — In alma Parisiorum Academia. Anno domini virtutum conditorisque mundi Millesimo quingentesimo septimo die vero penultimo kalendarum mensis Februarii.*

Un volume in-folio, imprimé sur deux colonnes en caractères gothiques rouges et noirs, avec gravures sur bois et lettres grises. Au verso du 8ᵉ feuillet se voit, dans toute l'étendue de la page, l'écusson de Hugues des Hazards et sa devise; *Moderata durant.*

Breviarium Tullense, *Parisiis, Radulphus sutor.* 1510. Petit in-8° imprimé sur deux colonnes en caractères gothiques rouges et noirs.

L'abbé de Riguet (*Syst. chronol. et hist. des évêques de Toul,* Nancy 1701 in-8°) cite un bréviaire à l'usage de Toul, imprimé à Paris comme celui-ci, mais à la date de 1512.

Heures à l'usage de Toul.... *Paris, pour Simon Vostre.* Petit in-8° gothique. Ce volume n'est pas daté, mais un almanach pour 8 ans à compter de 1513, supplée au défaut de millésime.

Heures à l'usage de Toul...... *Paris, pour Simon Vostre.* Un volume grand in-8° gothique, sans date, mais avec un almanach pour 6 ans (1515-1530.)

Ces deux livres sont, comme toutes les heures qui portent le nom de Simon Vostre, décorés de gravures en bois en assez grand nombre. Ils sont surtout remarquables par la variété des bordures où se succèdent d'agréables arabesques, des figures grotesques, des chasses, des jeux, des sujets tirés de l'Ecriture-Sainte ou même de l'histoire profane, enfin ces danses des Morts, imitées de la Danse macabre des hommes et des femmes qui était alors dans toute sa vogue, et dont on ne saurait trop admirer la piquante expression.

Heures à l'usage de Toul.... *Paris. pour Guillaume. Goart.* Un vol. petit in-4° gothique, avec figures et bordures gravées en bois. Sans date. Almanach pour 16 ans (1515-1530.)

Statuta synodalia. Nous en avons donné l'analyse et l'indication bibliographique dans la note 23ᵉ de l'Éloge historique, page 50.

Heures à l'usage de Toul... *Paris Vᵉ de Fr. Regnault.* 1516, in-8.

Dans la préface du Manuale seu officiarium *sacerdotum ad usum insignis ecclesiæ et diocesis Tullensis,* imprimé à Paris en

1559, par Jean Albi, pour Guillaume Merlin, sous l'épiscopat de Toussaint de Hocedy, évêque de Toul, l'éditeur, en s'adressant à ce Prélat, fait allusion en ces termes au *Manuel* ou *Rituel* déjà corrigé jadis, dit-il, par Hugues des Hazards, son prédécesseur, d'heureuse mémoire : *Præsens manuale iam olim per quondam fœlicis memoriæ dominum* Hugonem de Hazardis *predecessorem tuum correctum, de nouo excudere curaui, pro posse emendaui, etc.*

Le plus important, après les Statuts synodaux, et le premier en date de ces divers ouvrages liturgiques, c'est le Missel en latin, à l'usage de l'insigne église de Toul. La note spéciale qui le concerne ici a été rédigée d'après l'inspection d'un curieux exemplaire faisant partie de la bibliothèque de feu M. l'abbé Michel, en son vivant curé de la cathédrale de Nancy. Trois jours avant sa mort, arrivée presque subitement le 9 octobre 1842, ce respectable ecclésiastique, qui était un bibliophile fort distingué, éditeur aussi lui-même du nouveau missel diocésain, réimprimé en 1840 sous sa direction, par ses soins et à ses frais, avait eu la bienveillante complaisance de faire voir à notre ami, M. Justin Bonnaire, le rare exemplaire dont nous venons de parler, en lui exprimant la peine qu'il éprouvait de ne pouvoir nous seconder plus efficacement dans nos recherches sur Hugues des Hazards : il se plaignait de l'affaiblissement graduel de sa vue et de sa mémoire : « autant mes livres faisaient autrefois mon bonheur, s'écriait-il » alors avec l'accent d'une visible émotion, autant aujourd'hui ils » me causent de tourment ! » Hélas, quand nous nous plaisions à mentionner le nom de ce docte vétéran du sacerdoce, dans une des notes de la première partie de notre opuscule déjà sous presse avant l'époque de son décès, nous étions loin de penser qu'il n'en verrait pas achever l'impression, et qu'au lieu d'aller en personne lui faire l'hommage de ce modeste travail, nous aurions la douleur d'en assombrir les dernières pages en lui payant à la fois, et comme prêtre et comme savant, le tribut de nos regrets, de notre gratitude et de nos larmes! Puisse, un jour, conformément à ses vœux et dans l'intérêt de la science catholique dont il fut lui-même un des plus dignes représentants, puisse la fondation d'une *Maison de hautes études ecclésiastiques* assurer la destination de sa précieuse bibliothèque, dont l'emploi est désormais confié à l'entière et sage discrétion de MM. les abbés Simonin, ses neveux et ses exécuteurs testamentaires. Un si utile établissement, en perpétuant la mémoire du vénérable abbé Michel, qui, le premier en conçut la pensée, honorerait à la fois la Religion, le clergé du diocèse et l'épiscopat de Monseigneur le Coadjuteur de Nancy e de Toul.

Sur l'exemplaire de M. Michel on lit cette note, écrite de sa propre main :

» Ancien Missel de Toul, imprimé à Paris sous le Pontificat de Hugues des Hazards, en 1507, et terminé en 1508; il est complet, le canon est en parchemin, les gravures en bois, aux différents offices, sont remarquables ; un exemplaire incomplet de ce Missel, imprimé sur peau vélin, et richement relié, se trouve à l'Eglise Cathédrale de Toul; il sert pour les cérémonies. »

Le titre, avec l'indication du lieu et la date de l'impression, est enfermé dans un double cercle, surmonté d'une couronne et supporté par deux aigles.

Dans le cours de l'ouvrage se trouvent placées, en tête des offices ou des fêtes auxquelles elles font ordinairement allusion, dix-sept gravures plus ou moins grandes, la plupart encadrées dans le texte, et dont trois ou quatre sont identiquement semblables.

La première, d'assez grande dimension, représente le sacrifice de la Messe et paraît faire allusion à la délivrance d'une âme du Purgatoire ; la deuxième, l'Enfant Jésus dans la crèche, entre la sainte Vierge et saint Joseph qui l'adorent; la troisième, la Trahison de Judas; la quatrième, un *Ecce Homo ;* la cinquième, le Sauveur gravissant le Calvaire et succombant sous le poids de sa croix ; la sixième, le Crucifiement; la septième, sur une plus vaste échelle, la Résurrection de Jésus-Christ ; la huitième, Marie et les disciples de Jésus, recevant le Saint-Esprit dans le Cénacle ; la neuvième, le Rédempteur debout, au milieu des instruments de sa Passion ; la dixième et la onzième, placées en regard, au canon de la Messe, et imprimées sur parchemin, dans toute l'étendue de la feuille, figurent : d'un côté, Jésus expirant sur le Calvaire, entre sa divine Mère et saint Jean, le disciple bien-aimé, debout au pied de la croix ; de l'autre côté, le Père éternel, assis sur un trône, au milieu des anges en adoration, et des symboles allégoriques des quatre évangélistes ; la douzième est la reproduction de l'intérieur du Cénacle; la treizième offre l'image de la sainte Vierge, immobile et les mains jointes, entourée des attributs et des légendes des Litanies ; la quatorzième, la Purification ; la quinzième, l'Annonciation ; la seizième est la même que la deuxième ; la dix-septième représente encore la descente du Saint-Esprit sur les Apôtres. Enfin, le volume se termine par une sorte de vignette écussonnée, au milieu de laquelle est inscrite en chiffres arabes, dans un rond, cette date : 1508.

Tous ces dessins, historiés en gothique, sont généralement bien exécutés et d'un bon style ; ils font honneur à la gravure en bois du commencement du seizième siècle, et font déjà pressentir les progrès de cet art créé sinon inventé par le génie d'Albert Durer et que les Anglais ont porté, depuis, à une si haute perfection.

Dans le calendrier placé en tête du Missel, nous avons remarqué, après la translation de St. Gérard, sous la date du 22 novembre (11 des calendes, vieux style), la fête de la dédicace des Tours de la Cathédrale de Toul : *dedicatio turrium ecclesiæ tullensis*.

Le calendrier qui accompagne le MANUALE SACERDOTUM de Toussaint de Hocedy, imprimé cinquante ans plus tard, ne fait plus aucune mention de cette solennité, originairement destinée, sans doute, à consacrer le souvenir de la piété de nos pères, et à perpétuer de générations en générations, parmi les Chrétiens, le goût et l'amour de l'art religieux.

L'extrait suivant de l'Exhortation aux Prêtres du diocèse de Toul, par Wolffgangus Hopylius, exhortation qui se trouve en tête du Missel et que nous faisons suivre d'une traduction en faveur de nos paroissiens, fera de mieux en mieux connaître de quelle réputation jouissait notre Pontife, et l'opinion qu'avaient de lui les ecclésiastiques de son clergé.

. . . .

...Atqui reuerendus in Christo pater ac amplissimus Tullensis antistes, vigilantissimus pastor vester, o sacerdotes diuinis altaribus destinati: utpote HUGO HAZART : *virtutibus ac moribus (qui vere hominem exornant) admodum decoratus. cui preter extrariorum bonorum affluentiam : quibus ad frugalitatem, dei cultum, sanctorum locorum, monasteriorum templorumque instaurationem duntaxat utitur : animi constantia, prudentia, morum grauitas, affabilitas, super commissum gregem vigilantia, et omnis denique virtutum decor cumulatissime adest ; ut eximio honestatis omnis, et probitatis splendore inclytus et insignis euadat. sua (qua plurimum valet) grauissima auctoritate curauit hosce libros sacris facundis admodum accommodos, omnium qui sua diocesi Tullensi pertinent usui parari : et majore quidem quam antea dispositi erant commoditate atque opportunitate.. . . . . . , ... , .*
.., Quocirca ingentes debetis gratias et immortales vestro sacratissimo presuli : pro hoc suscepto beneficio, suaque in vos beniuolentia, sedulitate, et diligentia. Quas vt pro viribus (sicut par est) exoluatis, vestrum omnium est assuidas pro eo preces, votaque apud deum effundere : ut post dominicum gregem in terris vigilantius custoditum, in eterna celi pascua, cum bono et vero pastore Christo recipi mereatur. Valete.

« Or, ô Prêtres destinés au service des divins autels, le Révérend Père en Jésus-Christ et très-illustre Evêque de Toul, votre prenier pasteur: à savoir, Hugues Hazart, orné des vertus et des mœurs qui font avant tout l'illustration d'un homme, outre, affluence des biens extérieurs, dont il n'use, dans sa frugalité, que pour le culte du Seigneur et la construction des lieux saints, des monastères et des églises, possède la fermeté d'esprit, la prudence, la gravité des mœurs, l'affabilité, la vigilance sur le troupeau confié à sa garde, en un mot, la splendeur et la perfection de toutes les vertus; de telle sorte qu'il n'apparaît qu'avec un admirable éclat de décence et de probité, — Hugues, par la vénérable autorité, qui par-dessus tout l'élève à vos yeux, a pris soin de faire réparer pour les augustes cérémonies du culte, ces livres pour l'usage de tous ceux qui appartiennent à son diocèse de Toul, et de leur donner plus de commodité et d'opportunité qu'ils n'en avaient auparavant. C'est pourquoi vous devez de grandes et d'immortelles actions de grâces à votre saint Prélat, pour ce bienfait que vous en recevez, pour sa bienveillance, sa sollicitude et ses bontés envers vous. Ne cessez donc, ainsi que vous le devez, d'offrir à Dieu pour lui, avec une persévérante assiduité, des prières et des vœux, afin qu'après avoir gardé avec vigilance sur la terre, le troupeau du Seigneur, il mérite d'être reçu avec Jésus-Christ le bon et véritable pasteur, dans les éternels pâturages des cieux. Adieu! »

Pour donner au lecteur une idée de ce qu'était en Lorraine, il y a trois siècles et plus, le bon vieux langage de nos pères, nous croyons utile d'ajouter à cet appendice quelques extraits de la traduction des Statuts synodaux en *rouman*, ou langue romane vulgaire, alors en usage parmi le peuple. De ces passages, le premier et le deuxième sont relatifs à l'observation du Dimanche; le troisième, aux prières du prône, et le quatrième à l'administration des sacrements aux malades.

Indépendamment de certaines locutions inusitées aujourd'hui, ou dont l'orthographe surannée rappelle beaucoup mieux l'étymologie que notre moderne orthographe, on remarquera que les signes de ponctuation sont rares ou bizarrement placés, les apostrophes supprimés, l'*y* grec employé pour l'*i*, l'*u* pour le *v* dans le cours des mots, et le *v* pour l'*u* au commencement.

« Les dimenches et les festes selon le rite et coustume mesmement les dimenches es eglises parrochiales soit dicte et celebree la messe parrochiale enuyron heure de tierce qui sont quelque troys heures auant mydi. A laquelle messe, tous parrochiens et hommes et femmes grandz et petiz (et mesmement les chiefz dostel) deuotement se y trouuent et sy assemblent: et qu'ilz ne saillent point de leurs eglise iusques a tant que ladicte messe soyt finie saulue touteffoys se necessite constreingnoit quelcung ou quelcune de soy en aler. Et que tous les parrochiens prengnent du pain benict de par leur prestre, et qu'ilz ouyent paisiblement les commandemens de leglise et les festes que sont de garde et qu'ilz souffrent et endurent paciemment ce quest de coustume estre fait et dit au prosne dune chascune eglise parrochiale. » *(Stat. Syn.* Fol. xxxiv, *verso.)*

« Touteffoys il est tresbon densuyure la fasson daulcunes eueschez, esquelz on fait dire en rouman le *Pater noster*, et *Ave Maria*, le grant *Credo* et le petit selon la doctrine du venerable docteur Gerson. Affin que ceulx qui ne les scauent les puissent apprendre au moins par souvent ouyr dire.

» Sensuyt doncques le *Pater noster* en rouman.

Nostre pere qui es ez cieulx sanctifie soit ton nom. Ton royaulme nous aduiengne. Ta volunte soit faicte en la terre comme ez cielz. Nostre pain quotidian donne nous auiourduy. Et nous pardonne nos pechez comme à tous nous pardonnons. Et ne souffre pas que nous soyons veincuz en temptation. Mais garde nous de mal *Amen.*

» Puis sensuyt *Ave Maria.*

» Je te salue Marie plainne de grace Nostre Seigneur est auec toy. Tu es benicte sur toutes femmes : et benict est le fruict de ton ventre Jésus *Amen.*

» Saincte Marie mere de Dieu prie pour nous pecheurs *Amen.* (*Ibid.* Fol. liiii. *verso.*)

» Puys sensuyuent les articles de la foy.

» Je croy en Dieu le pere tout puissant createur du ciel et de la terre. Et en iesuchrist son filz vnicque nostre Seigneur. Qui fut conceu du sainct esperit. Ne de la Vierge marie. Souffrit dessoubz ponce pilate fut crucifie mort et ensevely descendit aux enfers. Le tiers iour resuscita de mort. Monta ez cieulx. Se siet a la dextre de Dieu le pere tout puissant. En apres viendra iuger les vifz et les mortz. Je croy au sainct esperit. La saincte eglise catholicque. La communion des sainctz. La remission des pechez. La resurrection de la chair. La vie eternelle. *Amen.* (*Ibid.* Fol. lv.) »

« Au surplus nous voulons et ordonnons que les deseruans cures (quant ilz tiendront ou feront leur prosne) ayent a deffendre a tous hosteliers et aultres quilz ne soient sy temeraires ne sy presumptueux de recepuoir aulcung en leur logis en temps (ou deuant) que on dit la messe parrochiale ou vespres es iours de feste mesmement les dimenches pour iouer a quelque ieu que ce soyt. Aussy quant ce ne seroit que pour boire et beaucoup moins se iceulx voulant boire nauoient ouy la messe. Touteffoys les passans et ayans leur chemyn sont excusables car on ne sceyt le plus souuent quelle necessite ilz ont. Et quiconque sera sy temeraire et oultrageux dainsy faire ou estre receptateur et recuylleur ordinaire et continuel de ioueurs aux dez, aux cartes, aux tables : et telz ieux de sort qui sont tous prohibez et deffenduz, et de droit canon et de droit ciuil. Nous voulons que telz soyent puniz pecuniairement pour le premier coup, se ilz ne desistent. Et puis apres se ilz sont endurcyz en leur temerite. Nous entendons qu'ilz soyent priuez de tous sacremens de leglise : Et puis apres admonnestes, denoncez pour excommuniez comme contumaces. Et ainsy voulons estre fait de ceulx et celles que durant leurs messes parrochiales ou vespres vont cacquetter hors de lesglise au cymitiere, ou ça ou la. » (*Ibid.* Fol. lxii.)

Cette sévérité de la discipline ecclésiastique d'autrefois, qui étonne peut-être aujourd'hui notre indifférence, avait, dans ces temps de forte croyance, beaucoup plus d'empire sur les esprits, pour la répression de maints désordres, que n'en exercent actuellement les pénalités légales, trop souvent impuissantes.

« Encores et dauantaige il est bien conuenable de veoir que doibt faire vng confesseur se dauenture il aduient que ung pouure malade meure sans confession, et qu'il trepasse de ce monde auant que ledit confesseur soit venu à luy. Pour certain nous disons en tel cas que se le pouure malade preuenu d'mort ne fait point confession sacramentale entierement : au moins mais qu'il soit contrict en son cueur qui se congnoit : par ce quil a faict signes de penitence. Exemple, Car il tendoit et ioinnoit les mains enuers le ciel : il frappoit sa poictreine : et a laduenture il disoit : *Miserere*, ou *Hélas*, ou *Iesu*, ou quelque aultre chose semblable : qui sont signes de demander pardon et crier mercy. Et a lauenture se il a veu ou ouy le confesseur il a fait quelque signe de soy vouloir confesser : combien que alors il ne pouoit parler. Adoncques a vng tel malade on doit faire tant de soulas et de soulagement dhumanite que faire se peult : voire en le reconciliant à nostre mere lesglise se dauenture il estoit excommunie : et en labsoluant de ses pechez entant que lauctorite de leglise se peult extendre : auec esperance et confiance que nostre pere celeste en pitie et en misericorde disposera et fera auecques luy. » (*Ibid.* Fol. xxxi.)

APPENDICE N° 7.

L'autorité municipale de Blénod a tellement compris, de tout temps, les conséquences funestes qui peuvent résulter de la fréquentation des cabarets, par les jeunes gens surtout, qu'aux jours mêmes que depuis on a nommé les jours de la licence, elle rendait les arrêtés suivants :

Le vingt-quatrième jour du mois de Nivôse, an onze de la république française :

Le Maire du bourg de Blénod.... Considérant qu'il est instant de mettre un frein à la tolérance des bals publics qui..... entraînent toujours la licence, la corruption des mœurs, l'oubli des devoirs, le chagrin des familles, enfin les rixes, suites nécessaires des rassemblements, où l'ordre et la décence ne sont maintenus par la présence d'aucun chef. Considérant qu'il est du devoir des magistrats de tranquilliser leurs concitoyens sur la conduite de leurs enfants, pupilles ou domestiques, et d'assurer le repos public, souvent troublé par les clameurs et les courses nocturnes. Considérant que dans les communes *bien policées*, il y a toujours eu des règlements de police pour prévenir ces abus, Arrête : 1° Il est défendu à tout cabaretier, débitant de vin et autres liqueurs, de donner à boire, en aucun temps, à des enfants de famille et domestiques non mariés, au-dessous de l'âge de vingt ans.

2° Défendu également aux cabaretiers et marchands de liqueurs, de donner à boire, à qui que ce soit, après neuf heures du soir en hiver, et dix heures en été.

3° Pareille défense est faite à tout particulier, de donner asile à des jeunes gens qui apporteraient chez eux des provisions de bouche sans la permission de leurs parents.....

4° ..... Il est défendu de jouer d'aucun instrument dans les rues, passé dix heures du soir.

5° Les contrevenants à la présente ordonnance seront punis, pour la première fois, d'une amende qui ne pourra être moindre de trois francs ou de trois jours de prison, et, en cas de récidive, traduits au tribunal correctionnel.

(*Affaires de la commune de Blénod, feuillet 67, recto.*)

Le dix-sept Fructidor, an onze de la république :

L'adjoint de la mairie de Blénod (le maire absent)....... arrête ce qui suit :

2° Défense est faite à tout joueur d'instrument de jouer, et à tout cabaretier de donner à boire passé lesdites heures (dix heures du soir en été, neuf heures en hiver) et pendant l'exercice du culte.

3° Les contrevenants à la présente ordonnance seront punis d'une amende de police ordinaire, et, en cas de récidive, poursuivis correctionnellement. *(Feuillet 70, verso, du registre des délibérations de la Commune.)*

Le quinze août mil huit cent six :
Vu l'arrêté du Préfet, du 28 juillet dernier :.........
2° La fréquentation des cabarets est interdite aux gens du lieu, ainsi que les jeux, spectacles et divertissements publics, pendant les cérémonies religieuses, les dimanches et fêtes chômées, et en tout temps après la retraite. *(Feuillet 81, verso, ibid.)*

Indépendamment des dispositions subséquentes de l'autorité municipale de Blénod, au sujet de la police de ce bourg, entre autres du règlement de police du 12 décembre 1814, réclamé par le conseil municipal et par les notables habitants du lieu (a), M. le Préfet de la Meurthe, par une circulaire en date du 13 janvier 1842, semble avoir renouvelé et confirmé les précédents arrêtés. Il engage, en effet, MM. les Maires « à défendre aux »aubergistes, cabaretiers et débitants de boissons, de tenir leur »maison ouverte, et d'y donner à boire et à jouer pendant le »temps de l'office, les dimanches et les jours de fêtes reconnues »par la loi. »

APPENDICE N° 8.

Le pays toulois doit presque exclusivement à la Religion, ce qu'il renferme d'intéressant et de remarquable. La plupart des pontifes qui ont gouverné l'église de Toul ont mis leur bonheur et leur gloire à doter leur diocèse de monuments admirables et d'utiles établissements. Plusieurs d'entre eux ont poussé le désintéressement jusqu'à ne vouloir pas même prélever sur les revenus de l'évêché, qui étaient considérables, la dépense de leur maison. Avec les Gauzelin, les Gérard, Hugues des Hazards fut du nombre ; et, parmi ceux qui vinrent après, comment, de préférence, ne pas nommer l'évêque Claude Drouas de Boussey ?

La récente histoire de Toul donne, sur la bienfaisance de ce prélat, des détails intéressants ; il en est d'autres, cependant, qu'elle ne cite pas et qui méritent d'être conservés.

Ayant dépensé déjà des sommes considérables pour procurer des vivres aux Toulois dans la détresse, Mgr. Drouas apprend que

---

(a) Affaires de la commune de Blénod, 106e feuillet, verso.

les provisions diminuent, que de nouveaux besoins se font sentir :
« *Il faut que les pauvres aient leur compte*, écrit-il aussitôt à
» M. Olry, maire de la ville, et depuis, subdélégué : *ne m'épargnez*
» *pas dans leurs besoins. Malgré la presse où je suis*, J'EMPRUN-
» TERAI *plutôt que de laisser manquer nos citoyens du nécessaire.* »

Ce M. Olry se trouvant, en 1788, chez M. de Valcourt, commissaire des guerres, avec M. Minier, qui fut curé de Biqueley, affirma que l'évêque Drouas avait totalement dépensé, en fondations et en bonnes œuvres, les revenus de son évêché. Expliquez-vous, lui dit M. de Valcourt. L'évêché de Toul valait soixante mille francs, reprit M. Olry ; or, il employait, chaque année, cette somme en bonnes œuvres. Comme les revenus de l'évêché consistaient, en partie, en récoltes de vins, et que Mgr. Drouas, originaire de Bourgogne, avait une manière excellente pour bien faire et conserver ce liquide, manière qu'il enseigna à ses diocésains, qui surent en profiter, il augmentait son revenu d'une douzaine de mille francs ; et c'est avec ce produit de son industrie, qu'il couvrait les dépenses de sa maison et qu'il vivait très-honorablement.

M. Desbroux, procureur du Roi, répéta plusieurs fois à M. Gérard, curé de Moutrot, dont nous avons les notes sous les yeux, que rarement Mgr. Drouas, administrateur-né de l'hospice Saint-Charles de Toul, assistait aux assemblées du bureau sans laisser, sur la cheminée de la salle, un rouleau de vingt-cinq louis.

Il fonda la retraite annuelle de huit jours, pour les curés du diocèse, au séminaire, que, pour cet objet, il dota de cinquante mille francs.

La construction du collége St.-Claude lui coûta cent mille francs.

L'ameublement de cette maison : quarante mille francs.

Pour le traitement du supérieur, d'un procureur, de sept professeurs, la pension gratuite de vingt-neuf élèves, et les gages de quatre domestiques, il laissa un fonds de deux cent mille francs.

M. Gérard porte à vingt-cinq mille francs le chiffre de la somme que Monseigneur de Toul donna pour aider à la construction de la caserne de cavalerie.

Dieu seul connaît, pour les récompenser, les aumônes secrètes qu'il fit tenir à de pauvres familles auxquelles il épargna les étreintes de la misère et la honte de la mendicité.

APPENDICE N° 9.

Les preuves justificatives des graves missions confiées à la prudence de Hugues des Hazards, et des témoignages solennels de considération qui lui ont été prodigués, soit avant, soit pendant son épiscopat, par les ducs de Lorraine, ou par d'autres personnages contemporains, nous ont paru mériter d'être groupées en faisceau dans un dernier appendice ; en sorte que notre ouvrage, qui commence par le récent éloge du Prélat qui nous en inspira la pensée première, finit aussi par un tribut payé à sa mémoire, le tribut du passé.

Ici, Hugues préside les Etats assemblés ; là, il agit et parle au nom des Princes : c'est le duc René, c'est l'évêque Olry de Blâmont, qui lui donnent, tour à tour, en le chargeant de faire exécuter leurs volontés dernières, les plus hautes marques d'affection, d'estime et de confiance qu'un homme puisse donner ici-bas à un autre homme ; c'est Champier, le naïf chroniqueur, qui appelle un reflet de sa mitre épiscopale sur ses récits mi-partis de vieux français et de latin, et lui consacre, à la fin de son œuvre, un souvenir biographique. Partout, le nom de Hugues des Hazards nous apparaît entouré d'une auréole d'amour, de respect et d'admiration !

Dans une *Procuration du Roy René à ses Députez, pour traicter de ses différends avec le Seigneur de Sedan*, datée de Lunéville, du 8 septembre 1494, Hugues des Hazards figure parmi les délégués de ce Prince.

« Sçavoir faisons, que nous à plain confians des sens, discretion, science, prudomie, et bonne diligence estans ez personnes de venerables nos amez et feaux Conseillers, Maistre Jean Briel, Grand-Archidiacre de Toul ; Hugues des Hazars, Prevost de notre Eglise collegiale, Monsieur Saint George de Nancey, Docteurs ; Jehan de Villiers, notre Procureur de Bar, etc.... »

Un acte de cession des villes et prévotés d'Azeraille, Dellacourt, etc., à Olry de Blâmont, par le Duc René II, porte la subscription de Hugues des Hazards.

Et sur le reply est escript : Par le Roy de Sicille, etc., Maistre Hugues des Hazars, Prevost de Saint-George de Nancey, present, etc....

Olry de Blâmont, évêque et comte de Toul, ayant de son côté

donné au duc René II, par acte authentique du 16 mars 1503, ses terres, châteaux et seigneuries de Blâmont, Deneuvre, Amerémont, Mandres aux-quatre-Tours, etc. le prince, par lettres du 19 mars même année, désigna HUGUES DES HAZARDS, avec plusieurs autres seigneurs, pour en prendre possession solennelle.

«..Et que pour prendre possession d'iceux (biens) besoing nous soit d'y envoyer personnages notables et a nous feaulx, sçavoir faisons, que nous confians à plein de sens, loyauté, diligence, et autres vertus estans ez personnes de nos tres chers et feaux conseillers Euvrat de Haracourt Seigneur de Germiny, Bailly de Nancey, Maistre HUGUES DES HAZARDS Docteur en chacun droict, Prevost de Saint-George et Président de Lorraine, Mᵉ Jean de l'Eglise Licencier ez lois, et Procureur general de Lorraine, iceux et un chacun d'eulx, conjointement et divisement avons constitué et estably, et par ces presentes constituons et establissons nos Procureurs generaulx, et Messages especiaulx, de pour et en notre nom, prendre, accepter et apprehender la possession réelle, actuelle et corporelle de toutes les Villes, Chasteaux et Seigneuries dessusdits, ainsi à nous données et transportées par notredit cousin; recevoir les sermens des subjects, manans et habitans, tant en particulier que communauté, et en tant que mestier sera, en requerir l'investiture à qui il appartiendra, etc.. »

En vertu de ces pouvoirs, « le dimanche Vingt-septiesme jour du mois de mars, l'an premier du Pontificat de notre tres Saint Pere en Jesus-Christ et Seigneur notre Seigneur Jule par la divine providence Pape second, en la Hale de la Ville de Deneuvre au Diocèse de Toul, environ les dix heures avant midy, et incontinent après la Messe Parrochialle dudit lieu, les Officiers, Bourgeois, Manans et Habitans dudit Deneuvre, illecques assemblez par et en Communaulté, en presence de nous Notaires publicques et de tesmoings soubscripts specialement aux choses qui s'ensuivent appellez et requis, vindrent devers lesdits Officiers, Bourgeois, Manans, Habitans et Communauté, Noble, venerable et circonspecte personne Messire Evrat de Haracourt, Chevalier, Bailly de Nancey, et Mᵉ HUGUES DES HAZARS, Docteur en chacun droict, Prevost de l'Eglise collegialle Sainct-Georges de Nancey, President de Lorraine, Ambedeux Procureurs, et Commissaires de tres hault et de tres puissant Prince René, Roy de Hierusalem et de Sicile, Duc de Lorraine, de Bar etc. . . . .

. . . .
» A doncques ledit Seigneur President(a) leur dict: « Messieurs,
» vous levez tous les mains devers le Ciel, et jurez par vos parts de
» Paradis, et par tout ce que tenez de Dieu, que doresnavant vous

(a) HUGUES DES HAZARDS.

» serez bons, loyaulx et obéissants subgetz du Roy de Sicile, Duc
» de Lorraine et de Bar, notre tres redoubté et souverain Seigneur,
» ses heritiers, successeurs et ayans-cause Ducs de Lorraine;» lesquels Officiers, Bourgeois, Habitans et Communauté tenans les mains eslevées en hault, dirent : «Ouy, ainsi le jurons. »

La prise de possession des autres seigneuries concédées au duc René, se fit les jours suivants et avec le même cérémonial, sous la présidence de HUGUES DES HAZARDS, qui reçut pareillement le serment des diverses communautés.)Voyez D. CALMET, *Hist. de Lorr.*, tom. IV, *Preuv.*, col. cccxxxvij—cccxlviij.)

Dans son testament fait au château de Deneuvre, l'an de grâce 1505, le 25 septembre, Olry de Blâmont, prédécesseur immédiat de HUGUES DES HAZARDS, le désigna en ces termes, parmi les exécuteurs de ses dernières volontés :

» Item, eslisons, nommons et députons pour executeurs de ce present notre testament, derniere volunté et ordonnance, venerables nos tres chiers et feaux Conseillers Maistre HUGUES DES HAZARDS, Prevost de l'Eglise de Sainct George de Nancy, Président de Lorraine, ledict Maistre Didier de Bistorff notre Vicaire, Gaspard de Haussonville, bailly de notre Evêchié, et Maistre Nicole Thiery notre Secretaire, ès-mains desquels nous avons mis et mettons tous nos biens... » (D. CALMET, *His. de Lorr.*, tom. IV. *Preuv.* Colonne cccliv.)

Le duc René II professait, à son tour, une si grande estime pour HUGUES DES HAZARDS, maintes fois chargé par lui des missions les plus délicates, qu'il voulut, en quelque sorte lui continuer après sa mort, la haute confiance dont il l'avait honoré pendant sa vie. En effet, dans le premier testament de ce prince, daté du 25e jour de mai 1506, au château de Louppy, nous lisons le passage suivant :

« Item, élisons, créons, et députons pour exécuteurs de ce présent notre testament et dernière volonté, notre ditte très-chère et très-sensée compagne épouse, notre fils aîné Anthoine et nos très-chers et feaux Conseillers Varry de Domp-Martin, évêque et comte de Verdun, Maistre HUGUES DES HAZARS *eslu évêque de Toul*, sieur Hardy Tillon notre maistre d'hostel, ès mains desquels laissons nos biens et revenus pour faire et accomplir tout le contenu en iceluy, et le mettre en exécution entière, et lequel notre testament, ordonnance et dernière volonté, voulons qu'il soit valable et sortir son effet... » (DOM CALMET, *Hist. de Lorr. Preuv.*, tom. VI, col. ccclv.)

Et sur le reply dud. Testament est écript: Par le Roy, Reverend Pere en Dieu Me HUGUES DES HAZARDS *élu Evêque de Toul* Claude de Hebert, etc.

Le duc René II mourut au château de Fains, près de Bar-le-Duc, le 10 décembre 1508, des suites d'un catharre qui l'avait saisi au milieu d'une chasse aux loups. Son corps, après avoir été exposé pendant plusieurs jours dans l'Eglise St.-Maxe de Bar, fut remis dans un nouveau cercueil pour être transféré dans l'église des Cordeliers de Nancy, où le Prince avait choisi sa sépulture. Le Char funèbre arriva à Toul le 15. En décrivant dans son *Histoire*, pages 603 et 604, les cérémonies religieuses qui furent faites à cette occasion, pendant deux jours, dans la Cathédrale de cette ville, le père Benoît rapporte que tout le clergé, les ordres religieux, la noblesse, les magistrats et le peuple concoururent avec un pieux empressement à l'éclat de cette lugubre solennité. Or, quoiqu'il n'en soit pas fait mention expresse, tout porte à croire qu'elle s'accomplit sous la présidence immédiate de l'Evêque Hugues des Hazards, que le trépas inattendu de René avait sans doute navré profondément, et qui ne dut pas manquer, en cette douloureuse circonstance, de payer à son royal bienfaiteur l'hommage public de sa reconnaissance, de son affection et de ses regrets.

En conséquence, de ce tragique événement, plusieurs Seigneurs furent délégués pour transmettre à la reine Philippe de Gueldres veuve du duc René II, la délibération par laquelle les trois Etats assemblés dans la grande salle du Palais ducal, à Nancy, le 3 février 1508, déclaraient son fils aîné le duc Antoine, hors de tutelle et en âge de succéder à son père.

» Lesquels (délégués) retournant en ladite salle, rapportèrent et dirent icelle dame (Philippe de Gueldres), estre contente, et déliberée faire selon le bon advis et déliberation, et de fait, peu après vindrent en ladite salle ladite Dame, ensemble le devantdit Seigneur Duc (Anthoine) et Claude Monseigneur ses enfants, et elle estant en son siege Royal, ayant à sa droicte et à senextré lesdicts Seigneurs ses enfans, Reverend Pere en Dieu Monseigneur Hugues des Hazards Evêque et Comte de Toul, de l'ordonnance de ladite Dame, parlant auxdits Seigneurs des Estats, dit et proposa hautement et publiquement les paroles qui s'ensuivent, et semblablement : « En effect, Messieurs, vous avez faict
» dire et remontrer à la Reine nostre Souveraine Dame, qui cy est
» par vos Députez et Commis, que tous ensembles trouvent par vos
» loix et coustumes Monseigneur de Calabre estre hors de minorité,
» en aage compétant, et suffisamment qualifié pour estre hors
» de tutelle et main-bournie ; et pour ce que la Reine a toujours
» dit qu'en toute chose elle se veut gouverner et conduire par vos
» bons conseils et advis, puisque ainsi est que l'avez ainsi dit et
» déclaré, elle consent franchement et liberalement que ainsi se

» fasse ; et quant à elle elle se met hors de sa main-bournie et
» curatelle, et le vous presente pour votre Duc, Prince et Souverain
» Seigneur, vous priant et requerant que luy soyiez bons et loyaux
» et obéissans, ainsi que vous avez esté au feu bon Roy son Pere,
» que Dieu pardonne. » Sur quoy ledit Seigneur Evêque leur demanda, si ainsi estoit comme dessus, et si de leur part, et en tant qu'à eux appartenoit, ils le mettoient hors de ladite curatelle et main-bournie, et s'ils le tenoient pour leur Prince et Duc desdits deux Duchez ? A quoi répondirent qu'ouy. Et en outre leur demanda s'ils tenoient le testament qu'ils avoient ouy lire du feu Roy, que Dieu pardonne, bon et valable, et s'ils le vouloient tenir et garder en tous ses poincts, mesme touchant l'union des deux Duchez de Lorraine et de Bar, selon la disposition que ledit feu Roy en avoit faict et ordonné par son testament ? A quoi pareillement répondirent qu'ouy. »

(*Acte des trois États des Duchez de Lorraine et de Bar,*
D. CALMET, *Hist. de Lorr*., tom. IV, colon. ccclx.)

» L'an 1508. le douzième jour de febvrier furent mandez par la Royne Philippe de Gueldres, Duchesse de Lorraine et de Bar, et par son Conseil de Lorraine, les Etats ; laquelle Dame vint à Nancy, et admena Monsieur Anthoine (*a*) et Monsieur Claude (*e*), enfans du bon feu roi René, dont Dieu ait l'âme ; toute la Noblesse de l'Eglise s'y comparut, et toute la Noblesse seigneurialle, tous les Comtes, tous les Barons, Chevaliers et Escuyers, toute la Bourgeoisie ; ledit jour de susdit à une heure après midy, se comparurent tous en la grande salle en la Court, laquelle estoit tendue des nobles Tapisseries ; ladite Dame assise en une chaise Royalle, Monsieur Anthoine à la dextre, et Monsieur Claude à la senestre, ladicte Dame salua toute la Noblesse, laquelle se présenta à gouverné toute la Duchié, et fut leu le Testament du bon feu Roi, dont Dieu ait l'âme, et par ladite Royne, et pour sa venue et des enfants, et pour ayder à soubstenir le Pays, et pour paye pour la paix faicte, eschut par chacun feu trois florins. Toute la Seigneurie d'un commun accord dirent, que puisque Monsieur Anthoine estoit en aage, que ils le vouloient pour Prince. Alors tous se retirent, et donnirent conseil au Duc Anthoine de faire son entrée, lequel incontinent se meit en poinct, moult noblement accompagnié de sa Noblesse, tout l'Estat de l'Eglise, la Croix, le Cuissal (*c*) Monsieur Sainct Georges et tout le reste

(*a*) Antoine, duc de Lorraine.
(*b*) Claude de Lorraine, frère d'Antoine, duc de Guise, chef de l'illustre famille de ce nom.
(*c*) Le Reliquaire contenant l'os de la cuisse de saint George.

de la Noblesse en belle Procession et ordonnance ; tous s'en allirent hors de la porte Sainct Nicolas. Ledit Duc Anthoine partit de sa Court par la Poterne, et vint faire son entrée par ladite Porte Sainct Nicolas ; moult noblement fut receu. Il baisa la Croix et le Cuissal Monsieur Sainct Georges, et tous en belle Procession fut conduict jusques devant l'Église Monsieur Sainct Georges : là meit pied à terre, il fut mené en ladite Eglise, devant le grand Autel, par Monsieur de Toul Chef de l'Eglise (a), (par) lequel fut prins son serment de bonnement sa vie durant d'entretenir le bras séculier et tous les droicts de toute sa Noblesse et de tous les droicts du Pays ; Dieu lui donne la grâce de bonnement et longuement vivre en bonne santé et prospérité et Paradis à la fin. Le cheval sur lequel il estoit monté demeura acquis ès-dits Seigneurs de Sainct Georges, ledit Duc et toute sa Noblesse en allirent tous à la Court faire la bonne chiere. Le lendemain fut faict ez Pieds-deschaux (b), ung notable Service pour le bon feu Roi, dont Dieu ait l'âme. »

(D. Calmet, *ibid.* tome 7e. Preuv. col. cxliij. Texte confronté avec le manuscrit de M. l'Abbé Marchal.)

« Le pénultième jour du mois de janvier 1508, ou si l'on veut, 1509 avant Pâques, le duc Antoine étant en la cathédrale de Toul devant le grand autel, qui étoit chargé des saintes Reliques, en présence du Seigneur Évêque (c), de quelques Chanoines, et des maîtres Echevins de la ville, fit son serment, les mains appuyées sur le Canon du missel, de conserver la ville de Toul et ses Habitans, en toutes leurs franchises, libertez, droits, honneurs, prérogatives et jurisdiction ; de les défendre et protéger envers et contre tous, et d'observer tous les points et articles contenus dans les traitez faits entre les Ducs, ses prédécesseurs et ladite Cité. Après quoi, le maître Echevin fit pareillement son serment sur le Canon de la messe, en son nom et au nom de la Cité, d'observer fidèlement tous les articles des anciens traitez passez avec les Ducs de Lorraine. »

D. Calmet, *Hist. de Lorraine*, tom. II, col. 1253.)

Déjà, dans la note 20e de l'*Eloge historique*, page 45, nous avons rappelé sommairement que Symphorien Champier, médecin du duc Antoine, et le plus ancien historien connu qui ait écrit sur la Lorraine, avait dédié à l'Evêque Hugues des Hazards son *Recueil ou Chronique des hystoires des Royaulmes d'Austrasie*, etc., im-

(a) Hugues des Hazards, alors évêque de Toul.
(b) Les religieux Cordeliers.
(c) Hugues des Hazards.

rimée à Lyon, et mise en vente à Nancy en 1509. Pour justifier et ompléter cette indication, nous croyons utile de donner ici, avec traduction en français, un extrait de la dédicace du livre, et le ortrait moral, historique et physique de HUGUES DES HAZARDS, ar lequel Champier termine, à la fin de son ouvrage, l'*Hystoire es saintz Contes et Euesques de Toul*. Cet hommage est d'autant lus intéressant aujourd'hui, qu'il fut rendu à notre illustre Pon- fe, il y a plus de trois siècles, par un des beaux esprits de son emps, qui, en outre, comme le poëte Pilladius, s'honorait de par- ger son amitié.

1° DÉDICACE DE LA CHRONIQUE DE SYMPHORIEN CHAMPIER.

Après avoir énuméré les avantages qu'on retire de la lecture e l'Histoire, en général, le chroniqueur s'adresse au Pontife de Eglise de Toul, dans les termes suivants :

Sacro antistiti HUGONI DE HAZARDIS *episcopo et comiti tullensi ymphorianus Champerius. S. D. P.*
Interim tu antistes cape vultu sereno historiam hanc sub tuo atrocinio editam. Quam queso feriatus perlegas. Cuius argumen- m et materiam ex titulo cognosces. Valle decus antistitum. ymphorianum Champerium qui tibi deditissimus est mutuo more complectere. Nec non edulia hec nostra gustato. Quorum dipata condimenta hominem interiorem. pinguedine quadam lutari poterunt saginare. Iterum vale ; et me quod facis ama.

(a) Sympherien Champier, noble d'origine, naquit à Ste. Saphorine -Château, dans le Lyonnois, en 1472, comme il le dit lui-même ans sa *Nef des Princes*. En passant par Lyon, en 1510, avec le roi ouis XII, pour la guerre d'Italie, le duc Antoine prit Champier our son premier médecin, et le combla de biens et d'honneurs ; et our le récompenser de son dévouement à sa personne au milieu des angers de cette guerre, il le fit Chevalier de sa propre main. Cham- ier épousa Marguerite du Terrail de la maison du Chevalier ayard ; et pour se faire plus d'honneur de cette alliance, il composa n Roman intitulé : *La vie et les gestes du preu et vaillant Che- allier Capitaine Bayard Dauphinois*. Dom Calmet, à qui nous mpruntons ces détails, donne la liste de *quarante* ouvrages, publiés ur la médecine et l'histoire, tant en latin qu'en français, par ymphorien Champier, dont les travaux ont fait faire des progrès à science médicinale. Son fils Claude Champier composa, à peine gé de 18 ans, un livre aujourd'hui introuvable, sur *Les Singula- itez de la Gaule*. (Voyez D. CALMET, *Bibliot. lorr*, au mot hampier.)

Ex nancio. V. Idus februarii. Anno Domini. Millesimo. IX. Post quingentesimum.

« Au saint Prélat Hugues des Hazards, Evêque et Comte de Toul, Symphorien Champier, salut.

» Daignez donc, illustre Prélat, accueillir d'un œil favorable cette histoire publiée sous votre patronage : veuillez la lire dans vos heures de loisir. Le titre seul vous en fera connaître le but et la matière. Salut à vous, qui êtes l'honneur de l'Episcopat! Accordez la réciprocité de votre amitié à ce Symphorien Champier qui vous est lui-même si dévoué ; savourez le mets littéraire que nous vous avons préparé, et dont l'exquis assaisonnement pourra procurer à l'âme, en la nourrissant, d'abondantes et salutaires jouissances. Encore une fois, salut! Continuez-moi votre affection accoutumée. De Nancy, le cinq des Ides de février, l'an de Notre Seigneur, mil cinq cent-neuf. »

2° Portrait de Hugues des Hazards.

Hugo de Hazardis episcopus tullensis LXVII. natione gallus : patria lotharingus. Est enim vir litterarum scientissimus ac virorum doctorum observantissimus. Hunc ejus frater qui utriusque juris doctor erat et tullensis canonicus educauit instruitque : una et litteris humanis pariter et diuinis a principio summopere illum instituit et erudiri curauit. In quibus certe ut erat acri ingenio adolescens præstantissimus euasit. Quo factum est ut in explicandis negociis optimam facundiam ab ipsa sua adolescentia demonstraret : quapropter et in maturiori etate episcopalem dignitatem eidem Regnatus Sicilie rex ultimus concessit. In qua quidem ecclesia tanta cum omni lotharingientium beniuolentia atque admiratione se exhibuit ut tandem ad id fastigium merito peruenire meruerit. In qua quidem dignitate : per sex annos maxima rerum pericula atque naufragia constanti animo maximum experimentum de se dedit. Est autem Hugo studiosissimus iuris canonici doctor : et doctorum virorum amantissimus : statura mediocri : facie senecta et serena quem speramus Girardi predecessoris sui vestigia esse imitaturum.

« Hugues des Hazards, soixante-septième (a) évêque de Toul, français de nation, lorrain de naissance, est un personnage très-

(a) Le rang numérique assigné à Hugues des Hazards par Symphorien Champier, son contemporain, par l'épitaphe d'Olry, son frère aîné, et par l'inscription extérieure du portail de l'Eglise de

rsé dans les lettres, et qui honore d'une haute considération les ommes instruits. Son frère (a), docteur en l'un et l'autre droits ; chanoine de Toul, lui procura le double bienfait de l'éducation t de l'enseignement; il le forma de bonne heure, avec le plus rand soin, et lui fit acquérir une connaissance approfondie des ciences humaines et divines, dans lesquelles HUGUES, jeune ncore, se distingua par d'étonnants progrès, doué qu'il était 'une rare pénétration d'esprit. Aussi le vit-on, à peine adolescent, éployer dans le maniement des affaires, une éloquence et une agacité si remarquables, que, lorsqu'il eût atteint un âge plus ûr, le duc René, dernier roi de Sicile, lui offrit la dignité épiscopale. Or, dans l'Eglise de Toul, il sut si bien se concilier les ympathies et l'estime de tous les Lorrains, qu'il mérita d'être enfin levé au faîte de ce poste éminent; et depuis six ans (b) qu'il en st titulaire, il n'a cessé de donner, par son énergie constante au ilieu des périls et des catastrophes les plus inouïes, la mesure de on intelligence et de sa haute sagesse. HUGUES est un docteur rès-adonné à l'étude du droit canon, et l'ami déclaré des savants : est d'une taille médiocre, d'une physionomie vénérable et sereine; nous laisse espérer qu'il suivra les traces de saint Gérard, son rédécesseur. »

Malgré les minutieuses recherches auxquelles nous nous sommes ivré avec ardeur, pour découvrir, dans la poussière d'un passé ui va s'effaçant toujours à mesure qu'il s'éloigne de nous, jusu'aux moindres vestiges du nom de HUGUES DES HAZARDS ; il se eut, néanmoins, que quelque document nouveau, à nous inconnu,

Blénod, confirme ce que nous avons dit à la page 77e et dans la ote 6° qui y correspond, de l'opinion erronée selon nous, mais énéralement admise du vivant de ce Prélat.

(a) OLRY DES HAZARDS, frère aîné de HUGUES, qui, plein de vénéraion pour sa mémoire et de reconnaissance pour ses bienfaits, lui vait fait élever, dans la cathédrale de Toul, après sa mort arrivée n 1487, un mausolée dont il ne reste plus aujourd'hui aucun vestige, grâce au vandalisme des *Septembriseurs*.

(b) Dans son calcul, le chroniqueur fait sans doute remonter l'épiscopat de HUGUES DES HAZARDS à l'époque même où le choix du Prince s'arrêta sur lui ; car l'élection de ce Prélat, d'abord contestée par un compétiteur ne fut définitivement confirmée par le pape Jules II, qu'au mois d'août 1506 ; or, si Champier eût pris cette dernière date pour point de départ, il n'aurait évidemment dû compter ici que *trois années* au lieu de *six*, son livre ayant été imprimé seulement en 1509.

238　　　　　　APPENDICES.

tombe entre les mains de certains de nos lecteurs. Nous serons donc infiniment reconnaissant à ceux que favoriserait une bonne fortune de ce genre, s'ils veulent bien nous en rendre participant en nous communiquant leurs découvertes. De tels renseignements, s'ils nous paraissaient offrir un véritable intérêt, pourraient fournir matière, sinon à une édition nouvelle, au moins à un supplément qui compléterait le modeste ouvrage que nous abandonnons aujourd'hui aux chances de la publicité.

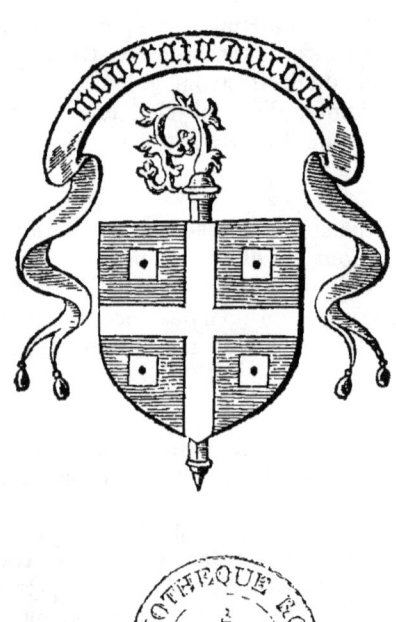

TABLE DES MATIÈRES.

	Pages.
DÉDICACE	V
À mes paroissiens	VII
Avant-propos	XI
Vers à l'auteur	XXVII
ÉLOGE HISTORIQUE DE HUGUES DES HAZARDS	1
Explications et notes	35
NOTICE SUR BLÉNOD	59
Château fortifié, dit *Galiaud*	64
Signal	71
Bauchanois	ib.
Quatre-Vaux	72
Camp romain	ib.
ÉGLISE	76
Tombeau de HUGUES DES HAZARDS	81
Autres monuments, sépultures	84
Chapelles détruites	87
Chapelle de Menne	95
ANCIENS ÉTABLISSEMENTS PUBLICS	101
Hôpital	102
Foires	ib.
Marchés publics	ib.
Halles	103
Justice de paix	ib.
Fondations de charité	104
CONSTRUCTIONS NOUVELLES	106
Chemin de communication de Blénod à Toul	ib.
Fontaines	107
Embellissement	108
Maisons d'école	109
Route royale de Nancy à Orléans, entre Toul et Vaucouleurs	111
BIENS COMMUNAUX	113
Forêts	ib.
Défrichement de la forêt de Voivre	115
INDICATIONS DIVERSES	117
Minéralogie	ib.

TABLE DES MATIÈRES,

Détails géologiques..	118
ANCIENNE ADMINISTRATION CIVILE DE BLÉNOD..............	120
Police intérieure...	123
Police extérieure,...	124
ADMINISTRATION DE LA JUSTICE	126
Plaids-annaux...	ib.
Taxe du vin...	127
Situation ancienne des habitants de Blénod	130
Changement de situation	139
Abus dans la plantation de la vigne.........................	140
Etat sanitaire des habitants................................	147
BIOGRAPHIE DES PERSONNAGES REMARQUABLES NÉS A BLÉNOD	151
LISTE DES PRINCIPAUX CURÉS DE BLÉNOD	168
Notes..	177
Appendices...	195

FIN DE LA TABLE.

www.ingramcontent.com/pod-product-compliance
Lightning Source LLC
Chambersburg PA
CBHW050648170426
43200CB00008B/1205